听力测试多项匹配题认知效度研究

A Study of the Cognitive Validity of the Multiple Matching Task in a Listening Test

孙 桐 著

北京理工大学出版社
BEIJING INSTITUTE OF TECHNOLOGY PRESS

版权专有　侵权必究

图书在版编目（CIP）数据

听力测试多项匹配题认知效度研究 / 孙桐著. -- 北京：北京理工大学出版社，2022.10
ISBN 978-7-5763-1759-6

Ⅰ. ①听… Ⅱ. ①孙… Ⅲ. ①英语—听力—测试—研究 Ⅳ. ①H319.9

中国版本图书馆 CIP 数据核字（2022）第 189833 号

出版发行 /	北京理工大学出版社有限责任公司
社　　址 /	北京市海淀区中关村南大街5号
邮　　编 /	100081
电　　话 /	（010）68914775（总编室）
	（010）82562903（教材售后服务热线）
	（010）68944723（其他图书服务热线）
网　　址 /	http://www.bitpress.com.cn
经　　销 /	全国各地新华书店
印　　刷 /	三河市华骏印务包装有限公司
开　　本 /	710毫米×1000毫米　1/16
印　　张 /	11.75
字　　数 /	223千字
版　　次 /	2022年10月第1版　2022年10月第1次印刷
定　　价 /	89.00元

责任编辑 /	封　雪
文案编辑 /	封　雪
责任校对 /	刘亚男
责任印制 /	施胜娟

图书出现印装质量问题，请拨打售后服务热线，本社负责调换

前　　言①

笔者在攻读博士学位期间选定了听力测试的研究方向。虽然学界对听力理解的研究较之其他基本技能更少，尚存诸多未解之谜，但本人在确定选题的过程中着实苦苦思考和探索了一番。在研究可行的基础上，我曾考虑过多种可研究的任务类型，最终还是决定深入研究听力测试中的多项匹配题。多项匹配题是外语标准化测试和课堂测评中的常见任务，但未曾受到特别关注和系统性研究。研究初始阶段，我曾困惑这样一个微观的选题能挖掘出什么价值，但在不懈努力的探索中，多项匹配题丰富的设计形式、鲜明的特色、作答过程及设计开发的改进路径不断展现出来，最终收获远超预期，像一段奇妙的旅程，体验了更加宽广的语言测试研究视野。如今回顾，当初能独立完成这个研究是一件幸运的事情，笔者在此过程中领悟了重要原则。首先，语言学研究本来就该采用"以小见大"的思路，明确聚焦一样事物并深入考察，充分挖掘其蕴含的价值和意义。只有怀着精益求精的科研精神，才能发现未知新事物，解决现实问题。另外，真理不一定非要从当下流行或宏大的事物中发现，它就蕴藏在实践中的平常事物中，仔细观察每个细节就会发现更细小的细节，一个选题总是可以不断深入的，探索是没有止境的。最后，做科研是一个通过亲身体验悟道的过程，也是对社会的奉献，即使面对重重压力和考验，也要静下心来摒除功利心把研究做好。迄今为止，虽然语言测试研究已涉及多种不同类型的任务，但对于多元化的任务设计了解不够全面深入，过度使用传统题型的问题为考试和教学带来了局限和弊端。因此，笔者决定以此听力测试的研究为基础，出版一本专门探讨关于多项匹配题的著作，使学界客观全面地认识这个任务类型，并能在各类测评工作中合理运用。

多项匹配题（multiple matching）是一种选择性作答方式测试任务，其所有项目使用同一组选项，项目和选项的内容与一个共同的主题相关联。听力多项匹配题是外语测试中常见的任务类型，它要求考生将听力语篇中不同类别的信息联系起来，形成更完整的意义。该任务类型是剑桥英语测试（如 IELTS、KET、FCE）及各类听说或视听说教材中、听力习题集中不可忽略的组成部分，但学界尚未给予系统的研究。匹配任务有何特色，如何科学设计，保障良好的效度，均

---

① 基金项目：北京市教育委员会科研计划项目"基于社会认知框架的大学生英语课堂测评视频听力任务设计评价研究"（SM202110038002）

有待探索。据笔者所知，测试设计者和使用者对多项匹配题的认识有两个误区。其一是认为匹配题本身也是选择题的一种，并未意识到匹配和选择在形式和目的上均有本质差别。其二是在任务设计中只注意题目的形式，认为只要找两组概念放置在一起即可，以至于造成一些牵强附会的情形。本著作对听力测试中多项匹配题进行了全面深入的研究，有助于读者客观地了解这类任务的特点和使用原则。

凡是对测试任务的深入研究，都不免涉及对其效度的全面考察，这也是语言测试研究的核心问题。对于听力多项匹配题的研究，首先需界定测试构念，因此必须对听力理解认知过程有清晰的认识。借鉴何种理论框架，更有助于解决听力测试的问题，这也是笔者在研究过程中面临的一大难题。在查阅比较了诸多听力理解模型的基础上，笔者发现听力是一个复杂的语言理解过程，听者对语音信息的编码过程只是该过程的一小部分内容，而高层次的信息加工过程同样在听力理解中起到了极为关键的作用，相关理论框架中唯有 Field（2013）提出的 5 层次听力理解模型最为简明、清晰和全面地解释了高层次听力理解的过程。由于 Field 的模型为"社会认知效度框架"中听力测试框架的"认知效度"部分所借鉴，于是笔者进而仔细考察了这种效度验证模式的特点。虽然任何一种效验模式都有其优势和弊端，但社会认知框架 3 个方面的优势引起了我的兴趣：首先是它以类似的模式，针对听、说、读、写 4 项技能分别设立了各自的框架，使得其能对每种技能的测试设计出最有针对性的框架，根据测试本身的特点"对症下药"；其次是在听力测试社会认知框架的改进版本中，认知效度部分借鉴了 Field（2013）的听力模型，以便更为客观全面地探索听力测试作答中的思维过程；再次是社会认知框架采用"技术主义"（technicalism）效验模式，其内容简明易懂，操作性强，相关实证研究便于开展。

经过反复思考和论证，笔者最终下定决心，借鉴 Weir（2005）初创的社会认知框架和 Field（2013）的听力理解模型，对听力测试中多项匹配题的认知效度开展全面深入的考察。对于认知效度的研究模式，Weir 倡导一种先定性后定量的混合式研究设计。第一阶段主要以质性研究方法考察考生在作答过程中运用的思维过程，收集先验的效度证据。第二阶段主要以量化的统计分析考察测试相关特征与测试得分之间的联系，收集后验的效度证据。考虑到考生在多项匹配题的作答过程中思维可能受到试题的影响，与非测试环境中纯听力理解的过程有差异，本研究将质性研究阶段的数据收集分为"非测试环境"和"测试环境"两种情况，设立了更加细致的研究步骤（对应本研究的"第一阶段"和"第二阶段"，详见第 3 章）。再加之最终的量化研究阶段，这三个阶段环环相扣地构成了本著作的研究内容。

本书内容共分为 6 章。第 1 章为引言部分，简述了听力多项匹配题的研究背景和听力测试认知效度的理论框架及相关研究，指出了其中的研究空缺和本研究的价值。依据认知效度研究的不同阶段,该章陈述了本研究的目的和内容,提出了3个重要的研究问题,并指出研究的理论意义和实践意义。第 2 章是文选综述,总结评价了听力多项匹配题和认知效度的相关文献,指出了相关研究空缺和本研究的价值。这一章首先总结了听力测试中多项匹配题的特色及相关研究,指出了有待研究的问题。其后回顾了国内外听力测试构念效度的重要实证研究,指出其主要发现和局限性,并重点介绍听力测试认知效度的相关研究,指出其中有待完善之处及本研究的必要性。第 3 章是研究方法的详细介绍。该章主要包括研究设计的总体介绍,各研究阶段中研究对象的特征,以及听力测试、访谈提纲、调查问卷等各类研究工具的准备过程。在此基础上,详细展示了数据收集和数据分析的过程,以及对3个阶段研究思路的总结。第 4 章按照引言中 3 个研究问题的顺序,详细呈现 3 个阶段的研究结果。首先展示非测试环境中听力理解过程质性数据分析的结果,揭示第一阶段的研究发现。其后本章通过对听力测试环境中作答过程的数据分析,及其与非测试组质性数据的比较,对听力多项匹配题的认知效度进行了评价,即第二阶段的研究发现。最后是听力多项匹配题测试表现影响因素的数据分析结果,揭示了第三阶段的研究发现。第 5 章针对研究结果,对其意义和启示展开了深入讨论。讨论首先总结了听力语篇中人物观点理解信息加工过程的特点,从心理语言学的视角构建了听力多项匹配题的构念。其后根据测试环境中的考生作答过程,探讨听力多项匹配题认知效度的特点。最后基于特定任务特征和考生特征与听力多项匹配题测试表现的联系的量化分析结果,评价所选测试任务的认知效度。第 6 章为研究结论,首先针对 3 个研究问题总结了本研究的主要发现,其后从 4 个方面概括了本研究的贡献。最后,指出了研究的局限性和对未来研究方向的建议。

本研究选用的听力多项匹配题是来自两个不同语篇体裁的"人物-观点"匹配任务,在考察其认知效度的过程中产生了一些新的认识,这也是本研究重要价值的集中体现。

笔者在分析考生作答质性数据的过程中,虽然大体上借鉴了 Field(2013)的 5 层次模型进行分类,但发现实际的思维过程比理论设想复杂得多。原因来自两方面:其一是 5 个层次的信息加工过程之间存在更为复杂的非线性关联;其二是总有些过程无法归入 5 个层次的任何一类中,进而探索发现其属于元认知策略的范畴,它们在听力理解中同样发挥了不可或缺的作用,对听力理解起到了注意力引导、监控、评价与反思等多方面影响。这一发现有助于增进学界对听力构念和听力理解模型的了解。

本研究借鉴听力测试社会认知框架中的模式,同时也为该框架的改进和完善提供了建议。有关认知效度研究模式,本研究是首个真正完整地贯彻了 Weir(2005)所提出的混合式研究设计模式的实证研究,主要体现在最后以量化研究的方式,对质性数据中观察到的现象进行三角验证,拓宽了语言测试效度研究的实践路径。另外，本研究对听力理解中信息加工过程的探索，有助于完善听力测试认知效度的框架，在 Field（2013）的 5 个层次的基础上加入了听力元认知策略。最后，本研究将考生的水平分为高低两组并进行比较，这也反映了一种探索认知效度中作答过程区分性的可行思路。

本研究同时对听力多项匹配题的任务设计原则提出了一些建议。在构念设定方面，听力多项匹配题可有效测量多个层次的听力理解过程，但每个独立的任务只测量一个特定层次。在语篇选材方面，听力多项匹配题的语篇内容需包含两种不同类别且可匹配的信息，可组成一个共同的主题（如时间和地点）。在试题设计方面，一般来讲，每个语篇都可以设置两种不同形式匹配方式的任务，但在使用之前应结合考生感受和任务目的，选择最合适的任务类型。在项目编写方面，尤其是对于测量高层次听力理解过程的匹配任务，其题干或选项的语言应尽可能避免复杂，为考生的作答减轻阅读负担。

如今外语教学中的听力测评存在一些普遍问题，其中之一是学生平常练习的任务类型过于单一。如高中英语听力教学，仍以多项选择题为主，这为学生英语水平的全面提升和思辨能力培养带来了不利影响。听力多项匹配题作为可搭配使用的选择之一，具有一些互补性优势：①可聚焦测量高层次听力理解能力的考察，弥补其他任务中容易忽略的测量目标；②引导考生特别关注语篇中特定类别的关键信息；③多项匹配题所有的题干共用一组选项，不需要设置大量干扰项，有助于减轻听者的阅读负担，同时减少随机猜测答案的情况；④鼓励学生运用合理的听力理解策略，提升外语水平和思辨能力。

从事此研究的过程，对笔者来说是一个深刻的体验经历。做研究需要集思广益、群策群力，并非一个人的舞台，或是孤胆英雄的独角戏。没有身边的老师、同学、亲人和朋友的帮助，我是无法完成博士论文研究的。做语言测试研究，最重要的是掌握正确的方法和思路。从选题、研究思路的整理到写作中的语言表达，都遵循严谨的逻辑，是不断精益求精的过程。在此，我要特别感谢我的导师，北京外国语大学外国语言研究所的韩宝成教授对我的指导和启发。在完成博士论文期间，每当我遇到困难、感到迷茫的时候，韩老师都能一针见血地指出问题所在，并指引正确的思路。对于论文写作，从标题的拟定、结构的编排到具体语句中的措辞，韩老师都给予了耐心细致的指导。我能够在自己的领域蜕变为一名合格的研究者，多亏韩老师的悉心指导，他像一盏明灯指引我前进的方向。

应予以感谢的人不胜枚举，以下仅重点提及。在这些年成长的道路上，我遇到很多良师益友，他们对我的学术研究给予了极大的支持，鼓励我在学术的道路上不断奋进。感谢文秋芳老师、王初明老师和徐浩老师在开题报告中对我的研究提出的宝贵意见。感谢武尊民老师、陈亚平老师、梁茂成老师、杨鲁新老师、张文霞老师和范琳老师在预答辩及答辩中对论文的改进提出的宝贵建议。感谢首都师范大学的邱耀德老师、首都师范大学附属中学的甄丽老师，他们在我的数据收集中给予了极大的支持和帮助，感谢协助及参与了数据收集的高二年级师生的全力支持和配合。在与大家的交流中，我领悟到搞学术并不是一种整天闭门读书的空想过程，而是以解决实践中的问题为出发点，最终又回归到现实的问题中。灵感不是整天待在书房里憋出来的，是通过与大家互动，甚至可能是在做其他事情的过程中想到的。

  谨以此书献给我的父母和爱人，感谢他们对我始终如一的关心、支持和鼓励。

孙 桐

2022 年 5 月

目 录

1 引言 ··· 001
  1.1 研究背景 ·· 001
    1.1.1 听力多项匹配题的研究背景 ·· 001
    1.1.2 听力测试认知效度研究 ·· 004
  1.2 研究目的与内容 ··· 005
  1.3 研究问题 ·· 006
  1.4 研究意义 ·· 006
    1.4.1 理论意义 ··· 006
    1.4.2 实践意义 ··· 007
  1.5 论文结构 ·· 007

2 文献综述 ·· 008
  2.1 听力多项匹配题及其特点 ··· 008
    2.1.1 概念界定 ··· 008
    2.1.2 缘起、发展和变化 ·· 011
    2.1.3 测试构念 ··· 014
    2.1.4 任务设计特点 ·· 020
    2.1.5 有关任务特征的评价 ·· 024
  2.2 听力测试构念效度研究 ·· 028
    2.2.1 听力构念研究 ·· 028
    2.2.2 听力测试效度检验研究 ··· 029
    2.2.3 听力测试综合性构念效度研究 ··································· 032
    2.2.4 听力测试认知效度研究 ··· 033
  2.3 小结 ··· 037

3 研究方法 ·· 039
  3.1 总体研究设计 ·· 039
  3.2 研究对象 ·· 040
    3.2.1 非测试组考生 ·· 040
    3.2.2 测试组考生 ··· 041
    3.2.3 最终测试考生 ·· 042
  3.3 研究工具 ·· 042

3.3.1 听力试题 ·· 044
3.3.2 调整后的听力录音 ·· 049
3.3.3 访谈提纲 ·· 053
3.3.4 调查问卷 ·· 054
3.4 数据收集过程 ·· 057
3.4.1 非测试组数据收集 ·· 057
3.4.2 测试组数据收集 ··· 060
3.4.3 最终测试数据收集 ·· 063
3.5 数据分析过程 ·· 063
3.5.1 非测试组数据分析 ·· 064
3.5.2 测试组数据分析 ··· 066
3.5.3 最终测试数据分析 ·· 068
3.6 小结 ·· 069

4 研究结果 ·· 071
4.1 听力语篇中人物观点理解的信息加工过程 ································ 071
4.1.1 输入解码 ·· 071
4.1.2 词汇检索 ·· 073
4.1.3 解析 ·· 074
4.1.4 意义表征构建 ··· 076
4.1.5 语篇表征构建 ··· 077
4.1.6 元认知策略 ·· 080
4.1.7 总体特点 ·· 084
4.2 听力多项匹配题考生作答认知过程 ·· 086
4.2.1 听力多项匹配题考生作答过程的特点 ······························· 086
4.2.2 匹配特征对考生作答信息加工过程的影响 ·························· 095
4.2.3 不同水平考生作答过程的差异 ··· 101
4.2.4 影响听力多项匹配题认知效度的因素 ································ 107
4.3 听力多项匹配题认知效度影响因素探析 ·································· 111
4.3.1 相关任务特征对测试表现的影响 ······································ 111
4.3.2 相关考生特征对测试表现的解释和预测作用 ······················· 122
4.4 小结 ·· 132

5 讨论 ·· 134
5.1 听力语篇中人物观点理解信息加工过程的特点 ························· 134
5.1.1 听力语篇中人物观点理解的信息加工过程 ························· 134
5.1.2 低层次信息加工过程的特点 ··· 138
5.1.3 高层次信息加工过程的特点 ··· 139

####### 5.1.4 元认知策略的特点 ······ 139
5.2 听力多项匹配题认知效度的特点 ······ 140
####### 5.2.1 听力多项匹配题作答信息加工过程 ······ 140
####### 5.2.2 信息加工的相似性 ······ 141
####### 5.2.3 信息加工的全面性 ······ 144
####### 5.2.4 作答过程的区分性 ······ 146
5.3 听力多项匹配题认知效度的检验 ······ 148
####### 5.3.1 不同匹配方式和体裁的影响 ······ 149
####### 5.3.2 任务熟悉程度与考生测试表现的联系 ······ 150
5.4 小结 ······ 153

6 结论 ······ 155
6.1 研究发现 ······ 155
####### 6.1.1 听力语篇中人物观点理解信息加工过程 ······ 155
####### 6.1.2 听力多项匹配题认知效度评价 ······ 156
####### 6.1.3 听力多项匹配题的测试表现影响因素 ······ 157
6.2 研究贡献 ······ 157
####### 6.2.1 听力语篇中人物观点理解信息加工过程 ······ 158
####### 6.2.2 认知效度框架的改进和完善 ······ 158
####### 6.2.3 对听力多项匹配题任务设计的建议 ······ 158
####### 6.2.4 对高中英语听力教学的益处 ······ 159
6.3 研究局限及未来研究方向 ······ 160

参考文献 ······ 161
附录 听力测试（最终优化版） ······ 173
听力测试（A卷） ······ 173
听力测试（B卷） ······ 174

1
引 言

第 1 章为本研究的引言，本章首先简述听力多项匹配题的研究背景，介绍听力测试认知效度的理论框架及相关研究，指出其中的研究空缺和本研究的价值（1.1 节）。在简要陈述本研究的目的和内容（1.2 节）之后，提出研究问题（1.3 节），指出本研究的理论意义和实践意义（1.4 节）。最后本章简介论文的整体结构和各章主要内容（1.5 节）。

1.1 研究背景

1.1.1 听力多项匹配题的研究背景

听力多项匹配题是标准化英语测试中多年来沿用的一种任务类型，主要在剑桥英语五级证书考试（Main Suite Examinations，简称 MSE）和 IELTS 中长期使用，近年来 IGCSE（E2L）中也开始使用该任务类型（IGCSE 的介绍详见 2.1.1 小节）。听力匹配任务属于选择性作答方式（selected response method）的任务类型，其特别之处在于所有项目共用一组选项，所有项目和选项的内容能够组成一个共同的主题（Brown 2005；Elliott and Wilson 2013），成为更完整的意义单位。该任务类型有 4 个特色：第一，题干和选项的内容必须能够组成可匹配的主题，使其各自的内容必须是同类信息，所有题目均测量同样的构念（Linn and Gronlund 1995；Brown 2005；Nitko and Brookhart 2011；Haladyna and Rodriguez 2013）；第二，听力多项匹配题题干和选项的内容可以互换位置（Ebel and Frisbie 1991）；第三，听力多项匹配题与多项选择题相比，干扰项较少（在选项数量少于项目数量的情况下可不设置干扰项，如"三项匹配题"，详见 2.1.1 小节）；最后，"多项"的含义是 3 个以上，即题目和选项的数量均不能少于 3 个。

听力多项匹配题作为一种测量方法，既有其优势，也存在局限性。该任务类型的优势主要体现在两个方面。首先，听力多项匹配题可用于测量不同层次的听力理解能力（Elliott and Wilson 2013；Field 2013；Green 2017）。在教育测量领域中，匹配题的形式可用于测量对概念、原则和过程等高层次思维过程的理解（Nitko and Brookhart 2011；Haladyna and Rodriguez 2013）。在听力测试中，该任务类型亦可用来测量高层次的听力理解能力，如对听力语篇中人物观点、态度和主旨的理解（Boroughs 2003；Weir et al. 2013），这是听力测试其他任务类型容易忽略的构念。其次，较之多项选择题，多项匹配题只有一组选项，不必为每个项目单独设置干扰项，形式上更为简洁（Linn and Gronlund 1995；Brindley 1998；Nitko and Brookhart 2011；Haladyna and Rodriguez 2013），有利于减轻考生在作答过程中的阅读负担（Brindley 1998；Wilson 2009；Field 2013；Elliott and Wilson 2013）。听力多项匹配题也有两个方面的局限性。首先，在作答过程中，考生需要在听力理解的同时，阅读并暂时记住项目和选项的内容，并在听的过程中等待听力语篇中与其对应的关键信息的出现（Field 2013），若选项和项目过多、过长或用词复杂，易造成较重的阅读负担，影响该任务的构念效度（Boroughs 2003；Geranpayeh 2007；Murray 2007；Hawkey 2009；Elliott and Wilson 2013）。另外，匹配题作为选择性作答方式的任务，不能完全避免考生对答案的猜测。不同题目之间的作答也存在一定关联，在使用排除法的情况下，其中一些项目的作答可能会影响其他题目的作答（Elliott and Wilson 2013）。

当前，学界对听力多项匹配题的研究非常有限，仅限于对该任务类型特色的总结（Elliott and Wilson 2013；Field 2013；Green 2017）和零散的试测结果报告（Boroughs 2003；Khalifa 2006；Geranpayeh 2007；Murray 2007；Hawkey 2009），缺乏对该任务类型全面、系统的实证研究。有关听力匹配任务，有待研究的问题主要有三个方面。首先，虽然该任务类型能够测量"高层次"的听力理解能力（Boroughs 2003；Weir et al. 2013），但具体任务的构念界定是否合理，其测量效果如何，还未有实证研究加以考察。其次，学界对影响听力多项匹配题构念效度的因素认识尚不全面，为数不多的研究仅聚焦于题目或选项的数量、长度及内容等方面（Khalifa 2006；Geranpayeh 2007；Murray 2007；Hawkey 2009），未对与匹配本身密切相关的任务特征对作答的影响加以重视。最后，在标准化听力测试中，多项匹配题在较高水平的考试中相对常见，但在初级到中等水平的测试中相对较少，应用范围尚有扩展余地。结合以上三点，本研究从心理语言学的视角，对听力多项匹配题的认知效度进行考察。

从认知语言学的角度看，所谓听力理解中"高层次"的信息加工过程涉及听者在语言理解的基础上对意义的构建（Field 2008, 2013），当前对这些过程的分类和描述最为细致、清晰的当属 Field（2013）的听力理解模型（1.1.2 小节）。对于本研究选用的人物观点类匹配任务，听力语篇中的人物观点理解以及相应的作答过程中运用了哪些思维过程，"高层次"信息加工过程的运用是否普遍存在，还有待研究。故此本研究以 Field（2013）的听力理解模型为主要参考框架，对考生的人物观点理解及答题过程进行分析。

听力多项匹配题的少量研究将其重点置于有关阅读负担的因素上，实质上仅限于模仿多项选择题研究的传统思路。这主要体现在 CAE 对其听力多项匹配题干扰项个数和选项内容的研究（Geranpayeh 2007；Murray 2007），以及 CPE 对听力三项匹配题项目数量的调整（Taylor and Geranpayeh 2013；Weir et al. 2013）。上述研究虽然对匹配题中的题项设置有启示，但涉及特征与匹配本身并无直接关联，并非匹配题的"核心特征"。尽管 IELTS 在听力匹配任务的开发过程中对项目和选项的呈现方式进行了调整，CPE 在对不同类型的三项匹配题的试测中，对三人对话和独白等体裁进行了尝试（Boroughs 2003），但从未有研究特别关注与匹配密切相关的因素对任务构念效度的影响。

听力多项匹配题有两种与匹配有关的任务特征，可造成任务设计形式上的差异，进而对任务的构念效度带来某些影响，其名为匹配方式和匹配顺序，本研究将其统称为"匹配特征"。由于匹配题的项目和选项具有可以互换的特性，每一个听力匹配任务都可以有两种不同的匹配方式（Ebel and Frisbie 1991）。一般来讲，匹配题中题干的内容是考生匹配的前提（premise），而选项的内容是待匹配信息（Ebel and Frisbie 1991；Brown 2005）。对于本研究选用的人物观点类匹配题，若题干内容为观点，则选项内容为人物，则匹配方式为"观点-人物（matching opinions with people）"；若题干内容为人物，选项内容为观点，则匹配方式为"人物-观点（matching people with opinions）"。另外，在听力匹配题的设计中，项目和选项内容的排列顺序与听力原文中所对应的关键信息排列顺序的对应方式，被称为"匹配顺序"。匹配顺序有两种选择，一种是只有选项的排列顺序符合听力原文中对应信息出现的顺序，另一种是只有项目的排列顺序符合听力原文中相应信息出现的顺序（Field 2013）。匹配顺序的不同往往由语篇的体裁、结构以及内容的差异引起，亦随匹配方式的改变而变化。不同的匹配方式和匹配顺序可能对考生的作答过程和结果带来何种影响，还有待考察。

从应用范围来看，听力多选项匹配题主要用于较高水平的标准化听力测试中，在初级和中等水平的听力测试中应用较少，尚有扩展空间。MSE 中设置了该任务类型的测试包括英语入门考试（Key English Test，简称 KET）、第一英语证书考试（First Certificate in English，简称 FCE）、高级英语证书考试（Certificate in Advanced English，简称 CAE）和熟练英语证书考试（Certificate of Proficiency in English，简称 CPE），其中 FCE、CAE 和 CPE 分别代表 CEFR 中的 B2、C1 和 C2 级别，匹配题一般测量主旨、观点、态度或意图等高层次听力理解能力。KET 对应 A2，其中的听力匹配任务测量细节性信息的理解。然而，代表 B1 级别的初级英语考试（Preliminary English Test，简称 PET）中却没有听力多项匹配题。IELTS 的听力多项匹配题虽然测量目标比较多样，但对于英语初学者和中等级别的学习者难度较大。目前仅有 IGCSE（E2L）中的听力多项匹配题涉及 B1 水平。该测试于 2015 年开始使用该任务类型（其难度对应 A2~B2），但相关任务的测量效果及改进方法尚未公布。总之，听力多项匹配题在初级和中等级别的听力测试中相对少见，对该难度范围任务构念效度的考察极具价值。

在我国，现行的高考英语听力测试的任务设计存在构念代表不充分（construct underrepresentation）的现象。高考英语《考试说明》中明确规定，听力测试的考核目标包括"理解说话者的意图、观点和态度（教育部考试中心 2016：237）"，而在近年来的高考英语试卷中，并未设计测量人物观点或态度的题目。对意图、观点或态度的理解属于高层次的语言能力，涉及分析、综合、推理、判断等思维过程，是学生学术语言能力和外语思辨能力的一部分，符合高校培养人才的目标，是高考英语测试中不容忽视的测量目标（孙有中 2011；韩宝成 2012；韩宝成、张允 2015）。由于听力多项匹配题可用于测量高层次听力理解能力（Boroughs 2003；Elliott and Wilson 2013；Field 2013），该任务类型曾在高考英语听力机考的试测题中使用。本研究选取了原测试中两个人物观点类匹配任务，在对任务设计调整和改进的基础上，作为本研究的研究工具。

鉴于上述研究空缺，本研究宜采用心理语言学的视角，针对高考英语听力水平，对不同形式的听力多项匹配题的构念效度开展研究。本研究中用于分析的 Field（2013）的听力理解模型实质上是 Weir（2005）的"社会认知效度验证框架（1.1.2 小节）"中听力测试认知效度部分的内容，故此本研究遵循该效度验证模式的思路，对听力多项匹配题的认知效度进行考察。

1.1.2 听力测试认知效度研究

"认知效度"的概念最初在 20 世纪 90 年代就已得到重视（Glaser 1991）。此概念反映了一种构念效度研究的特殊视角，即考察考生在完成测试任务时运用的思维过程与其完成相应的现实语境中任务时运用的思维过程的相似性（Khalifa and Weir 2009；Taylor and Geranpayeh 2011；Field 2013）。认知效度研究在美国教育测量界备受重视，在各行各业的测试研究中皆有涉及（Field 2013），其中一类应用于考察测试中的高层次推理能力（Linn, Baker and Dunbar 1991；Ruiz-Primo et al. 1996；Baxter and Glaser 1998；Thelk and Hoole 2006）。在语言测试界，认知效度的概念最初在 Weir（2005）的"社会认知效度验证框架（socio-cognitive validation framework，简称 SCF）"中被借鉴，最初命名为"理论关联效度（theory-related validity）"，旨在超越传统的"事后检验"的构念效度研究思路（post-hoc approaches），更加关注考生作答的过程，重视任务设计为构念效度带来的不利影响（Field 2013）。在后来的著作中，为突显此类研究心理语言学的研究视角，此概念更名为"认知效度"（Shaw and Weir 2007；Khalifa and Weir 2009；Taylor and Geranpayeh 2011；Geranpayeh and Taylor 2013）。

有关听力多项匹配题的构念，所谓"高层次"听力理解能力指听者超越对语句字面意义的理解，通过语境及语篇信息进一步完善对语音输入的意义的理解（Field 2013）。这比识别语音输入中词汇、理解语篇中的细节性信息以及句子的字面含义更为复杂，在 Field（2013）的听力理解模型中主要分为"意义表征构建"和"语篇表征构建"两个层次。本研究考察测量人物观点的听力多项匹配题的构念效度，宜采用该模型。

Field（2013）的听力理解模型分为 5 个层次，代表了学界对听力理解过程理论建构的最新研究成果。对于听力理解认知过程，相关模型或框架主要有 Cutler 和 Cliften（1999）、Poelmans（2003）、Rost（2011）、Field（2008，2013）和 Anderson（1995，2000，2015）等不同版本。其中 Field（2013）在继承了对以往听力理解模型特色的基础上，总结了一种较为完善的听力理解模型，其 5 个层次之间界限分明、环环相扣，其重要特色在于对高层次信息加工过程的分类和描述更为细致。相比之下，以往的听力理解模型则更侧重解释低层次的信息加工过程，容易忽视高层次的信息加工过程，相关分类也较为粗略。5 个层次具体为输入解码（input decoding）、词汇检索（lexical search）、解析（parsing）、意义表征构建（meaning construction）和语篇表征构建（discourse construction）。其中，输入解码、词汇检索和解析属于低层次信息加工过程，意义表征构建和语篇表征构建属于高层次信息加工过程（详细介绍参考 2.1.3 小节）。该模型现为 SCF 听力测试框架中认知效度部分内容，用于分析测试中的听力理解信息加工过程。目前该框架已在 SCF 为范式展开的听力测试研究中有所涉及（Field 2011，2012；Wang 2017），但 5 个层次的信息加工过程的划分是否最为合理，能否全面地涵盖听力理解中所有类别的思维过程，不同过程之间有何交互作用，有待进一步深入研究。

对于测量"高层次"听力理解能力的多项匹配题，目前学界主要关注试题的测试结果，对过程性的效度证据较为忽视。我们既不了解考生在真实语境中如何运用这些过程，更不清楚考生在作答过程中运用的信息加工过程。此类证据被称为"反应过程"，是美国教育研究协会、美国心理学协会和国家教育测量委员会联合颁发的《教育和心理测试标准》（Standards for Educational and Psychological Testing）（1999）中所指出的 5 种效度证据中的一类（邹申 2012）。虽然有文献指出该任务类型能有效地测量此类过程（Boroughs 2003；Weir et al. 2013），如语篇主旨、人物观点、态度、意图的理解等，但尚未有实证研究考察考生作答过程中实际运用的信息加工过程，还未对其认识效度展开深入研究。本研究重点关注听力多项匹配题的作答过程，对该任务类型的认知效度进行全面的考察。

1.2 研究目的与内容

本研究是对独立听力测试任务类型构念效度综合性的考察，其目的主要有两个方面：一方面，通过考察听力语篇中人物观点理解的信息加工过程，其运用方式及其之间的关联，界定人物观点类听力匹配任务的构念；另一方面，通过对测试环境中匹配题作答过程与非测试环境中人物观点理解的过程的比较，评价听力多项匹配题的构念效度，并通过考察该任务类型认知效度的影响因素，检验其构念效度。所谓"认知效度",是指以心理语言学视角对测试任务进行的构念效度研究(Taylor and Geranpayeh 2011;Field 2013)。

研究内容主要包括以下 3 个方面:

①考察非测试环境下听力语篇中人物观点理解的信息加工过程。

②考察考生在听力匹配任务作答中实际运用的信息加工过程,并将其与非测试环境中的信息加工过程比较。除了总体性的比较,还包括在不同匹配方式和体裁的匹配任务中考生作答过程的异同,以及高低水平考生在作答过程、结果及其两者之间对应关系等方面的异同。基于此,本研究总结影响听力多项匹配题认知效度的任务特征和考生特征。

③考察听力多项匹配题认知效度的影响因素与考生测试表现的联系。包括两个方面:其一为相关任务特征及其之间的交互作用对不同水平考生测试任务成绩的影响,其二为相关考生特征对听力测试成绩的解释和预测作用。

1.3 研究问题

①在非测试环境中,考生对听力语篇中人物观点的理解涉及哪些信息加工过程?它们之间有何关联?

②在听力多项匹配题的作答过程中,考生的思维过程有何特点?测试环境与非测试环境中的人物观点理解过程有何异同?

　a. 对于不同匹配方式和体裁的任务,考生的作答过程有何异同?

　b. 高水平和低水平考生的作答过程有何异同?

　c. 听力多项匹配题的认知效度主要受哪些因素影响?它们以何方式影响该任务类型的认知效度?

③听力多项匹配题认知效度的影响因素与不同水平考生的测试表现有何关联?

　a. 匹配方式和体裁的差异如何影响不同水平考生的匹配任务得分?

　b. 考生的任务熟悉程度能够在何种程度上解释或预测不同水平考生的测试成绩?

1.4 研究意义

1.4.1 理论意义

在理论方面,本研究不但可为听力语篇中人物观点理解的构念界定和听力多项匹配题作答过程的实质带来新认识,还可进一步完善 SCF 中的听力测试认知效度框架。从听力构念的角度看,本研究以心理语言学的视角界定听力多项匹配题的构念，主要参考 Field（2013）的听力理解模型，考察听力语篇中人物观点理解的信息加工过程，探讨信息加工层次划分的全面性和合理性，揭示不同类别信息加工过程之间的联系，在此过程中可获得有关听力理解过程的新认识。另外，通过考察听力多项匹配题的作答过程，研究发现可为听力测试中考生作答信息加工过程的本质带来更为深刻的认识。这包括听力理解能力在作答过程中发挥的作用，与听力构念无关的信息加工过程及其与听力理解之间的联系。从效度研究的视角出发，本研究遵循 Weir（2005）提出的认知效度研究模式，参照 Field（2013）的听力理解模型和认知效度分析框架，对听力多项匹配题的构念效度进行了全面的考察。在此过程中，本研究可获得有关该框架的新认识，为 SCF 听力测试效度验证框架的进一步完善提供参考。

1.4.2 实践意义

在实践方面，本研究有利于听力多项匹配题的设计和开发、高中英语听力教学的改善和二语学习者英语听力水平的提高。在任务设计方面，本研究有助于深入了解听力多项匹配题在构念效度方面的优势和局限性，相关研究发现及结果可为该任务类型在设计、开发和应用等方面的改进提供参考。具体可涵盖有关构念的界定、听力材料的选择、匹配特征的设置和题项编写等方面的建议。另外，本研究成果可为高中英语教学带来益处。在高中英语听力教学或备考中搭配使用听力多项匹配题，有助于使听力任务更为全面地测量不同信息加工层次的测量目标，有助于培养学生的语言思辨能力，改善课堂练习和课堂活动的质量，提高教学效率。从英语学习的视角看，本研究的成果还可为二语学习者英语水平的提高带来启示。听力多项匹配题可聚焦于测试中容易被忽略的构念，并在作答过程中促进考生运用特定层次的信息加工过程，或引导其关注语篇中有关匹配的信息，有助于其在听力练习中学习新的语言知识。

1.5 论文结构

本书共分为 6 章。第 1 章为引言，主要介绍研究背景、研究目的和内容、研究思路、研究问题和研究意义。第 2 章是文献综述，主要围绕听力多项匹配题和听力测试构念效度研究等话题的相关文献展开，回顾以往的理论框架、综述及实证研究，并对其进行评价，指出研究空缺和本研究的价值。第 3 章是研究方法，这一章主要介绍本研究的研究设计，以及 3 个阶段的研究对象、研究工具、数据收集和分析的详细过程。第 4 章是研究结果，按照研究问题和研究内容的顺序，呈现有关听力多项匹配题质性研究的发现和量化研究的结果，并初步解释研究发现和结果的意义。第 5 章是讨论，按照 3 个研究问题的顺序，对各研究阶段成果的意义和启示进行深入讨论。第 6 章是本研究的结论，首先总结本研究的主要成果，其后指出研究贡献、局限性以及对未来研究的建议。

2 文献综述

本章总结并评价有关听力多项匹配题认知效度相关文献，指出了相关领域的研究空缺和本研究的价值。本章首先总结听力多项匹配题的特色及相关研究的特点，并指出该任务类型有待研究之处（2.1 节）。其后本章通过回顾国内外听力测试构念效度的重要实证研究，指出相关研究的重要发现和局限性，并重点介绍听力测试认知效度的本质、发展历程、研究思路以及相关实证研究，指出研究中有待完善之处（2.2 节）。最后是本章内容的小结（2.3 节），总结了本研究的理论视角、学界对听力多项匹配题研究的现状，以及听力测试构念效度研究的已有成果和不足之处，并指出本研究的必要性。

2.1 听力多项匹配题及其特点

本研究选用的观点类匹配任务是一种常见的听力多项匹配题。多项匹配题主要在 MSE、IELTS 等测试中使用，并已沿用多年。但目前学界对该任务类型的特色和价值认识尚不全面（Boroughs 2003；Elliott and Wilson 2013；Field 2013），缺乏针对其构念效度的实证研究。本节首先界定听力多项匹配题的概念，并回顾其缘起和发展历程，其后探讨其构念界定和任务设计，最后重点总结该任务类型的重要特色和研究价值。

2.1.1 概念界定

多项匹配题（multiple matching）是一种选择性作答方式测试任务，其中所有项目共同使用一组选项（Elliott and Wilson 2013：166），且全部项目和选项的内容应与一个共同的主题相关联（Linn and Gronlund 1995：166；Brown 2005：50；Nitko and Brookhart 2011：193）。多项匹配题的项目一般为 4~7 个（Linn and Gronlund 1995：169），选项的数量一般为 5~10 个（Nitko and Brookhart 2011：195），但各自的数量都不能少于 3 个。在听力多项匹配任务中，任务说明交待匹配的主题，两类待匹配的信息分别设置为项目和选项。考生在答题过程中，需将选项中的信息与其对应项目的信息以选择的方式匹配起来。

听力测试中的多项匹配任务由听力语篇、任务说明、选项和项目 4 个部分组成。听力语篇即听力输入的内容。对于匹配任务，语篇中必须含有两类基于同一主题的信息，如"人物－观点""时间－事件"等组合，每个类别的信息至少应有3条。任务说明交待匹配任务的目的，除了介绍匹配的具体方式之外，还交待匹配的主题。匹配的方式指项目和选项的配对方式，选项与项目可以一一对应，也可以设置干扰项；在某些匹配题中，一个选项的内容可以与多个项目匹配，或者一个项目可以与多个选项匹配。主题即指选项与项目匹配起来组成的意义，如"人物－观点"的主题可能为"哪位说话者发表了何种观点"。项目指测试任务中需要考生作答的最小单位，其内容是匹配的依据，是项目的"题干（stem）"，也被称为"前提（premise）"（Ebel and Frisbie 1991；Linn and Gronlund 1995；Brown 2005；Nitko and Brookhart 2011），可以是单词、词组、部分句子或完整句子。考生在匹配任务中可选择的答案被称为"选项（option）"，也被称为"应答（response）"（Ebel and Frisbie 1991；Linn and Gronlund 1995；Brown 2005；Nitko and Brookhart 2011），一般情况下大多数选项可与至少一个项目匹配，少数选项为干扰项。"题干"和"选项"等名称强调匹配任务的设计形式，"前提"和"应答"等名称反映了匹配题题项中不同部分的功能，本研究因更关注同样语篇内容匹配任务的设计形式，文中一般使用"题干"和"选项"等名称。多项匹配题的题干和选项的内容可以互换，即存在两种可选择的匹配方式（Ebel and Frisbie 1991），这是此类任务独有的特色。

多项匹配题作为一种选择性作答方式的任务，其形式与多项选择题和判断题虽有相似之处，实则为独立的类别。表2.1展示了多项匹配题的4种重要区分特征，可以辨别其与多项选择题、是非类判断题和匹配类判断题的差异。

表 2.1　听力测试选择性作答方式任务区分特征表

区分特征/ 任务类型	多项匹配题	多项选择题	是非类 判断题	匹配类 判断题
题干和选项的内容是否必须基于同一主题	是	否	否	是
题干和选项内容是否可以互换	是	否	否	否
设置干扰项	依项目和选项数量而定	必须	不能	不能
选项数量要求	至少3个	至少3个	2个	2个

如表2.1所示，听力匹配任务题干和选项的内容必须基于同一主题，这也是语篇选材应具备的基本条件，该条件只有多项匹配题和匹配类判断题符合。在4种任务类型中，只有多项匹配题的题干和选项内容可以互换。多项选择题不具备互换条件，而判断题如果互换，将出现只有两个必须多选项目的任务，其形式过

于烦琐，不具备实用性。对于多项匹配题是否应设置干扰项的问题，其较之多项选择题更为复杂。一般来讲，对于每个选项只能选择一次的匹配任务，应设置干扰项，以减轻随机猜测和不同题目作答相互关联等问题对试题效度的影响（Linn and Gronlund 1995；Nitko and Brookhart 2011；Elliott and Wilson 2013；Green 2017）。但对于每个选项可选不止一次，且项目数量多于选项数量的听力多项匹配题，则不一定设置干扰项，因为考生不能通过已作答题目的答案推测其他题目的答案，如 CPE 曾经使用过的听力三项匹配题（Boroughs 2003）（表 2.2）。非类判断题和匹配类判断题只能有两个选项，不能设置干扰项。最后，多项匹配题和多项选择题的设置至少需要 3 个选项，而判断题的选择非此即彼，只有两个选项。

表 2.2　标准化听力测试中常见多项匹配题分类

分类特征			IELTS	IGCSE（E2L）（2015年以后）①	KET	FCE	CAE	CPE（2013年以前）	CPE（2013年以后）
项目和选项	选项数量多于项目数量		√	√	√	√	√		√
	选项数量等于或少于项目数量	三项匹配	√					√	
		四项匹配	√						
语篇数量	一篇		√		√		√		
	多篇			√		√	√		√
项目或题干输入方式	文本		√	√	√	√	√	√	√
	图片			√					

表 2.2 展示了标准化听力测试中多项匹配题的分类。听力测试匹配任务有 3 种分类方式。首先，根据项目和选项的相对数量分类，存在两种不同情况。第一类匹配任务选项数量比项目多，即设有干扰项的匹配。第二类匹配任务选项数量不多于项目数量，即不设干扰项的匹配，该类匹配任务的选项数量只有 3 个和 4 个两种可能性，分别称为三项匹配题（3 - way matching）和四项匹配题（4 - way matching）。根据语篇数量分类，可分为每个任务一个语篇或多个语篇的

---

① IGCSE（International General Certificate of Secondary Education）是目前国外 14 岁至 16 岁全世界考试人数最多的认证体系之一，是剑桥全球测试（Cambrige International Examination）中学第二阶段（Cambridge Secondary 2）中的一部分课程。IGCSE 已有至少 25 年历史，提供超过 70 门可自由选择的课程，其中一种是"英语作为第二语言（English as a Second Language，简称 E2L）"，针对第一语言非英语的中学生。其英语听力测试对应难度级别为 CEFR 的 A2～B2。

情况。根据项目和题干输入模式分类，存在文本输入和图片输入两种模式。

上述任务类别在 IELTS、IGCSE（E2L）、KET、FCE、CAE 和 CPE 中都有涉及。IELTS 的听力匹配任务项目及选项的数量和形式多变，包括设置干扰项的匹配题、三项匹配题、四项匹配题、文本输入匹配题和图片输入匹配题。其中图片匹配题的视觉输入内容一般为地图、设计图或示意图，选项很有可能被嵌入图片中的不同位置，而项目与选项分开。另外，IELTS 匹配题每个任务的语篇数量仅有一篇，或是某个较长语篇的其中一部分。KET、IGCSE（E2L）、FCE 和 CAE 都使用选项数量多于项目数量的文本类匹配题，但不同之处在于 KET 中一个匹配任务仅有一个语篇，另外三种考试的匹配任务有多个同一话题、长度相似、来自不同说话者的简短独白。CPE 在 2013 年以前一直使用三项匹配题，该任务仅有一个语篇，项目和选项皆以文字的形式呈现（Elliott and Wilson 2013）。直到 2013 年，该任务才改为与 FCE 和 CAE 同类的匹配任务（Elliott and Wilson 2013）。

MSE 和 IELTS 使用的听力多项匹配题虽然形式多样，但还未囊括所有可用的形式。本研究选用了高考英语听力机考试测题中的三项匹配题为素材，该任务经过改编，可设计为 5 个项目、3 个选项的三项匹配题，不设干扰项。若将项目和选项位置互换，则可成为一种 3 个项目、5 个选项的多项匹配题，该设计形式虽与 IELTS 的听力多项匹配题相似，但由于每个项目可选择不止一个选项，使其成为一种未使用过的新任务类型，其使用效果有待深入研究。

2.1.2　缘起、发展和变化

在国际范围内的标准化英语测试中，听力多项匹配题在 MSE 和 IELTS 中是沿用多年的常见任务类型，近年来在 IGCSE（E2L）中亦开始使用。自使用以来，其形式有一些发展和变化。这主要体现在 CAE、CPE 和 IELTS 的匹配任务中。

MSE 中听力匹配任务的开发始于该测试 1984 年之后对 FCE 和 CPE 的改革，此后多项匹配题成为一种常见任务类型。此时的测试受到语言教学中交际法（the communicative approach）的影响，更加注重任务的交际性和真实性，格外关注测试方法对考生表现带来的影响（Weir et al. 2013）。在此背景下，丰富听力测试任务类型成为一个重要变化（Boroughs 2003；Weir et al. 2013），多项匹配题就是这个时期的产物。CAE 于 1991 年设立，其听力测试也秉承了任务类型多样化的风格，从创立之初就已使用多项匹配题（Weir et al. 2013）。

MSE 选择多项匹配题为听力测试的任务类型之一，主要出于以下 4 点考虑：第一，多项匹配题对于宏观的听力理解能力的测量更为有效，如归纳听力语篇的主要内容，理解说话者的态度、观点和意图等能力，而此类测量目标在以往的考试中，以及其他任务类型中容易被忽略（Boroughs 2003；Elliott and Wilson 2013；

Field 2013；Weir et al. 2013）。第二，多项匹配题可通过丰富任务类型的多样性，减轻测试方法效应的不利影响，避免任务类型单一为测试构念效度带来的弊端，提高测试的公平性（Alderson et al. 1995；Boroughs 2003；Elliott and Wilson 2013；Weir et al. 2013）。第三，与多项选择题相比，匹配题所有的项目共用一组选项，在排版上更加节省空间，而且考生不必每做一道题都要阅读一组新的选项，这可以在一定程度上减轻答题中的阅读"负担"（Brindley 1998；Elliott and Wilson 2013；Weir et al. 2013）。第四，多项匹配题可以设置较多的选项，这有利于减小考生在答题中猜测的概率（Brown and Hudson 1998；Elliott and Wilson 2013；Weir et al. 2013）。总之，在当时考试改革的背景下，MSE 听力测试对于新任务类型有所需求，由于多项匹配题的形式在这几个方面具有优势，因此此后一直沿用。

IELTS 中的听力多项匹配题源于该测试对任务类型的探索和创新。该测试在 ELTS 的基础上发展而来。ELTS 原本为准备成为研究生的学生而设立，但由于其他考生群体和教育机构对英语测试成绩的需求，剑桥大学考试委员会外语考试部、英国文化协会及 IDP 教育集团决定将 ELTS 的内容进行精简，并于 1989 年正式推出 IELTS（Charge and Taylor 1997；Davies 2008）。IELTS 听力测试任务类型的设置与 MSE 类似，采用多种类型搭配的形式。此后，IELTS 出于实用性、考试管理、技术发展和理论创新等方面的问题，于 1995 年对考试进行了全面改进（Charge and Taylor 1997）。接下来的 10 年（1995—2005 年）是 IELTS 发展成熟的时期（Davis 2008），这段时间的听力测试不断对任务设计形式进行探索，更换了一些新的任务类型。IELTS 的听力多项匹配题的设计就是在这段时间发展成熟的。

CAE 听力测试选用的匹配任务类型并无明显调整，但测试开发者曾尝试对匹配题具体的任务设置进行调整。CAE 听力测试共分为 4 个部分，其中第 4 部分为多项匹配题（Hawkey 2009）。该题共 10 个项目，每个分任务 5 个项目、8 个选项（5 个正确选项和 3 个干扰项）。对于该匹配任务，CAE 曾经对其效度进行过考察，调查了考生对任务设计的感受（Hawkey 2009）。此研究在其他条件不变的情况下，设计了一种每个分任务有 5 个项目、6 个选项（5 个正确选项和 1 个干扰项）的试测版本，并将其与 8 个选项的版本比较。研究结果发现，8 个选项的听力多项匹配题为考生在听的同时带来了较重的阅读负担，比短语更复杂的选项不易记住（Khalifa 2006）。此外，在所给的准备时间之内，考生感到读完所有选项的难度较大，因此更青睐 6 个选项的匹配题。另外 Geranpayeh（2007）也通过结构方程模型发现，该任务影响考生表现的阅读因素负载较重。考生答题时需同时记住选项中一些较长的句子，这比起单纯的听力理解，对他们更具挑战性（Murray 2007）。基于此结果，CAE 针对 6 个选项的听力多项匹配题进行了试测，但发现其项目的统计数据比 8 个选项的版本存在更多问题（Hawkey 2009）。2008 年年底，CAE 推出了一套对听力测试设置的最终调整方案，其中第 4 部分的多项匹配题经过多种因素的权衡，仍旧维持了最初的任务设置，即每个分任务 8 个选项的版本（Hawkey 2009）。

CPE 长时间以来沿用三项匹配题，其形式为二人对话，匹配的内容为说话者及其观点，选项分别为两个不同的说话者，以及两个人达成一致的观点。Boroughs（2003）介绍了 CPE 在 1984—2002 年间对三项匹配题的开发、试测和改进。这段时期，CPE 听力测试中的三项匹配题共经历了 3 个研发阶段，第一阶段从 1994 开始，至 1996 年结束；第二阶段于 1998 年开始，至 1999 年结束；第三阶段 1999 年进行并完成。第一阶段，CPE 围绕该测试一直使用的观点匹配题进行了研究。试题开发者尝试了基于同类语篇设计的判断题，但发现次任务类型对于考生过于简单；还试用过基于三人对话的语篇，但该任务得到考生的负面评价，因同一性别的音色不易区分。在第二阶段，曾尝试过一种新题型，这种题型与以往的设计不同。例如，题材为一段广播材料，说话者逐一对三本同一题材的手册进行介绍（Boroughs 2003：330）。这三本手册按照在听力原文中出现的顺序，依次设为该任务的 3 个选项，而项目的出现顺序则不同于听力原文中相关信息的出现顺序。试测后，考生调查发现，该任务的正确作答似乎更多依赖于与阅读相关的因素，而非考生的听力理解能力，因为考生在做题的同时需要不断地扫视全部项目，并在听的同时将其内容存储于短时记忆中。此外，有些项目的内容过于抽象，考生理解有困难。故此，到第三阶段，CPE 放弃了此类三项匹配题，并继续采用以往的观点类三项匹配题，该题型的项目顺序与答案在原文中出现的顺序相符。后来，三项匹配题项目的数量有所变化。最初数量较多，如 1998 年的样卷中三项匹配题有 10 个项目（Weir et al. 2013），后来被减为 6 个项目（Geranpayeh and Taylor 2013）。直到 2013 年，CPE 中的三项匹配题才被由短独白组成的匹配任务取代，该任务类型与 CAE 听力中的多项匹配题形式相同（Elliott and Wilson 2013）。CPE 对三项匹配题的试测和改进说明说话者、题目内容、匹配特征等因素确实会在一定程度上影响该任务的效度，但遗憾的是 MSE 并没有公布对该任务类型完整的研究过程和具体的统计数据，除此之外还未有关于该任务类型的相关实证研究。

IELTS 听力测试中的多项匹配题类别较多，这是该测试始终贯彻的特色，但可以观察到该类任务外观形式的调整及其风格的形成。在 1996 年出版的《剑桥雅思真题集 1》对 IELTS 听力测试内容的描述中，已明确指出匹配题的存在，但该任务类型尚未在模拟测试中出现；在《剑桥雅思真题集 2》（2000）和《剑桥雅思真题集 3》（2002）中，都设计了听力多项匹配题，可见 IELTS 对该任务类型逐渐重视。自 2005 年至今，《剑桥雅思真题集 4~11》的听力匹配题仍使用听力多项匹配题，但外观及设计形式有所变化，并趋于稳定。IELTS 每年需要更换多份试卷，并非每一次听力测试都有多项匹配题，但此任务类型始终是经常出现。

IGCSE（E2L）于2015年对听力测试的任务类型进行了部分调整。该测试开始使用一种听力匹配任务，形式与FCE中听力多项匹配题的形式相近，但由6篇短独白、6个项目、7个选项组成。其最突出的特色是比MSE中的匹配题少两个干扰项，这反映了匹配题的任务设计在剑桥系列听力测试中近年来的新发展。

从上述测试对听力多项匹配题探索和改进的过程中，不难发现其研究思路仍局限于多项选择题研究的传统思路，所关注的问题主要集中于影响听力理解的阅读材料上，主要体现在对CAE和CPE的最佳选项或项目个数的探索。这虽可解决任务设计的一些实际问题，但所涉及任务特征仅为选择性作答方式任务的共同特点。听力匹配任务的语篇和设计形式皆有独特之处，其内容需包含可匹配的信息，选项和题干的内容也需反映共同的主题，这些特色都值得深入研究。

事实上，以往研究并非从未涉及该任务类型的核心特征，但是并未明确意识到它们的独特性和研究价值。CPE试测的第一阶段涉及了三项匹配题的语篇因素，但仅因为考生感到三人讨论的体裁中不同说话者的音色难以分辨，就放弃了该任务的使用（Boroughs 2003），而未深入研究其成因及可改进的方法。第二阶段虽然涉及不同语篇内容和匹配顺序的三项匹配题，相关报告却把研究重点放在阅读负担上（Boroughs 2003），并未探讨题型本身对听力理解的影响。IELTS对听力多项匹配题的外观形式进行了调整，但调整的原因及其对考生的影响却无从查证。

为填补该空缺，本研究重点选择与匹配相关的任务特征，涉及匹配方式和匹配顺序（2.1.4小节）。通过考察这些特征对考生作答的影响，本研究探索听力多项匹配题的认知效度，深入了解该任务类型的特征。

2.1.3 测试构念

听力多项匹配题作为一种测试任务，其构念界定遵循听力测试构念界定的普遍方法和原则。听力测试构念界定共有三种方法。第一种方法通过定义考生应该具备的语言能力界定构念，包括语言知识、策略运用等不同方面。第二种方法通过界定语言任务的特征界定构念。第三种方法则是结合前两种方法，从双重的视角界定听力构念。前两种方法由 Chapelle（1998）提出，后经 Buck（2001）将它们融合，认为两者之间应取长补短，提出了听力构念界定的第三种方法。本研究对于听力多项匹配题的构念界定也参照第三种方法。

在听力多项匹配题构念界定中，每个任务的全部题项都测量相同的能力。这是因为听力语篇中存在两类可组合的同类信息，使题干和选项的内容也各自需为同类事物，这也是匹配任务设计的一项普遍原则（Brown 2005；Haladyna and Rodriguez 2013）。每个听力匹配任务选择测量一种特定的听力能力，首先应对该能力进行清晰的界定。Wang（2017）将听力构念分为"基于能力的构念（competence – based construct)"和"基于任务的构念（task – based construct）"，其中基于能力的构念的具体界定方法可分"子技能法（the sub – skills approach）""策略法（the strategy approach）"和"认知法（the cognitive approach）"。本小节借鉴 Wang（2017）对听力构念界定方法的最新分类，揭示该任务类型构念的本质。

（1）基于能力的构念界定

基于能力的听力构念界定方法可分为"子技能法""策略法"和"认知法"三种（Wang 2017），这三种方法各有其特色和局限性。本研究选用的人物观点类匹配题的构念界定主要采用"认知法"的视角，同时也借鉴了另外两种方法的一些特点。

"子技能法"反映了有关听力理解早期研究对听力能力的认识。此时学界在听力理解为统一的技能还是一系列子技能组合的问题上，尚未达成共识（Brownell 1986：59）。这些框架根据提出方式可分两类，第一类是基于研究者自身的经验和直觉提出的框架，主要有 Aitken（1978）、Richards（1983）和 Weir（1993）等；第二类是通过实证研究筛选或总结的重要听力技能，主要有 Powers（1986）和 Buck 等（1997）的研究。这两类研究的共同特点为提供了详细的听力技能"清单"，以便听力任务设计过程中对测量目标的编排和选择。对于听力多项匹配题而言，由于每个任务仅测一种构念，子技能法可为任务构念的选择提供参考。然而，子技能法内容的主观性较强，全面性有限，且无法体现不同类别或具体技能之间的关联。该方法只能对听力技能单纯列举和分类，无法使测试开发者深入、全面地了解听力理解的本质。相比之下，"策略法"和"认知法"则致力于反映听力理解的过程。

"策略法"是以考生在听力理解中可观察到的实际策略运用为出发点，对听力理解能力进行探索的方法。Bachman（2010：33）将语言能力定义为"一种使语言使用者能够创造和解读语篇的能力"，并将其分为语言知识（language knowledge）和策略知识（strategic knowledge）两部分。语言知识反映了考生头脑中有关语言信息的储备，但这只有通过具体的语言表现及其完成语言任务的方式才能体现出来。语言策略是学习者完成语言任务必要的手段和途径，是语言能力不可或缺的一部分，正如 Cohen（2012：7）对其的定义：

（语言策略是）语言学习者有意识选择并被操作的思想和行动，以助其在最初等至最高级别语言表现的学习过程中，完成众多的语言任务。

在听力理解中，策略是反映学习者理解语篇信息的重要途径，也是判断听力能力的一部分重要标准。有一系列研究通过探索听力理解策略的构成，揭露听力能力的本质。其中重要研究包括 Goh（1997）、Vandergrift（1997）、Goh（1998）、Goh（2002）以及 Badger 和 Yan（2009）的研究。这些研究主要结合有声思维、访谈、日志等质性研究方法，对学习者听力理解过程中反映的策略进行归纳总结。上述研究对听力策略的分类大体一致，都包含听力理解的"认知策略"和"元认知策略",但更为具体的分类因研究而异。

"策略法"的一个重要特点是探讨了听力理解中元认知策略的作用。Vandergrift 和 Goh(2012:17)经过对听力理解策略多年的研究,在 Anderson(1995)三阶段听力理解模型的基础上,尝试对听力理解的信息加工过程进行总结,并提出对该过程的新认识。其中,元认知策略被视为听力理解中一种重要的思维过程,其性质与 Anderson(1995)提出的三个信息加工层次不同,属于一个独立的维度,贯穿于全部层次的认知过程中。实际上,听力理解元认知策略正是 Vandergrift 和 Goh(2012)重点强调的思维过程,该著作在其他章节中还详细探讨了听力元认知策略与二语听力教学的紧密联系。但遗憾的是,Vandergrift 和 Goh 并未在对元认知策略分类的基础上,进一步讨论不同元认知策略与认知过程之间的联系,有待未来研究继续探索。

"策略法"的相关研究主要以质性研究方法为主,通过学习者的听力理解过程归纳其对策略的运用。这种方法比"子技能法"更为客观,为学界对听力理解带来了新认识,其中最突出的特色为突显了听力理解元认知策略的重要作用。但此方法也有一定局限:第一是不同研究对认知策略的元认知策略的分类虽然有很多重合之处,但不同研究之间对"策略"和"方法"的分类很难达成一致;第二是主要通过归纳的方法总结听力理解策略,缺乏反映听力理解普遍规律的理论框架作为指导。本研究借鉴了该方法的部分特色,在质性数据分析的过程中重点探讨了考生在听力理解及作答过程中所运用的元认知策略。

"认知法"反映了从心理语言学的视角对听力构念界定的方法,构念界定的依据为学界对听力理解信息加工过程的理论框架。对于本研究所选的多项匹配题,重点测量的是"高层次"的听力理解过程,与"低层次"的过程相对,实质上反映的就是"认知法"的听力构念界定。这种方法关注听力理解的信息加工过程,可以客观、清晰、全面地认识听力理解的思维过程。

随着科技的发展和人们对听的需求的不断变化,学界对听力理解的认知过程进行了持久而深入的探索(Rost 2011),对该过程的认识由浅及深,提出了很多描述听力理解过程的框架或模型。它们从对听力理解片面、粗略的描述,发展为内容全面、层次分明且细致的模型建构。当代的听力理解模型一般将听力理解过程分为若干层次,并将其由低至高进行排列。不同层次的认知过程并非单独或逐一进行,而是协同运作,共同实现听力理解的过程(Flowerdew and Miller 2005;Rost 2011;Field 2013)。然而,听力理解究竟可分为哪些信息加工层次,包括哪些具体的思维过程,不同层次及之间有何联系,学界还未达成共识,有待进一步探索。

有关听力理解的重要框架或模型主要分三类:第一类体现了听力理解过程的"方向性",包括"自下而上"的模型(Shannon and Weaver 1949)、"自上而下"的模型(Warren and Warren 1970;Flowerdew and Miller 2005,2010)和交互模型

(Rumelhart 1975; McClelland and Rumelhart 1981),第二类是划分层次的听力理解模型(Anderson 1995, 2000, 2015; Cutler and Clifton 1999; Rost 2002, 2011; Poelmans 2003; Field 2008),第三类是从听力测试设计与开发的视角对听力理解认知过程的总结(Buck 2001; Weir 2005; Field 2013)。第一类模型局限于对听力理解过程粗略的描述,"自下而上"和"自上而下"的过程在听力理解中如何交互作用,体现在哪些具体的步骤和阶段,该模型还不足以充分解释。在第二类模型中,Cutler 和 Clifton(1999)和 Poelmans(2003)重点关注低层次信息加工过程,Anderson(1995, 2000, 2015)、Rost(2002, 2011)虽然对高层次的听力理解过程展开了深入探讨,但其分类和层次尚不清晰。Field(2008)尝试了对高层次信息加工过程更细致的分类,但层次的划分还有些烦琐。第三类框架或模型在兼具第二类模型特点的基础上,结合听力测试构念界定的特点,提出了基于"认知"视角的听力测试构念。这一类框架在本书中重点介绍。

Buck(2001)认为听力理解是人们普遍具备的认知机制,对于第一语言和第二语言的听力理解,听者除了在语言知识方面存在差异外,相关的信息加工过程并无本质不同(Faerch and Kasper 1986; Dunkel 1991; Chiang and Dunkel 1992)。Buck(2001)提出的"默认听力构念"分为三个层次,基于听力理解过程的普遍性,高度总结了听力构念的构成,可分为语音信号处理、语言信息处理和对所听内容进行推断等三个方面的能力。虽然不同水平的学习者都会在听力中运用这些能力,但使用的熟练程度和准确性不同。对于水平较低的学习者,其对语音输入的信息加工不熟练,更多使用"监控的过程(controlled processes)",在听的同时监控理解,并有意识地关注语句中的重要信息;当学习者听力水平不断提高,"自动化信息加工(automatic processes)"使用的比例不断提高,使得学习者逐渐不必刻意监控或关注语句中的重点信息,也可以直接准确地理解听力语篇的意义(Buck 2001; Schneider and Shiffrin 1977; Shiffrin and Schneider 1977)。语音信号处理和语言信息处理两个层次的过程反映了基于语音输入本身的理解,在语言表达准确的情况下,听者可准确把握语句字面的含义。但对于推断性的含义,听者个人的判断是多样化的(Brown 1995; Buck 2001),且在一定情况下含义具有可取消性(cancellability)(Grice 1975)。与"子技能法"和"策略法"相比,Buck(2001)的构念界定注重听力理解的普遍特征,并提出了具有普适性的听力构念。从心理语言学的视角看,"默认听力构念"的三个层次显然较为全面地概括了听力理解的信息加工过程。

Weir(2005)的 SCF 按照相似的模式,提出了听说读写 4 种技能各自的效度验证框架,其中听力测试框架的"理论关联效度"也试图从认知的角度总结考生听力理解的认知过程,作为考察听力测试构念效度的基础。Weir(2005)主要借鉴 Buck(2001)和 Rost(2002)对听力理解的认识,将听力理解过程分为执行过程(executive processes)、监控(monitoring)和执行资源(executive resources）等三部分。执行过程实质上是听力理解的策略能力，监控指在听的过程中对听力理解的反思和调整，执行资源指理解过程中所运用的语言知识和话题知识。该框架涵盖的内容虽然全面，但并未阐明这三类过程之间的联系，以及它们如何在听力理解的过程中共同发挥作用。它们以列举的方式提出，很难体现听力理解认知过程的层次性。

  SCF 在 Weir（2005）之后得到进一步发展和完善，其中"理论关联效度"为突显其呈现的内容实质上是各项语言能力的认知过程，更名为"认知效度"。对于听力测试的框架，则改为借鉴 Field（2008）提出的听力理解模型。Field（2008）虽然全面指出了听力理解的认知层次，但对于听力测试所考察的能力，具体应涵盖哪些信息加工过程，尚无最终定论。最初，Taylor 和 Geranpayeh（2011）中 SCF 的认知效度框架借鉴 Field（2008）的听力理解模型，将其分为 8 个层次。Taylor（2013）则将其进行了简化，保留了 6 个层次，分别为语音（和视觉）输入解码（decoding acoustic/phonetic（and visual）input）、词汇检索（lexical search）、句法解析（syntactic parsing）、形成字面含义（establishing propositional meaning）、构建意义表征（constructing a meaning representation）和构建语篇表征（constructing a discourse representation）。Field（2013）则进一步简化了这种表述，将"句法解析"和"形成字面含义"合并为同一层次。如此，听力理解过程简化为 5 个层次：输入解码（input decoding）、词汇检索（lexical search）、解析（parsing）、意义表征构建（meaning construction）和语篇表征构建（discourse construction）。输入解码指对基本语音单位进行识别，词汇检索指单词的划分和词义的识别，解析包括对语句字面含义和句法结构的理解，意义表征构建指在先有知识的帮助下对听觉输入的意义进行解读，语篇表征建构指对输入中先后出现的不同信息的联系进行判断并把握听力语篇的主旨和结构。在这 5 个层次中，输入解码、词汇检索和解析属于低层次的信息加工过程，意义表征构建和语篇表征构建属于高层次的信息加工过程。Field（2013）非常重视高层次信息加工过程，并对其展开了详细的描述。其中意义表征构建包括语用（pragmatic）、语境（contextual）、语义（semantic）和推断（inferential）有关的 4 类思维过程。语篇表征构建则涵盖了选择（selection）、融合（integration）、自我监控（self-monitoring）和建立结构（structure building）这 4 种思维过程。该框架层次分明，对低层次和高层次的听力理解过程界定清晰，描述详细。对于听力测试的开发和使用，在构念界定和操作化的层面上有很强的实用性，可作为考察听力任务构念效度的分析框架，是迄今为止最全面、简洁的听力理解模型。然而，5 个层次的划分是否最合理，对听力理解过程的解释是否全面，每种过程涵盖的内容是否有待补充，还有待进一步研究。

  本研究主要采用"认知法"界定人物观点类听力多项匹配题的构念，主要借鉴 Field（2013）的 5 个层次的听力理解模型探索人物观点理解的信息加工过程。与此同时，通过反映考生听力理解及作答过程的质性数据，探索 SCF 中听力测试认知效度框架是否存在进一步完善的余地。在必要之处，本研究也结合"策略法"的某些分类对现有模型未能涉及的现象加以解释。

（2）基于任务的构念界定

听力多项匹配题是一种独立的任务类型，不但在应答方式上与其他任务类型有所不同（Elliott and Wilson 2013；Field 2013），在语篇内容上亦有独特之处（Green 2017），对该任务类型的构念界定不能忽略其任务特征。基于任务的构念界定方式，通过描述考生在真实语境中能够完成的语言任务，界定听力测试的构念（Buck 2001；Wang 2017），并以考生的测试表现与其所对应语境中表现的情况，评价其构念效度。这种听力构念界定方式主要包括两个要素，一是考生能够完成的任务，二是完成任务的语境（Buck 2001）。在此情况下，测试任务的真实性是定义任务构念决定性的因素（Buck 2001：106）。

Buck（2001）主要参考借鉴了 Bachman 和 Palmer（1996）的语言测试任务特征框架，并在此基础上加以调整，提出了描述听力任务的框架。该框架包括 5 个方面的要素，分别为"设置特征（characteristics of the setting）""测试说明特征（characteristics of the test rubric）""输入特征（characteristics of the input）""应答特征（characteristics of the expected response）"和"输入和应答的关系（relationship between the input and response）"。该框架内容全面，能够完整地体现基于任务听力构念界定的思路。但对于特定听力任务的研究，研究者根据任务设计的特点和具体研究目的，往往只需聚焦于少数几种任务特征，无需进行面面俱到的研究。

完全基于任务的构念界定方式无可避免地存在一些弊端。Bachman（2002）指出，若语言测试仅通过学习者需完成的任务界定构念，则很难通过具体的测试任务的表现预测他们在相应的真实语境中完成任务的表现，因为现实中的语言运用千变万化，很难论证测试任务的代表性。他提议，应该把基于能力和基于任务的构念界定方式结合起来使用，单方面使用其中一种方法都会为语言测试带来问题。Bachman（1991，1996）对测试真实性的分类也体现了这个理念：其中一个概念是"情境真实性（situational authenticity）"，指的是测试任务特征和目的语使用环境中相应任务的相似程度，是从基于任务的构念界定方式提出的概念；另一个概念是"互动真实性（interactional authenticity）"，指考生在完成测试任务中运用的能力和其在真实语境中完成任务所运用能力的相似程度，是从基于能力的构念界定方式提出的概念。Buck（2001）、Taylor（2013）和 Wang（2017）从听力测试的视角出发，同样积极地响应了该理念，指出听力测试的构念界定既要考虑所测量的听力能力，也需结合相应听力任务的特征。

对于本研究选用的听力多项匹配题，目前尚不确定人物观点理解涉及了哪些信息加工过程。因此，通过基于能力的构念界定方式，本研究应以考生理解人物观点的过程为依据，归纳其中涉及的信息加工层次及其之间的联系。结合基于任务的构念界定方式，本研究应在听力测试的基础上，设置听力匹配任务所对应的"非测试环境"，即考生只听语篇并理解其内容，不回答问题，模拟听力多项匹配题所对应的语言使用环境，并将该环境中的思维过程与"测试环境"中的作答过程相比较。这与Field（2012）的研究采用的比较思路相似（2.2.4小节）。

2.1.4　任务设计特点

听力多项匹配题的任务设计主要涉及两个方面的因素，分别是听力语篇的选材和试题的编写。鉴于听力匹配任务的特色，有关这两个方面任务特征的选择都有其独到之处。然而，学界对该任务类型设计的方法和原则了解有限，对于不同语篇选材和试题设计方法的测试效果有待进一步考察。

（1）有关听力语篇的选材

听力匹配任务语篇的选材主要应考虑4个方面的因素：听力语篇的话题、语篇考察的目标、体裁的选择和语篇的数量。听力多项匹配题语篇的话题选择范围广泛，有关日常生活、工作和学术的题材都可选为该任务类型的素材。但听力材料的选择需注意三个问题。首先，测试开发者应明确听力测试的目的语使用域（target language use domain），了解任务测量的是考生在何种语境中运用的听力理解能力，为听力材料的选择划定范围（Wagner 2014）。其次，匹配题的题干和选项的内容应符合"同质性"，即各自的内容必须为同类信息（Linn and Gronlund 1995；Brown 2005；Nitko and Brookhart 2011；Haladyna and Rodriguez 2013），这使得听力语篇中必须具有至少一个可匹配的主题，且两类信息各自至少要在文中出现三次。最后，要尽量保证待匹配内容只有通过听力理解才能把握，而非仅通过考生的话题知识即可将题目猜对（Green 2017）。听力多项匹配题考察的目标涵盖了各个层次的听力理解能力，如对细节性信息的匹配、对事实性信息的匹配、对人物观点或态度的匹配等（Elliott and Wilson 2013；Field 2013），在确定了任务的测量目标后，测试开发者需确认所选听力语篇的内容与其所测量的听力能力能够正确对应。该任务类型选用的体裁通常为独白或两人对话，这两类体裁在标准化听力测试中都很常见（表2.3）。CPE在对其听力三项匹配题的试测中，使用过三人对话的体裁，但并未对由该体裁设计的匹配题开展持续的深入研究（Boroughs 2003）。匹配任务听力语篇的数量有三种选择：部分语篇、单个语篇和多个语篇。IELTS中的听力多项匹配题对应的语篇往往是一整节语篇的其中一部分内容，可能只有该部分内容才具备可供匹配的信息（如Cambridge English Language Assessment 2016）。CPE在2013年前使用的三项匹配题则根据一个完整的对话语篇而设计（Boroughs 2003）。FCE、CAE等测试则始终使用多个短独白语篇的听力匹配任务，这种选材方法要求所有语篇围绕共同的主题阐述（Hawkey 2009；Elliott and Wilson 2013；Weir et al. 2013）。

表 2.3　常见标准化听力测试中匹配任务的语篇选择

测试名称	话题范围	测量目标	体裁	语篇数量
IELTS	日常生活和学术活动	任何层次的听力理解能力	对话和独白	部分语篇
IGCSE（E2L）（2015 年后）	日常生活	高层次听力理解能力	独白	多个语篇
KET	日常生活	低层次听力理解能力	对话	单个语篇
FCE	日常生活	高层次听力理解能力	独白	多个语篇
CAE	工作或学术讨论	高层次听力理解能力	独白	多个语篇
CPE（2013 年前）	工作或学术讨论	高层次听力理解能力	对话	单个语篇
CPE（2013 年后）	工作或学术讨论	高层次听力理解能力	独白	多个语篇

表 2.3 总结了常见标准化听力测试中多项匹配题的选材。从话题范围来看，难度较低的测试（KET、FCE 和 IGCSE（E2L））一般选择日常生活中的话题，而难度较高的测试（IELTS、CAE、CPE）倾向于选择与工作或学术有关的话题。从测量目标的种类来看，仅 KET 所选的语篇用于测量细节性信息的理解，其余测试主要使用听力多项匹配题测量高层次听力理解能力，IELTS 的听力匹配任务的测量目标则涵盖了不同层次的听力理解能力。有关体裁，IGCSE（E2L）、FCE、CAE 和 CPE（2013 年后）仅选用独白，而 KET 和 CPE（2013 年前）仅选用对话，IELTS 则兼有这两种体裁。对于语篇数量，仅有 IELTS 的匹配任务来自语篇部分内容，KET 和 CPE（2013 年前）选用单个语篇，其余测试则选择多个相同话题的短独白。

本研究选用的两个语篇都是有关学术活动的话题，其测量的人物观点理解的能力被认为是"高层次"的听力理解能力（Boroughs 2003；Field 2013），其整个语篇内容都适合匹配任务的设计。但这两个语篇分别为对话和独白，体裁的差异导致语篇中待匹配信息的组织结构有所差异，以至于影响了试题设计中的"匹配顺序"。总之，在语篇选材方面，在控制其他变量的基础上，重点研究不同语篇体裁对听力多项匹配题认知效度的影响。

（2）有关试题的编写

听力多项匹配题的任务特征存在一些独特之处，是试题编写过程中应重点考虑的内容，主要体现在两个方面。首先，听力理解技能本身对任务特征的选择有一定限制。除听力之外，其他语言技能或要素的测试也存在匹配题的形式。阅读测试的匹配任务可分为两类（Khalifa and Weir 2009）：第一类是根据阅读文本内容寻找一个共同主题，列出两组同类的信息，并要求考生匹配；第二类则汇集有关文章语篇或细节层面的同类信息，需要考生将其匹配到文本中的不同位置，如IELTS阅读的段落主旨匹配题、HSK六级选句填空任务等。词汇测试中也有匹配任务类型，如 Nation（1983，1990）的词汇水平测试（the Vocabulary Levels Test）。不仅如此，匹配任务可广泛应用于各不同领域的测试中，如 Haladyna 和 Rodriguez（2013：114）推荐了一种特殊的多项匹配任务，被称为"三重匹配题"（triple matching）。该任务中可找到基于同一主题的三类信息，将其合并之后可组成更加完整的意义。Nitko 和 Brookhart（2011）将此类匹配任务称为"表格型匹配题"（tabular matching），并以"四重匹配题"（quadruple matching）为例，说明了此类任务的特点。听力测试中匹配题的主要特色与测量其他技能或非语言领域知识的匹配题相似，但听力理解的特点为多项匹配题的设计带来一些额外的挑战。为理解口头语言，听者需要识别并解码线性的语音信号，并将其赋予意义，其信息加工受到听者本人工作记忆和注意力的制约（Rost 2011）。在听力测试中，考生与此同时需要阅读多项匹配题的项目和选项，还需要对选项和题干内容进行匹配，此过程中无可避免地涉及多任务处理的过程。根据 Wickens（1984），人脑在同一时间内处理问题的能力有限，若同时完成不同的任务，将面临更大的认知负担。依据认知心理学的理论，该现象反映了语言学习者有限的认知资源，包括有限的注意力（Kahneman 1973；Hunt and Ellis 2008）和有限的工作记忆（Baddeley 2000；Hunt and Ellis 2008）。在听力测试中，会有一部分注意力和工作记忆用于测试任务的作答，这很可能为听力理解带来更大挑战。因此，听力多项匹配题题干和选项的内容应尽可能简洁，且数量不宜过多，否则可能带来较大的阅读负担。在其他语言技能或学科领域的匹配题中，这方面的要求则相对宽松。

　　在听力多项匹配题的作答过程中，考生需要将两类信息组合，在其头脑中组成新的意义。其中一些与匹配紧密相关的任务特征可能会影响考生的作答过程，同样应在任务设计中加以重视。此类任务特征在本研究中称为"匹配特征"，主要有"匹配方式"和"匹配顺序"。

　　匹配方式指匹配题中构成同一主题的两类信息在题干和选项中的分配方式。对于每个主题，两类待匹配信息有两种分配方式，因为多项匹配题项目和选项的内容可以互换（Ebel and Frisbie 1991）。在设计匹配任务的过程中，项目编写者需将其中一类信息放在题干的位置，另一类信息置于选项的位置。本研究借鉴 Green（2017）对匹配方式描述的方法，将题干信息视为在匹配中先入为主的信息，而选项内容视为需要寻找的信息，先呈现题干内容，再呈现选项内容。这种呈现的方式符合认知心理学中的"期望理论（expectancy theory）"（Matsumoto 2009：194；APA 2015：396），即在考生了解匹配目的的前提下，一般会期待题干在逻辑上代表前半部分信息，而选项在逻辑上代表后半部分信息。即按此原则，若将题干设为观点，选项设为人物，则匹配方式称为"观点－人物"；反之，若将题干设为人物，选项设为观点，则匹配方式称为"人物-观点"。在题干和选项内容长度相似的情况下，调换其内容对任务外观影响不大，但在人物和观点的匹配中，人物名称较短，而观点内容较长，调换之后题干和选项的长度就会变得截然相反。"观点-人物"匹配方式的任务在本研究中的外观形式是表格，调整为"人物-观点"后，就需要将其设置为选项在上、题干在下的形式。匹配方式的改变可能导致每题答案的数量、匹配顺序和任务外观形式的变化，其对考生作答的过程和结果有何影响，有待进一步研究。

匹配顺序指听力语篇中关键信息的呈现顺序与试卷中相对应的题干或选项信息排列顺序对应的一致性。在教育测量领域中，匹配任务选项的排列顺序是在任务设计中一个需谨慎考虑的问题，相关文献建议选项内容以一定逻辑顺序排列，以避免为考生的作答带来额外负担（Linn and Gronlund 1995；Nitko and Brookhart 2011），这体现出多项匹配题的匹配顺序是一种值得关注的特征。在听力测试中，CPE 在对不同类型的三项匹配题进行试测过程中涉及不同匹配顺序的任务（Boroughs 2003）。Field（2013）首先对听力匹配任务中可以设置的不同匹配顺序表示了关注，指出了该特征在听力多项匹配题中的独特性。在不考虑匹配方式的情况下，匹配顺序是由语篇的体裁、结构以及待匹配信息的呈现顺序决定的，很难随意调整。为了使"匹配"有意义，项目和选项在题目中排列的顺序不能全部按照听力语篇中关键信息出现的顺序排列，否则任务难度大幅度降低。也不可能出现项目和选项的顺序皆不按照听力语篇中关键信息顺序出现的情况，这会使增加试题的认知负担过重，影响任务效度。因此，匹配顺序只有两种，听力原文中关键信息的顺序只按照项目的顺序呈现，或只按照选项的顺序呈现。匹配顺序虽然可以通过匹配方式的变换调整，但待匹配信息的顺序则由语篇的内容决定。在本研究中，由于听力语篇的体裁是决定匹配顺序的决定性因素，为简明起见，体裁和匹配顺序作为影响测试表现的主要变量，可替换使用。

匹配方式和匹配顺序对作答过程和结果的影响对听力多项匹配题认知效度的考察很有意义。在听力测试中，听者不仅要理解听力语篇的内容，而且同时需要完成匹配任务，这还需要考生运用阅读理解和问题解决的能力。不同的匹配方式会影响考生寻找正确答案的方式、评分方法和外观形式，这可能影响考生作答的思维过程和结果。不同的匹配顺序不但关系到任务设计的形式，还与语篇本身的结构和内容有关，这可能会影响考生作答中将关键信息联系的过程，也可能影响考生的作答。此外，对于同一语篇的任务，匹配方式的改变也会使匹配顺序改变，甚至影响题目的外观形式，这意味着这两种特征可能会共同作用，影响考生的测试表现。基于此，本研究选取了一篇独白和一篇对话，共设计了4种匹配方式或匹配顺序相反的匹配任务，并将其分配至两份不同的试卷，作为研究工具（附录）。

2.1.5 有关任务特征的评价

任何应答方式的任务类型都会受到测试方法效应的影响，存在各自的利弊（Shohamy 1997）。听力多项匹配题较之其他任务类型，也存在其优势和局限性。本小节总结学界当前对听力多项匹配题特点已有的认识，并指出相关的研究空缺和本研究的价值。本小节首先简述听力多项匹配题的优势和局限性，其后详述作为研究素材的三项匹配题的特点，最后归纳影响该任务类型考生作答的因素。

（1）优势和局限性

听力多项匹配题主要有三个方面的优势。首先，其测量目标可涵盖的听力能力范围较广，包括对细节性信息、事实、人物观点、态度、目的和主旨等内容的匹配，包含了各不同层次的听力理解信息加工能力（Elliott and Wilson 2013；Field 2013；Green 2017）。其次，由于每个匹配任务题干和选项的内容只能基于一个共同的主题（Brown 2005；Haladyna and Rodriguez 2013），任何一个听力匹配任务中每个项目的测量目标都必须是统一的。这不但使得任务的测量目标聚焦十分明确，而且相应的听力语篇内容也需具备特殊条件，即包含一个特定的主题和两类平行的信息结构，如"人物-观点""时间-地点"等。基于上述特色，听力测试中的匹配题可更加关注平常易于忽略的构念，也可引导考生更加关注听力语篇中有关同一主题的关键信息。最后，多项匹配题所有项目共享同一组选项，无论是为该任务的构念效度还是试题设计都带来了益处。命题者不必为每个项目都单独设置干扰项，这不但有利于减轻考生在听力中的阅读负担（Brindley 1998；Wilson 2009；Elliott and Wilson 2013），而且可通过增加选项的数量降低考生随机猜测的概率（Brown and Hudson 1998；Elliott and Wilson 2013）。由于听力匹配题只需设计一组选项，其外观更加简洁（Brindley 1998；Elliott and Wilson 2013），而且匹配题这种形式本身也相对容易设计（Haladyna and Rodriguez 2013）。

听力多项匹配题也有两个方面的局限性。首先，匹配题的设计形式使考生的答题成为一种多任务处理的过程，这与真实语境中的听力理解是有一定差异的。虽然较之多项选择题，听力多项匹配题确实在一定程度上降低了考生总体的阅读量，但其中一些类别的任务仍可能存在选项和项目数量较多或较长的情况，使考生的作答受到阅读材料内容的影响（Hawkey 2009；Elliott and Wilson 2013）。在听的同时，考生需要同时记住选项或项目的内容，并等待听力语篇中与其意义对应内容的出现，并适时地将其进行匹配，此过程中需运用操控信息的能力，不同于常规的听力理解过程（Field 2013）。其次，尽管一些类别的听力多项匹配题试图通过设置干扰项降低考生在答题过程中猜测的概率，但仍然不能完全避免猜测。此外，多项匹配任务不同题目之间作答，也可能存在一定关联（Nitko and Brookhart 2011；Elliott and Wilson 2013）。例如，考生在选择了一些错误答案的基础上，可能会导致另外一些题目也无法得到正确答案。

听力多项匹配题作为一种特定的测量方法，其本身既有一定的优势，也有不足之处，在听力测试的设计中应加以注意。但目前学界对该任务类型特色的认识主要来源于直觉性的经验总结，缺乏实证研究的支持。

（2）三项匹配题的特点

三项匹配题（three-way matching）是听力多项匹配任务的一种，其所有项目共用三个选项，不设干扰项，且项目数量不能少于选项数量。由于多项匹配题容易出现不同题项之间作答存在关联的情况，因此在任务设计中往往选择设置干扰项，使选项的数量超过项目的数量（Linn and Gronlund 1995；Nitko and Brookhart 2011；Green 2017）。而三项匹配题因无法改变选项的数量，所以只能通过增加项目的数量来减轻上述局限性的影响。

三项匹配题作为听力多项匹配题的一种，在测量目标、听力语篇、题干和选项、外观形式等方面的大多数特征皆为匹配任务所共有，但也有自身独特的设置。该任务类型的选项数量恒定为三个，且无论项目的数量多少，都不设干扰项。对于观点类三项匹配题，匹配方式一般为"观点-人物"（Boroughs 2003）。对于同一个语篇的任务，如果变换其匹配方式，则选项内容将成为观点，题干内容成为人物。这种形式的匹配任务不再属于三项匹配题，而是一种目前还未使用过，题目可多选的听力多项匹配题。这两类匹配题的共同点是所有题目只需阅读一组选项即可，但由于项目和选项数量比较有限，无法避免猜测和不同项目之间作答的关联。

三项匹配题在标准化听力测试中主要应用于 IELTS 和 CPE（2013 年以前）中，这些测试都适合水平相对较高的考生，该任务类型还未在初级和中等级别的听力测试中使用，其构念效度尚未有所研究考察，这反映了测试开发和相关研究的空缺。目前不清楚从认知的视角来看，考生的作答思维过程能否充分、全面地反映任务对应的听力构念。

对于听力测试整体的效度而言，不同任务类型有其各自的优势和不足之处（Shohamy 1997），因为考生的测试表现主要由其语言能力和任务测量方法的特征决定（Cambell and Fiske 1958；Messick 1989；Dunkel et al. 1993；Wu 1998），而不同的测量方法对考生的作答有不同的影响。在测试中应尽可能避免过于单一的题型设置，尽量缓解特定任务类型的形式对构念效度的不利影响（Elliott and Wilson 2013）。每一种测试任务的设计形式都会在一定程度上改变考生作答的思维过程，使其运用一些与测试构念无关的能力回答问题，具体体现为一系列"应试策略（test-wise strategies）"的运用（Cohen 1998, 2006, 2012）。另外，搭配使用不同任务类型，有助于试题更加全面地测量反映不同认知层次语言能力的测量目标，从而为考生语言思辨能力的培养带来益处（孙有中 2011；韩宝成 2012；韩宝成、张允 2015）。基于此，本研究从高考英语听力机考试测题中选择了两个不同的人物观点类匹配任务，在改编的基础上，每个任务设计了两种不同的匹配方式，分别置于两套试卷之中，并对考生进行测试，考察该任务类型的认知效度。

（3）影响考生作答的主要因素

根据听力多项匹配题自身的特色，及其优势和局限性，可归纳出一系列可能对考生作答过程和结果带来影响的因素。这些因素大体上可分为任务特征和考生特征两大类。

关于听力多项匹配题的任务设计，需重点考虑三个方面的特征。第一是听力语篇的特征，第二是题干和选项的特征，第三为听力语篇内容和题干及选项的对应关系。

首先，听力语篇中需要具备至少一个可匹配的主题，才符合设计多项匹配题的条件。该主题需要在题干和选项中体现出来，统一的主题使得所有题干和选项的内容必须各自是同一类别的（Linn and Gronlund 1995；Brown 2005；Nitko and Brookhart 2011；Haladyna and Rodriguez 2013），且可通过匹配组合为更完整的意义。对于两种待匹配信息，每种在同一语篇中至少需要三个，才可用于设计多项匹配题。这两组不同的信息可以一一对应，也有一对多的情况。Elliott and Wilson（2013）将听力多项匹配题分为两类，其中一种每个选项只能选一次，另一种每个选项可选不止一次，其差异是由语篇中信息对应的方式决定的。IGCSE（E2L）、FCE、CAE 和 CPE 听力测试中的匹配任务较为特殊，听力语篇为多段短独白，每篇独白说话者不同，但所有人表达的内容都是有关同一主题的。因此把这些语篇看作一个整体，其中就存在如"人物 - 观点"的对应关系。

对于题干和选项的特征，有4个重要方面：选项的个数和长度、项目的个数和长度、匹配的外观形式和匹配方式。选项数量过少可能导致猜测概率较大，数量过多则可能为考生带来额外的阅读负担。项目数量一般也应控制在一定范围内，如在 ITLES 官方出版的模拟题中，每个听力匹配任务的项目数量在 3~6 个之间。匹配题可测量简单细节性信息的匹配，也可涉及更为复杂的内容，如观点、意图、主旨等，因此题干和选项的内容可短至一个词，也可长至一句话。题干和选项作为两部分独立的内容，呈现的视觉效果也需慎重考量。外观形式主要有两种，一种将两者融入一个整体结构，即表格的形式；另一种将题干内容和选项内容分开置于不同的位置，即类似 IELTS 近年来听力多项匹配题的外观形式。最后，由于听力多项匹配题的题干和选项内容可以互换，如"人物 - 观点"的匹配，可调换为"观点 - 人物"的匹配。在项目和选项的数量和长度不等的情况下，如果改变匹配方式，会对其外观形式以及评分方式带来明显的影响。

听力多项匹配题中题干和选项的内容（除干扰项外）都应该可以在听力语篇中找到对应的信息。这其中涉及两个因素，其一是对应的直接程度，其二是匹配顺序。直接对应的情况指题干或选项的内容或其中部分关键词或短语直接在听力原文中出现,间接对应的情况指题干或选项的内容在听力原文中并无直接对应的文字,但可以找到意义相近的表达方式。匹配顺序指项目或选项从前到后的排列顺序与其在听力语篇中对应的信息的排列顺序是否一致。听力多项匹配题的一个特殊之处在于项目的排列顺序不一定要按照其相对应听力原文的呈现顺序排列(Field 2013)。这使得该任务类型可呈现两种匹配顺序,一种是只有项目排列顺序与听力原文对应内容出现顺序一致,另一种是只有选项排列顺序与听力原文对应内容出现顺序一致。

除此之外,考生对听力多项匹配题的反应和感受也可能成为影响其答题的重要因素。对同样的任务形式,不同考生的体会可能有所不同,这与他们对所参加考试的准备程度和以往的考试经验有一定关联(O'Sullivan 2000;Elliott 2013),此类特征在本研究中被称为"任务熟悉程度(task familiarity)"。在语言测试研究中,考生的任务熟悉程度往往被视为构念不相关的因素,在任务设计中希望尽量减轻其对测试表现的影响,如 Xi(2003,2005,2010)在对图表描述口语任务的研究中,考察了考生对不同图表类型的熟悉程度对测试表现的影响,并根据研究结果推荐使用影响更小的任务类型。关于听力测试,Elliott 和 Wilson(2013)、Green(2017)等认为,考生在考前熟悉多项匹配题的设计是非常重要的。匹配题虽然是听力测试中的常见任务类型,但较之多项选择题相对少见,考生对其形式相对陌生,可能花费更多精力在熟悉任务的形式和要求上,使其作答受到影响。听力多项匹配题的任务熟悉程度可分为两方面,一方面是考生对语篇内容的熟悉程度;另一方面是考生对题目设计的熟悉程度,即作答方式熟悉程度。作答方式熟悉程度涉及一系列听力匹配任务的核心特征,包括考生对任务的外观形式、匹配方式和匹配顺序等内容的了解。

听力多项匹配题是一种研究较少的任务类型,相关研究、试测或综述仅重点关注该任务中题干和选项的长度及数量(Khalifa 2006;Murray 2007;Geranpayeh 2007;Hawkey 2009;Elliott and Wilson 2013),仍然遵循多项选择题的传统思路研究匹配题,而与匹配本身有直接联系的特征的研究还未涉及,相关特征可能会对考生的作答带来哪些影响,与该任务类型的构念效度有何联系,还有待进一步研究。此外,听力匹配任务对我国高中英语水平的考生相对陌生。在教育部考试中心于 2016 年颁布的《考试说明》中,高考英语听力部分仍仅有多项选择题,仅阅读部分有一个选句填空任务,其性质为匹配题,从 7 个选项中选出 5 个正确选项。考生在作答过程中,可能会参考其先前对多项匹配题等任务类型的作答经验,即运用"同化(assimilation)"的心理过程;也可能会将匹配任务的形式作为新事物学习,即运用"顺应(adaptation)"的心理过程(陈琦、刘儒德 2005)。考生在听力多项匹配题的作答中,如何看待匹配题的形式,这可能对考生作答的过程和结果造成何种影响,还有待进一步研究。

然而，由于目前还未有实证研究涉及听力多项匹配题的匹配特征，本研究首先运用有声思维法和访谈法，考察相关任务特征对考生作答过程的影响，探索其研究价值。在此基础上，本研究归纳出该任务类型认知效度的影响因素，考察它们对考生测试表现有何影响。

2.2 听力测试构念效度研究

从研究目的来看，听力测试构念效度研究主要关注两个问题：其一为听力构念的界定是否合理，其二为测试任务的成绩能否准确地反映其所测量的听力构念。本节回顾了国内外近 30 年来有关听力测试构念效度的重要研究，并根据其主要研究目的，将其分为 4 个类别，分别为聚焦于听力构念的研究、聚焦于构念效度检验的研究、综合性的构念效度研究和听力测试认知效度研究。该分类内容虽有略有重合，但可突显构念效度研究的不同目的和研究视角。其中，听力测试认知效度研究的目的既关注听力构念，也重视对构念效度的检验，因其最重要的特色是以心理语言学的视角界定听力构念，所以被称为"认知效度"，实质上为构念效度研究中的一个类别。通过这些文献，本研究总结了听力测试构念效度研究的重点和已经取得的成果，指出研究空缺，并阐明了本研究的意义和价值。

2.2.1 听力构念研究

有些研究的主要目的在于丰富学界对某种听力测试任务构念的认识，或对其听力构念本身进一步完善。此类研究涵盖了 4 个主题，包括听力测试比较研究（Guan and Jin 2010）、听力复合题型研究（Cubilo and Winke 2013；Zhu et al. 2016）、听力测试视觉元素研究（Ockey 2007；Wagner 2008；Li 2013）和听力理解模型研究（Liao 2007；Eom 2008；Tafaghodtari and Vandergrift 2008）。这些研究的内容、方法和主要研究贡献汇总在表 2.4 中。

表 2.4 聚焦于构念的听力测试构念效度研究概览

作者和年份	研究内容	研究方法	主要研究贡献
Guan 和 Jin（2010）	交互听力能力	对国内外英语听力测试的比较	对交互听力能力的构念界定
Cubilo 和 Winke（2013）	听读写复合任务类型	测试、问卷调查、分析考生笔记	对视频信息的理解可作为听力构念的重要部分
Zhu 等（2016）	听读写复合任务类型	测试	验证了考生对听力材料理解的能力符合教学大纲的相关要求

续表

作者和年份	研究内容	研究方法	主要研究贡献
Ockey（2007）	听力测试中的视觉信息	测试、观察法、访谈法	视频信息与听力构念有一定关联
Wagner（2008）	视频类听力测试任务	有声思维法	考生运用非语言信息的能力与听力构念相关
Li（2013）	视频类听力测试	理论构建	以 Kane（2006）、Chapelle 等（2008）效度验证模式搭建了效度验证框架
Liao（2007）	ECCE 听力测试	测试	词汇和语法知识在听力理解中起着至关重要的作用
Eom（2008）	MELAB 听力测试	测试	发现听力理解是一种复杂的心理过程，受多种知识运用的影响
Tafaghodtari 和 Vandergrift（2008）	第一语言和第二语言听力能力的比较	测试、问卷调查	第二语言听力理解是一种复杂的心理过程，是多种因素共同影响的结果

表 2.4 表明了对听力测试构念效度的研究的共同特点是有助于增进学界对听力构念的理解，但关注的方面比较局限，仅有视觉元素在听力理解中的作用，听力复合题型的构念、语法和词汇知识与听力理解的关联等话题。本研究聚焦于听力多项匹配题的构念效度，对听力语篇中人物观点的理解过程进行了全面考察，这有助于为该任务类型的构念界定带来新认识。

2.2.2 听力测试效度检验研究

另一部分研究的重点在于检验听力测试的任务是否充分地测量了相应的听力构念。此类研究涉及两种不同的范围，其中一种考察听力测试整体的构念效度，另一种考察特定任务类型的构念效度。相关研究的分类、内容、方法和主要研究贡献见表 2.5。

表 2.5 聚焦于效度检验的听力测试构念效度研究概览

类别	作者和年份	研究内容	研究方法	主要研究贡献
整体听力测试研究	彭康洲（2010）	TEM4 听力测试	从大规模测试中抽取数据	借鉴 Bachman（2005）的测试使用论证模式考察了 TEM4 听力测试的效度

续表

类别	作者和年份	研究内容	研究方法	主要研究贡献
整体听力测试研究	卢晓仙（2013）	高考英语听力测试	从大规模测试中抽取数据	以 Buck（2001）的默认听力构念为理论基础检验了高考英语听力测试的构念效度
	Shin（2007, 2008）	基于网络的听力测试	测试	借鉴 Bachman（2005）的测试使用论证模式对相关测试的效度进行验证
	Scott 等（1996）	LSTE	测试、问卷调查	发现西班牙语听后总结翻译测试具有良好的构念效度
	Wagner（2004）	MELAB 和 ECPE 听力测试	从大规模测试中抽取数据	检验了相关测试的构念效度，并为其改进提供了建议
	Goh 和 Aryadoust（2010）	MELAB 听力测试	测试、Rasch 模型	探索了测试结构的合理性以及构念代表不充分和构念不相关的因素
	Liao（2009）	GEPT 听力测试	测试、问卷调查	探索了词汇和语法知识与听力和阅读测试构念效度的联系
	Chi（2011）	TOEFL 听力测试	测试、问卷调查	考察了"阻碍效应"对听力测试构念效度的影响
	Winke 和 Lim（2014）	IELTS 听力测试	测试、问卷调查、有声思维、眼动法	考察了应试技巧和测试焦虑对听力测试构念效度的影响
独立任务类型研究	Wu（1998）	听力多项选择题	有声思维法	探讨了该任务类型在构念效度方面的优势和局限性
	Freedle 和 Kostin（1999）	TOEFL 听力短对话任务	从大规模测试中抽取数据	通过量化研究验证了该任务类型具有良好的构念效度
	Buck（1991）	听力简答题	有声思维法、访谈法	检验了该任务类型对高层次听力理解能力测量的构念效度，并为其改进提供了建议

续表

类别	作者和年份	研究内容	研究方法	主要研究贡献
独立任务类型研究	Shohamy 和 Inbar（1991）	听力简答题	测试	检验了该任务类型的构念效度，并考察了不同体裁和问题类型任务的构念效度的差异
	Frost（2012）	听后复述任务	测试、考生表现质性数据分析	检验了该任务类型中与听力有关的构念的效度，并指出该任务类型的局限性

（1）整体听力测试的构念效度研究

在国内外重要听力测试研究中，都可以发现有关整个测试的构念效度研究。国内测试的研究主要包括彭康洲（2010）和卢晓仙（2013）的研究。在海外研究中，Shin（2007，2008）和 Pardo–Ballester（2010）是针对基于网络听力测试的研究，其他有 Scott 等（1996）、Wagner（2004）、Liao（2009）、Goh 和 Aryadoust（2010）、Chi（2011）以及 Winke 和 Lim（2014）等的研究。以上这些研究以量化研究的方法检验了听力测试的构念效度，或考察了影响试题构念效度的任务特征或考生特征与测试变现的关联。相关研究成果不但可检验各题目的测试结果对听力构念的反映程度，还可以在此基础上对不同任务类型的效果比较，为听力语篇选材和任务设置的改进提供建议。这些研究的思路与 Weir（2005）推荐的认知效度研究模式中所提出的"第二步"相似，即收集构念效度的"后验效度证据"（Weir 1988，2005）。虽然研究结果可以客观地反映听力测试的构念效度，但这些研究无法考察考生在作答过程中如何运用能力，并发现它们在设计开发环节中可能存在的问题，也很难细致地考察独立任务类型的构念效度。

（2）独立任务类型的构念效度研究

另一部分听力测试构念效度研究聚焦于特定的听力任务类型，针对相关任务的特点，收集相关的效度证据，并对该任务类型的优势及局限性进行评价，为其设计和改进带来启示。其中对选择性作答方式任务的研究主要包括 Wu（1998）以及 Freedle 和 Kostin（1999）；建构性作答方式的任务类型的研究主要包括 Buck（1991）、Shohamy 和 Inbar（1991）以及 Frost（2012）。以上这些研究非常细致地考察了独立听力任务类型构念效度。这些研究的方法较为多样，有的使用有声思维、访谈等质性研究方法考察考生答题的过程，有的以听力测试或调查问卷的量化研究方法检验任务的构念效度。但这类研究的范围比较有限，有待进一步扩展：选择性作答方式的任务仅有多项选择题，建构性作答方式的任务仅包括简答题和听说复合题型，听力多项匹配题尚未涉及。

2.2.3 听力测试综合性构念效度研究

有些听力测试构念效度的研究既关注听力构念的改进和完善，也重视对听力任务的构念效度的检验。相关研究涵盖的内容比较全面，在本书中归类为"综合性构念效度研究"。既考察听力测试的构念效度，也对试题的设计开发和使用提出改进建议，主要包括 Buck（1992）、Buck 和 Tatsuoka（1998）、Cai（2013）、沈蕾（2013）和柳明明（2015，2016）等的研究。相关研究的内容、方法和主要研究贡献参见表 2.6。

表 2.6 听力测试综合性构念效度研究概览

作者和年份	研究内容	研究方法	主要研究贡献
Buck（1992）	听力和阅读测试的简答题、填空题、翻译题和多项选择题	测试、MTMM	在检验了测试构念效度的基础上，发现听力理解与阅读理解不同，是一项独立的语言技能
Buck 和 Tatsuoka（1998）	听力简答题	测试、规则空间法	发现了解释听力理解能力的 15 种重要变量，并检验了该任务类型的构念效度
Cai（2013）	部分听写任务	测试	该任务类型具有良好的构念效度，并且可同时测量高层次和低层次的听力理解能力
沈蕾（2013）	CET4 复合式听写任务	测试、有声思维法	该任务类型构念效度良好，实际测量的是听力理解能力，不包括阅读和写作能力
柳明明（2015，2016）	听后口头复述任务	测试、有声思维法	界定了听后口头复述任务的构念，并采用 Bachman 和 Palmer（2010）的测试使用论证框架对其效度进行验证

表 2.6 表明，以上听力测试构念效度研究涉及多种听力任务类型，不但检验了相关听力任务的构念效度，而且为其改进的方法和应用的方式提供了建议。更重要的是，这些研究认识到听力理解是复杂的心理过程，其涉及的不同思维过程之间有多种交互作用，且考生的作答中经常同时涉及高层次和低层次的听力理解过程。虽然有些研究从认知心理学的视角界定、检验或完善任务的听力构念，但它们参照的是较为传统的听力理解模型，其对听力理解能力的认识也存在局限性。本研究采用认知效度的验证模式，主要参照 Field（2013）的听力理解模型分析考生的听力理解过程，以更加细致地分析、评价听力多项匹配题的构念效度。

2.2.4 听力测试认知效度研究

本研究从心理语言学的视角出发,考察听力测试多项匹配题的认知效度。认知效度反映了语言测试构念效度研究的一个特殊视角,此概念最初是教育测量其他领域中的研究话题,后来由 Weir(2005)的 SCF 介绍并推广至语言测试的研究中。SCF 的效度验证框架按照语言技能分为听说读写 4 种版本,其中听力测试框架认知效度部分通过借鉴 Field(2008,2013)的听力理解模型,得到了改进和完善。本小节首先介绍认知效度研究的特点以及听力测试的认知效度框架,其后回顾并评价相关的实证研究。

(1)认知效度研究的特点

认知效度指考生在测试环境中答题的思维过程与其在任务所对应的真实语境中语言运用思维过程的相似程度(Field 2008:346)。认知效度研究实质上是一类特殊的构念效度研究(Field 2013),重点考察考生在测试环境下和真实语境中认知过程的相似程度,并以此为依据判断测试任务能否充分考察其测量的构念。在听力测试中,认知效度将考生在测试中答题的思维过程和具有足够听力水平的学习者在真实语境中的听力理解过程进行比较,并发现其中的异同(Field 2013)。

认知效度是一个从教育测量领域引入语言测评研究中的概念,它为语言测试的构念效度研究带来了新的视角和思路。认知效度自 20 世纪 90 年代以来就在美国的教育测量领域受到广泛的关注和重视,相关研究涵盖了逻辑思辨、高层次推理能力、概念映射、课堂测试、医疗诊断、决策制定以及天赋测试的效度验证等多个领域的话题(Field 2013)。在语言测试领域,引入认知效度概念的是 Weir(2005)提出的 SCF,此概念最初被命名为"理论关联效度"。认知效度反映了一种独特的构念效度检验思路。传统的构念效度检验方法往往从测试的结果入手,利用量化统计方法,建立不同项目或任务得分与考生总成绩的关联,以考察测试表现对构念的反映程度。但这种方法很难探索测试任务的形式和内容对构念效度的影响,或检查构念界定本身存在的问题。Weir(2005)指出,在构念效度的研究中,需格外关注构念代表不充分和构念不相关的因素;另外,还需将测试任务的作答与真实语境中的语言运用进行比较。为此,除了测试的结果之外,还需要更加关注考生作答过程反映的与构念效度相关的问题。因此在对测试结果分析前,需要一个"先验阶段(a priori stage)"检验测试的构念界定,即测试任务涉及的语言运用应尽可能与真实语境中的语言运用相似,这需要通过考察相应的认知过程获取相应的证据,"理论关联效度"的概念便由此而生(Weir 2005)。后来在听力测试的 SCF 框架中,为了突显"理论关联效度"心理语言学的研究视角,其后文献中采用"认知效度"的名称(Taylor and Geranpayeh 2011;Field 2008,2013;Taylor 2013)。

语言测试中的认知效度框架属于 SCF 的其中一类效度证据，是该效度验证框架中的一个重要组成部分。SCF 的核心内容主要有三个维度，分别是考生头脑内部的认知因素（即认知效度）、外在的语境因素（即语境效度（context validity））和考生个人特征，这三个因素在测试开发和使用过程中相互作用，成为影响测试效度的主要因素（Taylor and Geranpayeh 2011；Taylor 2013）。认知效度和语境效度有紧密的关联，它们共同作用，影响考生的测试表现（Weir 2005；Taylor 2013），可在很多不同任务特征对答题过程和结果的影响中体现出来（如听力播放次数、语篇体裁、作答方式）。最后，听力测试的形式和内容应符合受试者群体的客观条件，适合考生的语言水平，并尽可能排除对特定考生群体的偏倚（Elliott 2013）。由于构念界定是听力测试开发过程中的首要环节（Buck 2001），而认知效度又反映了构念效度研究的特别视角，使得认知效度的框架成为 SCF 中最关键的环节之一。

认知效度研究主要有三个方面的特色：对答题过程的重视，心理语言学的视角，以及对任务构念代表的充分性、全面性和区分性的关注。Weir（2005）最初提出的"理论关联效度"本来就提供了一种注重考生作答过程的研究思路，Field（2008：110）在论述听力教学方法改进时借鉴了这种理念，并称之为"过程法"（a process approach）。后来随着 Field 将其听力理解模型引入认知效度，也更加明确地阐述了这种注重过程的研究思路的优势。Field（2013）指出，传统的构念效度研究存在局限性，它们更加依赖测试的结果和直觉性的专家判断提供效度证据，前者很难发现测试在设计开发方面的问题，后者难以避免其主观性、缺乏实验证据；另外，传统方法还忽略了考生本身的特征对测试设计和效度的影响。因此，效度验证的重点应该从测试"测出了什么结果"转向"如何测出了相应的结果"，更加关注考生在答题过程中的行为，不能仅限于测试的结果（Field 2013）。SCF 中认知效度的分析视角采用了跨学科的思路，从心理语言学的角度对考生答题的认知过程进行解读。对于听力测试来说，认知效度的内容与两个领域的研究紧密相关：其一是"口头说话认知加工"（speech processing），就是听者如何接收语音输入，将其与头脑中的意义表征关联，理解字面意义和在语境中完整意义的过程；其二是"熟练程度"（the nature of expertise），指听者以高度自动化的方式对语音信息进行解码并构建意义的过程，即一种"专家"行为，类似于学习国际象棋或驾驶的过程（Field 2013：82）。Field（2013：80）还指出了认知效度研究需要重点关注的三个方面的问题：信息加工过程的相似性（similarity of processing）、全面性（comprehensiveness）和区分性（calibration）。相似性指测试环境与真实语境中思维过程的一致程度，其存在的问题可以反映 Messick（1989）提出的"构念不相关"因素。全面性指测试环境中思维过程的类别是否能充分涵盖真实语境中思维过程的类别，其存在的问题可以反映 Messick（1989）提出的"构念代表不充分"因素。区分性探索的问题是测试对考生认知能力的要求是否符合其当前的语言水平，是 Field（2013）对整套 MSE 进行效度验证中使用的特殊分析视角。

完整的认知效度研究模式一般体现为一种混合式研究设计，分为前后紧密关联的两个阶段。这一模式最初由 Weir（2005：233-234）提出：第一阶段主要以质性研究方法调查考生在作答过程中运用的思维过程，如专家判断、内省法、回顾法等；第二阶段主要以量化的统计分析考察相关过程与测试得分之间的关系。Taylor 和 Geranpayeh（2011）在介绍听力测试的认知效度时，对该研究模式进行了肯定和总结，将第一阶段收集的质性数据归纳为先验的效度证据，第二阶段收集的量化数据作为后验的（a posteriori）效度证据。

在语言测试领域，认知效度作为近年来逐渐重视的构念效度研究方式，存在特殊的价值，可为各技能测试的效度研究带来新的启示。首先，认知效度旨在考察并比较考生答题过程中的思维过程，这有利于检验测试中构念界定的问题以及测试方法效应对构念效度带来的影响，为测试任务的开发与设计提供建议。另外，认知效度从思维过程的本质，即心理语言学的视角入手，剖析语言理解或使用中涉及的不同层次的认知过程及其之间的相互作用，从信息加工过程的角度比较测试环境和真实语境中思维过程的异同。认知效度属于 SCF 框架的一个环节，该框架针对听说读写技能各自设计了不同的框架内容。其中听力测试的认知效度虽然在理论构建方面进行过一些调整，但相对缺乏实证研究，本研究以听力多项匹配题的认知效度研究，对此加以补充和完善。

（2）听力测试认知效度框架

Weir（2005）在最初提出 SCF 的框架时，就已对听说读写四项技能，为各自的框架设立了有针对性的具体内容。Weir（2005：45）提出的听力测试"理论关联效度"框架分为三部分，分别为"执行过程（executive processing）""监控（monitoring）""执行资源（executive resources）"。这个框架是 Weir 通过参考 Buck（2001）和 Rost（2002）对听力理解过程的解释，将两者的内容进行筛选和合并，最终呈现的形式。然而，该框架仅对听力理解的思维过程进行了概念上的分类，并针对执行过程和执行资源列举了一些具体类别，但没能说明不同类别过程之间的联系，无法反映听者接收并处理语音信息，理解并构建其意义的整体过程。

后来 SCF 听力测试认知效度框架转而借鉴 Field（2008）提出的听力理解模型，就解决了上述局限性，使得不同层次的听力理解信息加工过程在框架中得以清晰体现。Field 在借鉴了 Cutler 和 Clifton（1999）、Anderson（2000）等提出的听力理解框架的基础上，对高层次的听力理解能力进行了更为细致的划分，这是他提出的框架中最具特色的一部分。Field（2008）指出，为了理解说话者表达的完整含义，听者不能仅局限于理解语音输入字面的含义，还需要运用自己已有的知识和图示进一步丰富字面含义，理解说话者的交际意图。Field（2008）最初被认知效度框架借鉴时包含的层次相对来讲比较烦琐，在 Taylor 和 Geranpayeh（2011）的框架中有 8 个层次，后来在 Taylor（2013）中简化为 6 个层次，最后在 Field（2013）中只剩下 5 个层次，包括输入解码、词汇检索、解析、意义表征构建和语篇表征构建，这是迄今为止最简洁的形式。其中，输入解码、词汇检索和解析属于低层次信息加工过程（lower-level processes），指的是听者接收语音信息，对其进行初步加工，并理解字面意义的过程；意义表征构建和语篇表征构建属于高层次信息加工过程（higher-level processes），指听者在理解听力语篇字面意义的基础上，根据其所处语境和现有知识对意义进行加工和构建的过程（Field 2013）。高层次信息加工过程是听力理解能力不可或缺的一部分，在测试任务设计时不应忽略此类构念。然而，上述听力测试认知效度框架改进的过程还仅限于理论建构，针对特定任务类型的相关实证研究还很有限，尚不清楚目前的框架是否存在尚可改进之处，本研究将对此问题进一步探索。

（3）相关实证研究

迄今为止，听力测试中有关认知效度的研究还很有限，所涉及任务类型主要针对听力讲座类笔记填空题的研究（Field 2011，2012；Wang 2017），研究范围有待进一步扩展。Field（2011）指出，英语学习者在理解学术讲座时运用的心理过程还鲜为人知，了解对该体裁语篇的听力理解过程可为听力教学的改进带来启示。该研究以认知效度的研究思路，调查学习者在真实语境中理解讲座内容的思维过程，将其与测试任务环境中考生理解及作答的思维过程进行比较，最后总结研究对听力理解普遍规律的认识及其对听力教学的启示。Field（2012）是 Field（2011）中部分研究内容的详细展开，但其落脚点为对 IELTS 听力测试第四部分讲座理解任务的认知效度研究。Wang（2017）运用了 SCF 框架，在一系列实证研究中探索了学术讲座的听力理解构念。该研究主要运用了调查问卷法收集量化数据，以有声思维法收集质性数据，将其结合分析并构建了学术讲座理解的构念。

以上研究虽然扩充了认知效度的研究话题，但其设计也存在一定局限性，期待后续的研究根据自身的目的继续完善。这些研究虽然聚焦于独立的听力任务类型，并运用认知效度的范式对其进行了细致的研究，但 Field（2011，2012）和 Wang（2017）所聚焦的任务类型都已在现有的标准化语言测试中正式使用，无需自行组织考生对相关任务类型进行较标准化的测试，只需收集认知效度的"先验效度证据"，完成 Weir（2005）的认知效度研究模式的"第一步"即可。而本研究使用的听力多项匹配题的设计形式还在探索中，因此首先通过有声思维法和访谈法收集先验效度证据，其后通过听力测试和调查问卷进行后验的效度证据收集，对质性研究阶段的发现进行三角验证，对试题设计的改进提供建议，完整地实现了 Weir（2005）所提出的认知效度研究思路。

2.3 小　　结

　　本研究考察听力多项匹配题的认知效度，从心理语言学的视角考察该任务类型的构念效度。在语言测试研究中，心理语言学关注的重点在于学习者理解或使用语言的心理过程，相关数据是测试任务效度验证的重要证据来源，亦能完善学界对相应测试构念的认识。听力多项匹配题被认为可用于测量"不同层次"的听力理解能力（Elliott and Wilson 2013；Field 2013；Green 2017），因此需要参考、借鉴并完善相关的听力理解模型。本研究主要参考 Field（2013）5 个层次的听力理解模型，界定人物观点类听力多项匹配题的构念，并对该任务类型的认知效度进行评价和检验。Field（2013）的听力理解模型源于 John Field 在对听力教学及测试多年研究的基础上，结合以往语言理解模型的特色和局限性（Shannon and Weaver 1949；Warren and Warren 1970；Rumelhart 1975；McClelland and Rumelhart 1981；Flowerdew and Miller 2005；Cutler and Clifton 1999；Anderson 2000），最终提出了更为完善的听力理解模型（Field 2008）。Field（2008）的听力理解模型后来又经过数次改进，最终精练为 Field（2013）的 5 个层次。Field（2013）的听力理解模型对听力理解的信息加工过程的分类简洁而全面，对高层次听力理解过程的分类和解释尤为详细。本研究选用的匹配任务测量听力语篇中人物观点理解的能力，借鉴该模型分析相关信息加工过程。然而，这 5 个层次对听力理解过程的解释是否合理、全面，每个层次具体有哪些思维过程，还有待继续研究。

　　听力多项匹配题是标准化听力测试中的常见任务类型。该任务作为独特的测量方法，既有特色，也有局限性，这些特点对该任务的构念效度有何影响，还未有研究深入考察。目前有关该任务类型的文献主要局限于教育测量或语言测试界对该任务类型特点的总结，只有为数不多的针对其题干及选项长度或数量的研究，采用的是多项选择题研究的传统思路，未对与匹配直接相关的任务特征加以重视。另外，听力多项匹配题在水平较高的标准化听力测试中使用较多，在中低级别的测试中的设计和开发使用较少，应用范围有待扩展。为此，本研究从高考英语听力机考试测题中选取了两个匹配任务作为素材，对其改编并设置了不同的匹配特征，并对其构念效度进行考察。

　　听力测试构念效度的研究大致可分为 4 类，第一类研究聚焦于听力测试构念的界定或完善，第二类研究旨在检验整体测试或特定任务类型的构念效度，第三类研究则为两者兼顾的综合性研究，第四类研究以 SCF 为范式考察整体听力测试或独立听力任务类型的认知效度。其中听力测试认知效度的研究反映了近年来构念效度研究的新视角，注重从考生答题过程的视角收集先验的效度证据，并结合以量化统计为主后验效度证据，对测试任务的构念效度进行综合性考察。

该框架借鉴 Field（2013）的听力理解模型，分类简明清晰，操作性较强，但相关实证研究刚刚起步（Field 2011，2012；Wang 2017），研究内容和思路有待进一步拓展，理论框架也有待完善。本研究通过对听力多项匹配题认知效度的研究，既丰富了相关研究的内容，也有助于 SCF 听力测试认知效度框架的改进。

3 研究方法

第3章是研究方法的详细介绍。本章首先介绍总体研究设计（3.1节），其后分别介绍各研究阶段涉及研究对象的特征（3.2节），以及听力试题、调整后的听力录音、访谈提纲和调查问卷等研究工具的开发及使用情况（3.3节）。在此基础上，本研究详细展示数据收集（3.4节）和数据分析（3.5节）的过程。最后，本章对三个阶段的研究思路进行总结，简要回顾Weir（2005）的认知效度研究模式在研究设计中的实现形式，以及每阶段研究的目的和方法（3.6节）。

3.1 总体研究设计

本研究借鉴了Weir（2005）的认知效度研究模式，以先定性后定量的混合式研究设计，对听力多项匹配题的认知效度进行了考察。在该模式的指导下，本研究提出了三个环环相扣的研究问题，并以四个步骤和三个阶段的研究设计进行数据收集和分析，探索这些问题的答案。图3.1通过研究问题与研究步骤之间的对应，展现了研究总体设计思路。

如图3.1所示，本研究提出了三个研究问题（详见1.3节），设有四个研究步骤（分为一个准备阶段和三个主要研究阶段），虽然每个阶段主要对应一个研究问题，但所获数据可能运用于对不同研究问题的解答。第一步是对研究素材最初的改编和试测，目的是为第一阶段和第二阶段的研究做好准备。第二步是对听力语篇中人物观点理解认知过程的考察，是正式研究的第一阶段，主要对应研究问题1，其获得的数据同时也用于第二阶段研究中对质性数据的比较。第三步是对听力多项匹配题考生作答认知过程的考察，是正式研究的第二阶段，对应研究问题2，相关数据经过分析，还可用于探索影响听力多项匹配题认知效度的因素。第四步探索影响试题认知效度的任务特征和考生特征对测试表现的影响，是正式研究的第三阶段，对应研究问题3。这三个研究阶段借鉴Weir（2005）提出的认知效度研究模式，形式上为混合式研究设计：前两个研究阶段通过质性研究，对考生作答过程进行描述和比较；其后在前一阶段研究发现的基础上，考察与作答过程有关的特征对测试表现的影响（Weir 2005）。

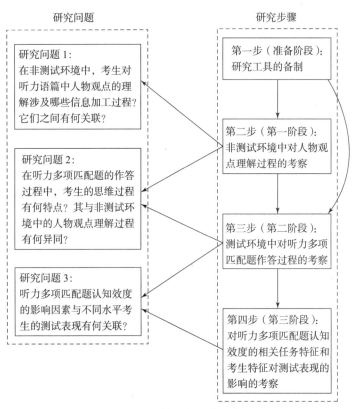

图 3.1　总体研究设计示意图

3.2　研究对象

本研究分三个阶段进行,每个阶段依据其研究目的,选择不同的考生作为研究对象[①]。第一阶段考察听力语篇中人物观点理解的信息加工过程,研究对象称为"非测试组"考生。第二阶段考察听力多项匹配题作答中的信息加工过程,研究对象称为"测试组"考生。第三阶段考察听力多项匹配题相关任务特征和考生特征对测试表现的影响,是本研究最后一轮数据收集,研究对象称为"最终测试"考生。本节分别描述这三组考生的具体特征。

3.2.1　非测试组考生

第一阶段的研究对象选自北京高中的高二学生(2016级)。该年级学生为本研究各阶段数据收集最适合的研究对象,原因有三个方面:首先,在正式研究

---

① 在 3.3 节和 3.4 节的小标题中,同样采用"非测试组""测试组""最终测试"等用词。

前，本研究选择了 O1 学校①高二两个班的学生进行了试测，发现听力测试总体难度适中，区分度良好，得分离散程度处于正常范围，信度系数尚可，大体上适合所选研究对象，仅需根据反馈内容对试题设计进行细节方面的调整即可（3.2.1 小节）；其次，在本研究数据收集的时间段（2017.11—2018.4），高二年级学生正处于提升英语水平的阶段，师生对新的听力任务类型很感兴趣，希望了解听力多项匹配题可能对教学带来的影响；再次，高考英语北京卷的英语听力部分自 2017 年秋季起实行机考，采用一年两考的形式（吕生禄 2017），第一次考试于 12 月进行，第二次考试安排在来年 3 月。听力测试的形式、时间和次数都有了变化，这引起了高二年级对听力测试的关注和重视，也使该年级的师生对参与本研究具有较高的积极性。

研究选择了 6 位学生，分别来自 O1 和 O2 两所学校 2016 级②。这一阶段研究仅考察考生理解听力语篇的信息加工过程，重点关注人物观点理解涉及的思维过程类别，不需要比较不同水平考生的思维过程，因此选定相同水平的考生（出于操作便利的考虑，所选考生英语水平均为优秀，条件为平时英语成绩排名在全年级前 30%，且其当前英语水平获得所在班级英语老师的认可）。这 6 位考生只理解并汇报听力语篇的内容，不需要完成匹配题，称为"非测试组"，简称"X 组"。考虑对学生个人信息的保护，考生均采用化名，在其称呼之后配以编号（X 组的 6 位考生的编号和称呼依次为 X1（小于）、X2（小齐）、X3（小桑）、X4（小梁）、X5（小刘）、X6（小张））。6 位考生均对研究抱以较高的积极性，英语学习动机较强。非测试组 6 位考生年龄皆为 16 岁，平时英语成绩优秀。全部考生均主要通过在校课程学习英语。

3.2.2 测试组考生

第二阶段的研究对象共有 10 名学生，同样来自 O1 和 O2 两所学校 2016 级。由于听力测试分为 A 卷和 B 卷（附录），研究将这 10 名考生分为数量相等的两组，每组各 5 人，分别回答 A 卷和 B 卷，两组考生分别命名为 A 组和 B 组。由于该阶段研究需要了解不同水平考生作答过程的差异，10 名考生中有 5 名高水平考生和 5 名低水平考生。高水平考生的平时成绩在全年级前 30% 的范围之内，低水平组考生的平时成绩低于全年级平均水平，此外还参考了学生所在班级英语教师对学生的评价。在 A 组的 5 名考生中，2 人为高水平考生，3 人为低水平考生。在 B 组的 5 名考生中，3 人为高水平考生，2 人为低水平考生。所有考生均自愿参加研究，且对这一阶段的研究设计很有积极性。A 组的 5 名考生在文中称

---

① 本研究所涉及的具体机构和学校名称在文中隐去，以代码表示。
② O1 和 O2 学校均为北京市非重点中学，两所中学生源总体英语水平接近，无明显差异。（参考 http://bj.zhongkao.com/e/20160907/57cfd562b06bd.shtml）

为：小张（A1）、小赵（A2）、小宋（A3）、小王（A4）、小曹（A5）。B 组的 5 名考生在文中称为：小殷（B1）、小林（B2）、小冯（B3）、小王（B4）、小陈（B5）。这些学生年龄均为 16 岁，同样主要通过在校课程学习英语。

3.2.3 最终测试考生

第三阶段的研究对象是来自北京市两所高中 2016 级的 209 名学生，其中 113 位学生来自 K1，96 位学生来自 O1。其中 K1 是市重点中学，O1 是普通中学。本研究于 2018 年 3—4 月期间，从两所学校各选取 4 个班的学生，完成了听力测试第三版和听力多项匹配题熟悉程度调查问卷。由于对每个参加研究的班级，研究者将数量尽可能相等的 A 卷和 B 卷随机分配给考生，并使用统一的听力录音，最终提交了两种不同试卷的考生数量相近，A 卷 106 份，B 卷 103 份。出于对考生水平分组的需要，研究者获取了两所学校的考生最近一次英语测试中的平时成绩。在第三阶段研究数据收集期间，两个学校的学生都处于高二下半学期的英语学习中，学校的师生对提高英语听力水平都很重视，对参与研究有较高的积极性。

3.3 研究工具

本研究的工具共有听力试题、听力录音、访谈提纲和调查问卷等 4 类。每类工具都有不同版本，其使用目的及其在研究过程中的参与方式有所不同。具体研究工具的使用目的和方式在表 3.1 中呈现。

表 3.1 研究工具的用途及使用方式

研究工具		使用目的	对应研究阶段	对应研究问题
听力试题	听力测试第一版	听力多项匹配题的最初试测和修改	研究工具准备阶段（第一阶段开始前）	—
	听力测试第二版	考察测试环境中考生作答的信息加工过程；听力多项匹配题的第二次试测和修改	第二阶段数据收集、第三阶段准备阶段	研究问题 2
	听力测试第三版	考察不同任务特征对测试表现的影响	第三阶段数据收集	研究问题 3

续表

研究工具		使用目的	对应研究阶段	对应研究问题
听力录音	非测试组切分后的录音片段	考察非测试环境中考生理解人物观点的信息加工过程（微观视角）	第一阶段数据收集	研究问题1
	测试组切分后的录音片段	考察测试环境中考生作答的信息加工过程（微观视角）	第二阶段数据收集	研究问题2
	第二版和第三版试题的听力录音	听力多项匹配题的第二次试测和修改；考察不同任务特征对测试表现的影响	第三阶段准备阶段；第三阶段数据收集	研究问题3
访谈提纲	非测试组访谈提纲	考察非测试环境中考生理解人物观点的信息加工过程（宏观视角）	第一阶段数据收集	研究问题1
	测试组访谈提纲	考察测试环境中考生作答的信息加工过程（宏观视角）	第二阶段数据收集	研究问题2
调查问卷	调查问卷试测版	对调查问卷的试测和修改	第三阶段准备阶段	—
	调查问卷最终版	考察考生对听力多项匹配题设计形式的熟悉程度及其与测试表现的关联	第三阶段数据收集	研究问题3

如表3.1所示，本研究使用的研究工具被分为4个类别，具体共10种。其中听力试题有三个版本，称为"听力测试第一版""听力测试第二版"和"听力测试第三版"（附录）。听力录音虽然选用两个固定的语篇，但有三种处理和使用形式，分别为"非测试组切分后的录音片段"（3.2.2小节）、"测试组切分后的录音片段"（3.2.2小节）和"第二版和第三版试题的听力录音"。访谈提纲有两种形式，分别针对测试组和非测试组，其形式略有差异（3.2.3小节）。最后，调查问卷有"试测版"和"最终版"两个版本。听力测试第一版在研究工具准备阶段使用，目的是对试题进行最初的试测和修改。第一阶段研究使用非测试组切分后的录音片段和访谈提纲，其目的在于考察考生人物观点理解的信息加工过程。第二阶段研究使用听力测试第二版、测试组切分后的录音片段和相应的访谈提纲，对考生作答的信息加工过程进行考察。第三阶段首先使用听力测试第二版、第二版和第三版试题的听力录音和调查问卷试测版，进行了试题的第二次试测和问卷的最终试测，并对其修改；其后使用听力测试第三版和调查问卷

最终版，考察相关任务特征和考生特征对测试表现的影响。除听力测试第一版和调查问卷试测版之外，其余研究工具的数据收集和分析均与相关研究问题对应。

3.3.1 听力试题

听力试题选自我国某市曾用的高考英语听力机考试测题中的两个多项匹配任务。出于研究需要，本研究对这两个匹配任务进行了改编和试测，并依据试测的结果和反馈再次调整了任务设计，为测试组执行数据收集做好了准备。在第二阶段研究结束后，本研究对听力试题进行了第二次试测，并综合考生作答的质性数据，对试题进行了最终的修改和完善。

（1）听力试题的选材

本研究素材来自2014年我国某市设计的高考英语听力试测题。该测试总长度约30分钟，试题共5部分，每部分将一个独立的听力语篇播放2次，并设有5个选择性作答方式的项目。其中第1、2部分使用判断题和多项选择题，第3~5部分使用三项匹配题和多项选择题。测试5个部分各有一个独立的话题，依次为：旅游景点介绍（第1部分）、体育题材的谈话（第2部分）、有关记忆的讲座（第3部分）、有关全球化的讲座（第4部分）和医学讨论（第5部分）。语篇长度在200~300词/篇之间，最长为第2部分的317词，最短为第1部分的209词。录音时长控制在2~3分钟，最短为第1部分的1分58秒，最长为第5部分的2分59秒。5个语篇包括3个对话和2个独白，每个语篇5个项目。25个项目中包括6道判断题、6道多项选择题和13道匹配题。在这些题目中，8道题测量事实性信息的把握，5道题测量对人物观点的理解，5道题测量对所听内容的简单推断，4道题考察对人物态度的判断，另有2题考察主旨理解，1题考察对人物意图的理解。

第4部分和第5部分的语篇分别为独白和对话两种体裁，且内容都涉及人物观点，且可用于设计匹配任务，故选为本研究的素材。本研究利用这两部分，重新组成了仅有听力多项匹配题的测试，其中原第4部分为新测试的第1部分，原第5部分为第2部分。为满足研究设计的需要，研究者对两个任务进行了一系列改编。具体措施主要包括：1) 去掉多项选择题，增设匹配题；2) 修改部分题干或选项的排列顺序或内容；3) 每个任务设置两种不同的匹配方式，并分配至两份不同的试卷中；4) 设置表格和"选项在上、题干在下"的两种外观形式；5) 重新编写中文任务说明；6) 修改听力录音；7) 对部分项目采用部分评分法（partial credit）。

具体变化主要有5个方面。第一，项目数量由原版试题的10个减为8个。第二，两部分任务也对一些题干的排列顺序或内容进行修改。第三，由于需要考察不同匹配方式对作答过程和结果带来的差异，本研究针对每个语篇都设计了两个不同版本，分别反映了两种形式相对的匹配方式。如此，本研究分别设计了 A 卷和 B 卷，每份试卷在两个部分中都搭配使用两种不同的匹配方式（附录）。第四，由于匹配方式的改变，任务的外观设计也随之变化。第五，由于任务设置的改编，任务说明也进行了更新。

对于听力录音，研究者用 Audacity 音频处理软件对任务说明和听力语篇的播放进行了重组。除设置中文任务说明，考虑到任务类型比较新颖，本研究还将考生的读题准备时间由原录音中的 25 秒增至 30 秒，为考生预留更多读题时间。

改编后听力测试的评分方法与原测试相比略有不同。在"人物－观点"匹配方式的任务中，其中一些项目需选择两个选项，此类项目采用部分评分法。对于此类题目，选对得 2 分，漏选或两个选项中选对一个得 1 分，全部选错、多选或未作答不得分。其余项目正确得 1 分，错误或未作答不得分，评分方法不变。

（2）听力试题的首次试测及初步修改

听力测试正式使用前，本研究对试题进行了试测，并根据测试结果和考生反馈改进了任务设计。试测于 2017 年 11 月在 O1 中学开展，考生来自该校高二 a 班和 b 班。最近一次平时成绩（期中考试）显示，a 班平均分为 71.7 分，b 班平均分为 70.7 分。独立样本 t 检验结果显示，两者之间无显著差异（$t = 0.395$，df = 71，$p > 0.05$），可以将其视为平行班。a 班 36 人（完成 A 卷），b 班 40 人（完成 B 卷），所有学生全部参加了听力测试。测试结束后，考生填写了一份简短的调查问卷，以征求其对任务设计的意见和建议。问卷内容包括考生对两个部分任务设计各自的评价。调查问卷与听力试卷一同提交。

试测结果显示，A 卷和 B 卷难度适中（A 卷 0.656，B 卷 0.742），区分度良好（最高 B 卷第 1 部分 0.904，最低 A 卷第 1 部分 0.512），得分离散程度处于正常范围（A 卷标准差 2.063，B 卷标准差 2.413），总体信度系数尚可（A 卷 0.625，B 卷 0.716），但部分任务信度系数有待提高（A 卷第 1 部分 0.562，B 卷第 2 部分 0.437）。描述性统计结果显示，A 卷和 B 卷的两部分匹配任务大体上适用于所选考生，但部分任务信度偏低，任务设计尚需调整。

首次试测各项目难度和区分度总体情况良好。数据显示，两份试卷中只有 A 卷第 3 题的难度过低（0.950），区分度过小（0.069），其余 15 个项目难度和区分度都在正常范围之内（难度最小 A 卷第 2 题 0.850，难度最大 A 卷第 6 题 0.325；区分度最大 A 卷第 6 题 0.620，区分度最小 A 卷第 5 题 0.266）。根据统计结果，A 卷第 3 题和 B 卷第 1 部分的 C 选项应修改题项，以增加难度。其余项目无须调整难度，但还需参考问卷数据，以判断题项表述是否清晰。

调查问卷结果显示，大多数考生对试题设计满意，少数考生针对任务特征提出了意见和建议。对于"观点－人物"匹配方式的匹配题，考生建议任务说明中指出该任务每题只选一个选项。对于"人物－观点"匹配方式的匹配题，考生建议任务说明指出每个选项只选一次还是可以选择多次。任务说明的不清晰之处可能是导致部分任务信度偏低的一个原因。有的考生指出录音中有杂音，且音量较小。对于题项内容，有的考生认为 Grant 的观点表达得不明确。

首次试测结果说明 A 卷和 B 卷中的听力多项匹配题大体上适用于高二学生，但细节方面尚需改进。得到该次试测的数据和反馈后，研究者针对任务设计的不足之处，对其进行了改进，修改涉及听力录音材料、任务说明和部分题项的内容。改进后的版本为"听力测试第二版"，在前两个阶段的研究中使用。研究者根据首次试测的反馈，在听力材料、任务说明和题项等方面都进行了一定调整。

听力测试第二版也分为 A 卷和 B 卷，其所用听力语篇相同，但对应任务的匹配方式恰好相反。表 3.2 和表 3.3 分别描述了 A 卷和 B 卷的试题特征。

表 3.2　听力测试 A 卷试题特征

小节	话题	体裁	匹配方式	外观形式	题目编号	测量目标	分值
第 1 部分	全球化讲座	独白	观点 – 人物	表格	1	人物观点的理解	1
					2	人物观点的理解	1
					3	人物观点的理解	1
					4	人物观点的理解	1
					5	人物观点的理解	1
第 2 部分	医学讨论	对话	人物 – 观点	选项在上、题目在下	6	人物观点的理解	1
					7	人物观点的理解	2
					8	人物观点的理解	2

表 3.3　听力测试 B 卷试题特征

小节	话题	体裁	匹配方式	外观形式	题目编号	测量目标	分值
第 1 部分	全球化讲座	独白	人物 – 观点	选项在上、题目在下	1	人物观点的理解	1
					2	人物观点的理解	2
					3	人物观点的理解	2
第 2 部分	医学讨论	对话	观点 – 人物	表格	4	人物观点的理解	1
					5	人物观点的理解	1
					6	人物观点的理解	1
					7	人物观点的理解	1
					8	人物观点的理解	1

如表 3.2 所示，A 卷内容分为两个部分。第 1 部分为一段独白，题材是关于全球化的讲座，匹配方式为"观点 – 人物"，以表格的外观形式呈现。该任务有

5个项目,皆测量对人物观点的理解,每小题1分,共5分。第2部分为一段对话,题材为医学讨论,匹配方式为"人物-观点",外观为"选项在上、题目在下"的形式。该任务有3个项目,皆测量对人物观点的理解。第6题1分,第7题和第8题每题2分,3个项目共计5分。

如表3.3所示,B卷内容同样分为两个部分。第1部分为一段独白,题材是关于全球化的讲座,匹配方式为"人物-观点",呈"选项在上、题目在下"的外观形式。该任务有3个项目,皆测量对人物观点的理解,第1题1分,第2题和第3题各2分,共5分。第2部分为一段对话,题材为医学讨论,匹配方式为"观点-人物",外观形式以表格的形式呈现。该任务有5个项目,每题1分,共5分。

(3) 听力试题的第二次试测及最终调整

第二次试测于2017年12月进行,参与者为O2学校高二c班和b班的学生。c班25人参加考试,因1人此前参加了质性数据收集,实际参与数据分析人数为24人。b班有41人参加考试,因2人此前参加了质性数据收集,实际参与数据分析人数为39人。听力测试结束后,考生立即填写针对自己所答试卷的听力多项匹配题任务熟悉程度调查问卷,完成后将听力测试和问卷一并提交。在全部考生中,共32人作答A卷,其中有效问卷31份;共有31人作答B卷,其中有效问卷30份。

试测统计结果显示,A卷和B卷各任务难度较为适中(难度最大B卷第1部分0.536,最低A卷第1部分0.744),区分度良好(最高A卷第2部分0.899,最低B卷第2部分)。各匹配任务难度也处于正常范围之内(最高为A卷第1部分0.744,最低为B卷第1部分0.536)。此外,各匹配任务区分度良好(最高为A卷第2部分0.899,最低为B卷第2部分0.756),考生得分离散程度在正常范围之内(最大B卷第1部分1.661,最小A卷第1部分1.250),信度系数正常且优于第一次试测(最高A卷第2部分0.827,最低B卷第2部分0.604)。第二次试测总体数据统计再次印证了该测试适用于所选考生群体,且经过第一次试测之后的调整,试题质量有所改进,主要体现在信度系数的提升上。

第二次试测各项目的难度和区分度皆在正常范围内,并无数据统计存在明显问题的项目。在A卷中,难度第3题最低(0.938),第6题最高(0.469);区分度第2题最低(0.276),第6题最高(0.860)。在B卷中,难度第6题最低(0.806),第1、4题最高(0.323);区分度第4题最低(0.233),第3题最高(0.749)。总体来讲,A卷和B卷的16个项目中仅有6个(37.5%)的难度在0.7以上,说明听力测试对所选考生略偏难,可考虑适当调整表达观点的题干或选项,适当降低试题难度。

第三阶段研究量化数据收集所用的试卷称为"听力测试第三版"。听力测试第三版的使用方法与第二次试测相同，但使用规模更大。第三版中 A 卷和 B 卷的试题结构与第二版相同（表 3.2 和表 3.3），其变化之处主要体现在两个方面，其一是部分表达观点的题干或选项的用词有所减少，其二是所有题项的措辞都有一定程度的调整，使人物观点表达更简洁、清晰、易懂，在不改变原意的情况下，尽量减轻考生在听力理解过程中的阅读负担。

表 3.4 是第二版和第三版试题题项特征的比较，反映了听力测试第三版在任务设计方面的改进①。由于 A 卷和 B 卷的题号不统一，因此表格中将 A 卷中题干或选项中的编号和 B 卷中代表同一观点的编号合并，成为一个字母和数字的组合。例如，2B 的含义为该观点是 A 卷第 2 题和 B 卷第 1 部分 B 选项的内容，C6 的含义是该观点是 A 卷第 2 部分 C 选项和 B 卷第 6 题的内容。在第三版试题中，第 1 部分表达观点的题干和选项的词数没有变化，而第 2 部分由于题项偏长，在调整的过程中对所有题干或选项的词数进行了精简，最多减少 5 词（E8），最少减少 1 词（B5、D7），共精简 12 词。具体的措辞调整方式有三种。第一种仅替换局部的关键词，如 2B 在第二版中为 "It contributes to creating something new."，在第三版中改为 "It helps to create something new."，是为了使语言对大多数考生更简明易懂。第二种改动不但有替换，还删掉了题项中可有可无的表达，如 A4 由 "It shouldn't be regarded as medicine at all." 改为 "It shouldn't be considered as medicine."，不但替换了更简单的词汇 "consider"，还去掉了表达程度的 "at all"。第三种是将原有的题项内容按照原意以尽可能简洁的方式复述，如 E8 由 "It's too early to make any conclusion about whether it works." 改为 "We are not sure whether it works."。

表 3.4　听力测试第二版和第三版题项特征比较

任务名称	表达观点的题干或选项简称（从上至下排列）	第二版中题干或选项词数	第三版中题干或选项词数	措辞调整方式
第 1 部分（全球化语篇）	1A	7 词	7 词	替换局部用词
	2B	6 词	6 词	替换局部用词
	3C	8 词	8 词	替换局部用词
	4D	6 词	6 词	替换局部用词
	5E	6 词	6 词	替换局部用词

① 在此过程中，研究者还邀请 2 位语言测试的专家和 3 位同行对第二版试题提出了修改建议，作为考生提供的质性数据的补充，但该环节不属于研究设计的主体部分。

续表

任务名称	表达观点的题干或选项简称（从上至下排列）	第二版中题干或选项词数	第三版中题干或选项词数	措辞调整方式
第2部分（医学讨论语篇）	A4	9 词	7 词	替换、删减局部用词
	B5	7 词	6 词	按原句意义复述
	C6	10 词	7 词	替换、删减局部用词
	D7	8 词	7 词	替换局部用词
	E8	12 词	7 词	按原句意义复述

3.3.2 调整后的听力录音

研究采用的听力录音由两个语篇组成，分别为一段有关全球化的独白和有关医学研究的对话。针对三个研究阶段的数据收集，听力材料也有三种不同的处理方式。在前两个阶段中，由于有声思维法的使用，需将听力语篇切分为短小的片段，第一阶段和第二阶段的切分方法略有差异。在第三阶段研究中，由于使用听力测试和调查问卷对数量较多的考生进行一次性的考试和调查，则需要使用配有任务说明的完整听力录音。

（1）非测试组听力录音片段

在听力理解的研究中，有声思维法一般采用事后口述（retrospective verbal report）的形式（Green 1998；Bowles 2010；郭纯洁 2008），将较长的听力语篇分为若干较短的片段，并在每个片段结束后立即请受试者汇报听力理解的思维过程，如此既降低了有声思维对听力理解过程的干扰，又可尽量减少其对思维过程的遗忘。事后口述的数据收集方式已在听力理解策略或听力测试过程的研究中广泛应用，并取得了良好的效果（Vandergrift 1997；Wu 1998；Goh 1998，2002；Badger and Yan 2009；Field 2012；Wang 2017）。由于 X 组的有声思维数据收集在非测试环境中进行，无需考虑与答题有关的环节，只需将两个匹配任务的听力语篇分为较短的片段，并按顺序分别播放即可。由于采用事后口述，考生对于过长的片段容易遗忘，降低口述内容的准确性和真实性（Bowles 2010），本研究借鉴了 Wang（2017）的听力有声思维实验设置中对语音片段时长的控制方法，即每隔 15~30 秒将录音暂停一次，并请考生汇报在该时间段的思维过程。但在本研究的实际操作过程中，由于语篇中语句长短不一，为保证每个片段中意义单位的完整性，切分点需设置在句子之间，且尽量不影响语篇的连贯性，因此存在个别片段略长于 30 秒，或略短于 15 秒的情况。全球化语篇时长 1 分 59 秒，医学讨论语篇时长 2 分 49 秒，对于事后口述时间过长，有必要将其切分为较短的片段。研究者利用 Audacity 音频加工软件，将这两个语篇各自切分为 6 个语音片段，每个片段单独保存为独立的音频文件。

表 3.5 是切分后的全球化语篇的特征及使用方法。该语篇切分为 6 个片段。所有片段均在句子或段落之间切分，有的片段内容为一段话的一部分（片段 1、2、4、5），有的为一整段话（片段 3、6）。6 个片段中，片段 6 最长（70 词），片段 2 最短（23 词），平均长度 39.5 词。用时同样是片段 6 最长（28 秒），片段 2 最短（10 秒），平均时长 19.7 秒。前两个片段最先播放，且内容不涉及人物观点，故仅作为热身活动的一部分，虽收集事后口述数据，但内容不参加数据分析。后 4 个片段的内容皆为人物观点，其收集的数据参与数据分析。

表 3.5 全球化语篇的录音片段特征和使用方法

片段名称	内容范围	长度	用时	备注
全球化片段 1	第一段的第一句和第二句	38 词	24 秒	作为有声思维的热身片段。播放完毕，虽收集事后口述数据，但不分析数据
全球化片段 2	第一段的第三句和第四句	23 词	10 秒	
全球化片段 3	第二段全部内容	46 词	25 秒	播放完毕，收集事后口述数据，并分析数据
全球化片段 4	第三段的第一句和第二句	33 词	17 秒	
全球化片段 5	第三段的第三句和第四句	27 词	14 秒	
全球化片段 6	第四段全部内容	70 词	28 秒	

表 3.6 是切分后的医学讨论语篇的特征及使用方法。该语篇也切分为 6 个片段。由于该语篇为对话，切分点设置在不同发言人的发言之间。6 个片段中，片段 6 最长（62 词），片段 2 最短（35 词），平均长度 49.7 词。用时方面，片段 1 和片段 6 最长（33 秒），片段 2 最短（20 秒），平均时长 27.8 秒。医学讨论语篇在全球化语篇之后播放，其内容始终为人物观点，这 6 个片段收集的事后口述数据皆参与数据分析。

表 3.6 医学讨论语篇的片段特征和使用方法

片段名称	内容	长度	用时	备注
医学讨论片段 1	Mike 和 Susan 的第一次发言	52 词	33 秒	该语篇于全球化语篇之后播放，无须热身。播放完毕，收集事后口述数据，并分析数据
医学讨论片段 2	Mike 和 Susan 的第二次发言	35 词	20 秒	
医学讨论片段 3	Mike 的第三次发言和 Lucy 的第一次发言	49 词	28 秒	
医学讨论片段 4	Mike 的第四次发言和 Lucy 的第二次发言	44 词	25 秒	

片段名称	内容	长度	用时	备注
医学讨论片段 5	Mike 的第五次、第六次发言，Lucy 的第三次、第四次发言和 Susan 的第三次发言	56 词	28 秒	
医学讨论片段 6	Susan 的第四次发言和 Mike 的第七次发言	62 词	33 秒	

（2）测试组听力录音片段

根据需要，测试组的听力录音切分为 7 个片段。对于每个任务，第 1 个片段的内容是中文任务说明和读题准备时间，第 2~7 个片段是听力语篇的片段，与 X 组每个语篇切分的 6 个片段完全一样。第二阶段研究的语音片段与上一阶段比较，多了一个读题准备片段。这是因为在测试环境中，听力录音播放之前，考生一般有一段时间阅读试卷中听力任务的说明，了解听力语篇大致的内容，熟悉任务要求和各题项，做好答题准备。宽泛地讲，这个过程也是听力理解的一部分，因为考生在准备时间中可以搜集信息，调用背景知识，建立有关即将播放的语篇内容的图示（Rost 2011；Vandergrift and Goh 2012）。此外，在一些有关听力测试答题过程的研究中，考生准备作答的环节已被视为有研究价值的过程，被纳入有声思维的研究设计中，并通过数据分析归纳出了此过程中运用的策略（Badger and Yan 2009；Field 2012）。除设置了准备时间外，第二版听力测试还在录音播放结束后给考生 30 秒时间作答，但此时语篇已播放完毕，考生已不再进行听力理解的信息加工过程，因此没有必要收集该段时间的有声思维数据。测试组两部分任务的语音片段特征和使用方法分别在表 3.7 和表 3.8 中展示。

表 3.7　测试组第 1 部分任务语音片段特征和使用方法

片段名称	内容范围	长度	用时	使用方法
考前准备片段	任务说明和读题时间	—	A 卷 56 秒，B 卷 1 分 3 秒	收集事后口述数据，用于数据分析
全球化片段 1	第一段的第一句和第二句	38 词	24 秒	该片段内容作为热身环节，收集的事后口述数据不参与数据分析
全球化片段 2	第一段的第三句和第四句	23 词	10 秒	该片段内容作为热身环节，收集的事后口述数据不参与数据分析
全球化片段 3	第二段全部内容	46 词	25 秒	收集事后口述数据，用于数据分析

续表

片段名称	内容范围	长度	用时	使用方法
全球化片段 4	第三段的第一句和第二句	33 词	17 秒	收集事后口述数据，用于数据分析
全球化片段 5	第三段的第三句和第四句	27 词	14 秒	收集事后口述数据，用于数据分析
全球化片段 6	第四段全部内容	70 词	28 秒	收集事后口述数据，用于数据分析

表 3.7 是第 1 部分听力录音的片段的特征。片段共有 7 个，是由 1 个考前准备片段和 6 个听力语篇片段组成的。考前准备片段包括中文任务说明和读题准备时间（40 秒），A 卷考前准备片段时长 56 秒，B 卷考前准备片段时长 1 分 3 秒。读题准备片段播放完毕后，研究者请考生汇报这段时间内的思维过程，收集考生的事后口述数据，该部分数据参与数据分析。6 个听力语篇片段的设置和使用方法与非测试组相同，详细描述亦可参见表 3.12。

表 3.8　测试组第 1 部分任务语音片段特征和使用方法

片段名称	内容	长度	用时	备注
考前准备片段	任务说明和读题时间	不涉及	A 卷 1 分 2 秒，B 卷 56 秒	收集事后口述数据，用于数据分析
医学讨论片段 1	Mike 和 Susan 的第一次发言	52 词	33 秒	该片段内容作为热身环节，收集的事后口述数据不参与数据分析
医学讨论片段 2	Mike 和 Susan 的第二次发言	35 词	20 秒	该片段内容作为热身环节，收集的事后口述数据不参与数据分析
医学讨论片段 3	Mike 的第三次发言和 Lucy 的第一次发言	49 词	28 秒	收集事后口述数据，用于数据分析
医学讨论片段 4	Mike 的第四次发言和 Lucy 的第二次发言	44 词	25 秒	收集事后口述数据，用于数据分析
医学讨论片段 5	Mike 的第五次、第六次发言，Lucy 的第三次、第四次发言和 Susan 的第三次发言	56 词	28 秒	收集事后口述数据，用于数据分析
医学讨论片段 6	Susan 的第四次发言和 Mike 的第七次发言	62 词	33 秒	收集事后口述数据，用于数据分析

表 3.8 是第 2 部分听力录音全部片段的特征。录音片段同样由 1 个考前准备片段和 6 个听力语篇片段组成。第 2 部分任务的考前准备片段同样由任务说明和读题准备时间（40 秒）构成。A 卷读题准备时间时长 1 分 2 秒，B 卷读题准备时间时长 56 秒。与第 1 部分的设置相同，读题准备片段播放完毕后，研究者请考生回顾该段时间的思维过程，进行事后口述的数据收集，相关数据参与数据分析。另外 6 个听力语篇片段的设置和使用方法与非测试组相同，详见表 3.12。

（3）最终测试听力录音

在第三阶段研究的听力录音中，每个听力语篇完整地播放两遍，其任务说明和播放方式在听力测试第 1 版录音的基础上做了一些修改。为简化操作，并避免非平行班为研究结果带来的影响，对于每个参与研究的班级，半数考生回答 A 卷，半数考生回答 B 卷，两种试卷随机分配，如此只需使用同一版本的听力录音即可。为此，新版本的听力录音修改并简化了录音中的部分任务说明。在录音材料中，第 1 部分语篇单次播放时间为 1 分 59 秒，第 2 部分语篇单次播放时间为 2 分 49 秒，录音总时长为 13 分 38 秒。

3.3.3 访谈提纲

访谈在每个听力语篇播放结束或匹配任务完成后进行，其目的在于对考生有声思维口述的内容进行补充。非测试组和测试组访谈的思路大致相同，但前者是对真实语境的模拟，而后者是匹配题作答的环境，因此具体提问的形式和内容有所差异。对于测试组考生，由于 A 卷和 B 卷形式不同，访谈的具体内容也有所不同。

（1）非测试组访谈提纲

除有声思维法外，本研究还采用半开放型访谈的方法，从宏观的视角考察考生对听力理解过程整体性的感受。半开放型访谈结构有一定的制约作用，同时也鼓励受访者积极参与，研究者既有明确的目的和访谈思路，也可以根据考生具体的回答情况和提出的问题灵活调整提问（陈向明 2000）。本研究中采用的访谈法衔接于有声思维法之后，其形式及收集的数据呈互补关系。在数据收集中，研究者有明确的研究目的，对访谈的结构有清晰的规划，但具体的提问又要根据考生在有声思维中汇报的内容以及在访谈中的回答做具体调整，故此采用半开放型访谈的方式。

在第一阶段研究的正式数据收集中，研究者分别在每个语篇播放结束后立刻对每位考生进行两次访谈。针对访谈目的，研究者设置了访谈提纲，设定了提问思路。具体问题并不固定，在访谈过程中灵活调整。本研究列出了第一阶段研究的访谈提纲，提纲分为 3 个部分。第 1 部分针对有声思维口述内容，进行补充性的提问，依情况确定是否有必要进行这一部分提问。第 2 部分询问考生对听力语篇整体难度的感受。最后一部分则希望了解考生针对语篇中人物观点理解的感受。医学讨论语篇播放之后的访谈与全球化语篇的访谈略有不同，除询问有关刚播放的语篇问题，还请考生将两个不同体裁和内容的语篇进行比较，指出其理解过程中的异同。

（2）测试组访谈提纲

A 组和 B 组考生每完成一个听力语篇的口述和答题后，立刻安排一次访谈。访谈与非测试组相同，同样采用半开放式访谈的形式，从三个不同的方面（对有声思维内容的补充、考生对匹配任务整体难度的感受、考生对人物观点理解的感受）考察考生对听力多项匹配题作答过程的整体性认识和评价。访谈的总体思路与非测试组相似，但由于考生处于听力测试的环境，测试组访谈中部分问题是针对考生作答过程提出的，与非测试组的问题不同。对于每个测试任务，每场访谈的第 1 部分为针对有声思维中出现的问题的讨论（视考生个人情况而定，若无必要可跳过），第 2 部分考察考生对听力多项匹配任务难度的整体感受，第 3 部分考察考生对听力语篇中人物观点理解的感受。

3.3.4 调查问卷

调查问卷用于考察考生对听力多项匹配题的熟悉程度，主要包括匹配题做题经验和匹配题做题感受两个方面，每个方面都涵盖了更为细致的维度。调查问卷在初步设计后通过同行讨论进行了首次修改，其后在听力测试第二次试测中首次使用，并根据结果再次进行了修改，修改后的调查问卷用于正式数据收集。

（1）调查问卷的设计与改进

Dörnyei（2009：53 - 56）将有关第二语言研究调查问卷的开发和试测分为 3 个流程：首先是编写备选项目（item pool）并对问卷内容进行初步检测（initial piloting）；其次是通过小规模的试测，对问卷进行最终检测（final piloting）；最后根据最终检验或问卷正式使用后的结果分析具体题项，并做出必要修改。本研究在开发并完善问卷内容的过程中大体遵循了该模式。研究者首先根据第三阶段研究的需要初步编写了调查问卷，并邀请了语言测试方向的同行一起打磨任务说明和题项内容，初步完善了任务说明、考生个人信息和调查问卷的主体内容。其后，利用听力测试第二次试测的契机，本研究将调查问卷附于每份听力试卷之后，请考生在完成听力测试后立即填写问卷。回收问卷内容并对各题项的结果统计后，研究者对部分题项的表述进行了修改，并适当地增加了新的题项。问卷修改后，研究者邀请同行再次共同阅读和修改问卷内容，并达成共识。经历了两次同行讨论和一次小范围试测后，本研究确定了问卷的最终版本。

调查问卷附在听力测试后，调查考生对试卷选用的听力多项匹配题的熟悉程度,考生在听力测试结束后立即填写。A卷和B卷由于任务设计有差异,题项的内容略有不同,但题项的数量和每个题项测量的内容相同。问卷分两部分,第1部分要求学生填写个人信息,第2部分是试测版的调查问卷。考生的作答选用5度李克特量表(5-point Likert scale)。考生在问卷中的题项之后最符合自己情况的数字下打钩,其中1~5依次代表"非常不符合""不太符合""有点符合""比较符合""非常符合"。

(2) 调查问卷最终版本

本研究最终使用的调查问卷内容分为两部分,第1部分请考生填写一些必要的个人信息,包括姓名、学号、性别、年龄等基本信息,以及社会英语考试的经历和考生对英语水平的自我评价。考生的姓名、学号等信息主要用于对考生水平的分组,以便将考生在听力测试中的成绩与其平时英语成绩对应。性别和年龄等信息主要为样本的代表性提供参考,排除了性别比例不均衡,以及年龄跨度较大的情况(16~17岁)。社会英语考试经历主要作为检查考生是否认真作答的一项指标(如该信息的填写与相关的题项作答矛盾,说明考生可能未认真作答)。考生对自己英语水平的评价作为对考生分组的备用数据,在考生平时成绩有缺失的情况下,以该信息作为参考。

A卷和B卷调查问卷的内容略有不同,因此两种调查问卷的题项表述也略有差异,但所有问卷的题项数量和测量目标都相同,可以作为一个整体分析。第三阶段研究中最终版本的调查问卷共16个题项,每个题项对应一个独立的测量目标。前8道题是有关第1部分任务的问题,后8道题是关于第2部分任务的问题。按照题项的内容,可将16个题项分为7个维度,其中3个维度反映了匹配题作答经验的内容,4个维度反映了匹配题作答感受的内容。

表3.9详细描述了听力多项匹配题任务熟悉程度调查问卷题项的内容和结构。全部题项根据考生的匹配题作答经验和匹配题作答感受两个方面的内容,针对听力测试中具体匹配任务的特征编写而成。匹配题作答经验分3个维度,分别为来自学校的匹配题作答经验(对应1、9题)、来自社会英语考试的匹配题作答经验(对应2、10题)和考生对匹配题作答经验影响的评价(对应3、11题)。匹配题作答感受分4个维度,分别为匹配题外观形式熟悉程度(对应4、12题)、匹配方式熟悉程度(对应5、13题)、题干和选项匹配顺序的熟悉程度(对应6、7、14、15题)和对试题形式熟悉程度的评价(对应8、16题)。调查问卷的数据主要用于回答研究问题3的第2个分问题,仅关注考生特征对测试表现的影响,故不涉及匹配特征对测试成绩的影响,在同一维度之内,将关于两个独立的语篇的题项归为一类,作为一个整体分析。

表 3.9　调查问卷的结构和内容

内容	维度	题项	测量目标
匹配题作答经验	维度 1：来自学校的匹配题作答经验	1	针对全球化语篇的匹配题，来自学校英语课程中的匹配题作答经验
		9	针对医学讨论语篇的匹配题，来自学校英语课程学习中的匹配题作答经验
	维度 2：来自社会英语考试的匹配题作答经验	2	针对全球化语篇的匹配题，来自社会英语考试的匹配题作答经验
		10	针对医学讨论语篇的匹配题，来自社会英语考试的匹配题作答经验
	维度 3：考生对匹配题作答经验影响的评价	3	针对全球化语篇的匹配题，考生对匹配题作答经验影响的评价
		11	针对医学讨论语篇的匹配题，考生对匹配题作答经验影响的评价
匹配题作答感受	维度 4：匹配题外观形式熟悉程度	4	考生对全球化语篇的匹配题外观形式的熟悉程度
		12	考生对医学讨论语篇的匹配题外观形式的熟悉程度
	维度 5：匹配方式熟悉程度	5	考生对全球化语篇的匹配题匹配方式的熟悉程度
		13	考生对医学讨论语篇的匹配题匹配方式的熟悉程度
	维度 6：题干和选项匹配顺序的熟悉程度	6	考生对全球化语篇的匹配题题干内容匹配顺序的熟悉程度
		7	考生对全球化语篇的匹配题选项内容匹配顺序的熟悉程度
		14	考生对医学讨论语篇的匹配题题干内容匹配顺序的熟悉程度
		15	考生对医学讨论语篇的匹配题选项内容匹配顺序的熟悉程度
	维度 7：对试题形式熟悉程度的评价	8	考生对全球化语篇的匹配题设计形式熟悉程度影响的评价
		16	考生对医学讨论语篇的匹配题设计形式熟悉程度影响的评价

3.4 数据收集过程

本研究的数据收集分三个阶段进行。第一阶段以有声思维法和访谈法，收集考生理解听力语篇中人物观点过程的质性数据。第二阶段同样通过有声思维法和访谈法，收集考生在听力多项匹配题作答过程中的质性数据。第三阶段通过听力测试和问卷调查，考察相关任务特征和考生特征对考生测试表现的影响。表 3.10 是各阶段数据收集情况的总结。

表 3.10 各阶段数据收集过程情况概览

研究阶段	参与研究人数	研究方法	数据收集总时长	获取数据总量
第一阶段	6 人	有声思维法	2 小时 21 分	8 023 字
		访谈法	34 分	7 201 字
第二阶段	10 人	有声思维法	4 小时 42 分	18 298 字
		访谈法	59 分	11 740 字
第三阶段	209 人	听力测试	约 1 小时 30 分	209 份有效试卷
		调查问卷	约 30 分	207 份有效问卷

表 3.10 展示了三个研究阶段数据收集的总体情况。第一阶段共有 6 人参与数据收集，其中有声思维法数据收集总时长为 2 小时 21 分（听力语篇片段播放和考生口述时间的总和），考生口述转录的内容共计 8 023 字。第一阶段访谈的总时长为 34 分，其转录的内容共计 7 021 字。第二阶段共有 10 人参与了数据收集，有声思维法数据收集总时长为 4 小时 42 分，考生口述转录的内容共计 18 298 字。第二阶段访谈的总时长共计 59 分，转录的内容共计 11 740 字。第三阶段有 209 人参加了研究，通过听力测试和调查问卷收集有关考生作答的量化数据。在实际的数据收集过程中，听力测试总时长约 15 分钟，问卷调查用时约 5 分钟。由于参与考生数量较多，这一阶段数据收集分 6 个批次逐一完成，因此听力测试的总时长约为 1 小时 30 分，调查问卷的总时长约为 30 分。由于听力测试的作答全部有效，而调查问卷中有 2 份无效问卷，因此听力测试总共获取 209 份有效试卷，调查问卷共获取 207 份有效问卷。

3.4.1 非测试组数据收集

第一阶段研究结合有声思维法和访谈法，收集听力语篇中有关人物观点理解的质性数据。对于每一个语篇，研究者首先依次播放切分好的语音片段，在结束后请考生对听力理解过程进行事后口述，并在全部片段播放结束之后对考生访谈。有声思维法和访谈法的目的都是为了解考生人物观点理解的信息加工过程，它们各有优势和侧重点，在研究中可起到互补的作用。将其结合，可更全面地考察考生听力理解的认知过程。首先，这两种方法各自侧重于考察不同层次的信息加工过程。有声思维法考察受试者即时的心理认知状况或过程（Green 1998；Bowles 2010），报告的思维过程比较细致（郭纯洁 2008），相对集中于较低或中间层次的信息加工过程。但鉴于有限的时间和认知资源，受试者不一定在有声思维中充分表达全部的思维过程（Green 1998；郭纯洁 2008）。而访谈法可以从整体性的视角对事件或过程进行总结、反思或评价，可从不同角度对事物进行深入分析（陈向明 2000）。访谈法中反映的思维过程相对集中于高层次的认知过程及元认知策略，正好弥补了有声思维法的不足。另外，在受试者口述思维过程时，研究者尽量不对其想法加以制约或定向引导，力求客观地反映其思维过程，仅在必要时使用提示语（prompting）（Green 1998；Wang 2017）。该方法虽然有助于探索新现象，但不一定能获悉相关现象的解释或意义。访谈法以问题为导向，有利于引导受试者对现象进行解释，挖掘更深刻的意义（陈向明 2000），但问答的形式在一定程度上限定了思维，使口述的思维过程内容受到限制。从这方面来看，两者也可取长补短。

对于非测试环境的质性数据收集，在研究工具设计完毕后，本研究首先探索数据收集的流程，通过试测检验其合理性，并进行适当的调整。流程确定后，逐个对 X 组考生进行正式的数据收集。

（1）有声思维和访谈流程的设置

第一阶段研究结合有声思维法和访谈法，考察听力语篇中人物观点理解的信息加工过程。有声思维法考察考生在听力理解中的认知过程，反映了考生即时的思维过程，这一环节必须首先进行。访谈法侧重考察对语篇内容整体性的理解、感受，以及对听力理解过程的反思，需要在有声思维结束后进行。

最初的数据收集流程分为三个步骤。第一步是任务介绍和热身活动，第二步是有声思维数据收集，第三步为访谈。首先，研究者向考生简要介绍数据收集的目的和程序，并通过两个热身活动帮助其适应有声思维的数据收集形式。第一个热身活动是一道两位数数字乘法题，考生将自己计算的思考过程说出来。该活动虽然可以起到热身作用，但其形式为共时口述（concurrent verbal report），即口述者在完成任务的同时讲述自己的心理认知状况（郭纯洁 2008：1），与听力有声思维的事后口述有所不同。因此本研究增加了使用事后口述的热身任务，即观看一段长度约 1 分钟的动画片（仅有动作和音乐），并叙述所看到的内容。热身活动结束后，有声思维数据收集开始。研究者首先简要介绍即将播放的语篇内容，并发给考生用于做笔记的草稿纸。全球化语篇有 6 个片段，研究者每播放一个片段，都向考生确认是否准备完毕，其后口述开始；如未做好准备，可再播放一遍录音，但每个片段最多播放两遍。

听力录音可选择重复播放，主要出于三个方面的考虑。首先，本研究选用的听力多项匹配题的语篇设置原本播放两遍，并在不同阶段研究中尽量创造相似的实验条件，避免无关因素的干扰，在有声思维中也允许重复播放。但若考生在听过一遍之后已准备充分，则无须考虑重复播放，如此可帮助考生节省保持专注的精力。其次，允许重复播放有助于减轻考生的认知负担（Elliott and Wilson 2013；Jones 2013），如此也有助于降低其在有声思维中的焦虑感，使其能够更充分地口述。最后，重复播放不一定违背听力材料的真实性，因为在现实生活中也有很多可重复收听的情况（Elliott and Wilson 2013；Jones 2013），如重复播放的新闻、录音的讲座或学术研讨、可重复收听的网络音频或视听资源。

在口述中，考生回忆听力片段播放期间所理解的全部内容，研究者在此过程中对考生汇报的内容录音。全球化语篇前两个片段内容不涉及人物观点，不参与数据分析，在研究中仅作为考生对事后口述的热身练习。从全球化语篇的第三个片段开始，到医学讨论语篇最后一个片段结束，考生汇报的内容正式纳入数据分析。在两个语篇都播放完毕后，研究者立即对考生访谈，考察考生对其听力理解的整体感受，所提具体问题依口述内容而定，研究者在有必要之处还会针对回答进行追问。

为探索数据收集流程的可行性，研究者在正式数据收集之前对初步设定的过程进行了试测。首先，一位语言测试方向的博士和高二学生分别参与了试测，并在结束后与研究者讨论流程设置的合理性，并提出改进建议。经调整，质性数据收集过程最终调整为5个步骤，包括任务介绍和热身活动、全球化语篇有声思维数据收集、第一次访谈、医学讨论语篇有声思维数据收集和第二次访谈。具体设置参见表3.11。

表3.11　第一阶段研究质性数据收集流程

步骤	操作	具体安排	用时（总共30~35分钟）
第一步	任务介绍和热身活动	介绍数据收集的目的和要求，并引导受试者完成两个热身活动	4~5分钟
第二步	全球化语篇有声思维数据收集	按顺序播放6个听力录音片段，播放完毕受试者进行事后口述	8~10分钟
第三步	第一次访谈	考察受试者对全球化语篇整体理解情况	2~3分钟
第四步	医学讨论语篇有声思维数据收集	按顺序播放6个听力录音片段，播放完毕受试者进行事后口述	9~11分钟
第五步	第二次访谈	询问受试者对医学讨论语篇整体理解情况	2~3分钟

表3.11为第一阶段研究质性数据收集的全部流程。Green（1998）建议一次

有声思维数据收集的时间不宜超过1个小时，而听力有声思维则要求更高，多数听力测试的时间一般被限制在30~40分钟。首先，研究者向考生介绍研究的目的和要求，并引导其完成两个热身活动，用时4~5分钟。热身活动后，数据收集开始，依次播放全球化语篇的6个片段，并在每个片段播放结束后请考生进行事后口述，用时8~10分钟。此后，安排一段长度为2~3分钟的访谈，考察考生对刚播放完语篇听力理解的整体印象和评价。医学讨论也分6个片段，并依次播放，考生同样在每个片段播放完毕后进行事后口述，用时9~11分钟。最后是二次访谈，与第一次访谈类似，但其内容还可能包括两个听力语篇之间的比较。每个步骤的用时通过试测的情况估计，是大致所需时间，并非事先规划并控制的。

（2）质性数据的正式收集

正式数据收集于2017年12月进行，受试对象共6人，包括O2学校高二年级的4位学生和O1学校高二年级的2位学生。该阶段研究仅考察听力语篇中人物观点的理解过程，所选考生均为优秀水平。学生平时英语成绩均在全年级前30%范围之内，对英语学习有兴趣，且自愿积极参与本次研究。质性数据收集利用学生午自习时间在学校安静的教室进行。除非有额外安排，每次安排1~2名学生参加研究。

数据收集按试测后制定的5个步骤进行，包括任务介绍和热身活动、全球化语篇有声思维数据收集、第一次访谈、医学讨论有声思维数据收集和第二次访谈。第一步，研究者简要介绍研究目的、意义、具体流程和注意事项，其后开展热身活动，依次为乘法算式计算和观看动画片段并汇报所看到的内容。第二步，全球化语篇的有声思维数据收集。研究者简要介绍语篇主题，向考生发放草稿纸和铅笔，并按顺序播放录音片段。播放结束，研究者首先向考生确认是否准备好口述。如确认准备完毕，则立刻开始报告。如果未准备好，可再放一遍录音，之后再开始。在汇报过程中，若考生较长时间保持沉默（超过10秒），研究者可以使用适当的提示语。如提出如下问题："你可以继续讲吗？""你还记得什么呢？"等。第三步，针对全球化语篇的访谈，研究者向考生询问其对刚播放完语篇听力理解的整体印象和评价。第四步是医学讨论对话的有声思维数据收集，具体流程和操作方法与第二步类似。第五步是针对医学讨论对话的访谈，形式与第三步类似。

3.4.2 测试组数据收集

测试组数据收集于2017年12月期间进行，在第一阶段研究数据收集结束后立即开展。测试组考生数据收集的方法和过程与非测试组相似，同样结合使用了有声思维法和访谈法。第二阶段的研究虽然考察的是考生对听力多项匹配题的作答过程，但比前一阶段的听力理解过程更为复杂。有声思维法在这一阶段考察考生在答题过程中即时的思维过程或心理状况,而访谈法则从整体性的视角对听力测试任务的作答过程进行总结、反思以及评价。其中重要的一点是访谈法中反映的思维过程并不局限于汇报作答中的认知过程本身,考生还尝试对相关现象或问题进行解释,试图寻找影响自己听力理解或作答的影响因素。研究者首先播放语音片段,并在播放结束后回忆其对听力语篇所理解的内容以及答题的思维过程(除非在该时间段内并未尝试作答)。在每一部分的听力任务完成后,研究者立即对考生访谈,从整体的视角了解考生对听力任务难度和人物观点理解的感受和评价。

与非测试组相似,测试组的数据收集也同样经历了两个阶段。首先是对数据收集流程的试测和改进,其后再分别使用 A 卷和 B 卷对考生进行正式的数据收集。

(1) 有声思维和访谈流程的设置

A 组和 B 组考生的数据收集流程与 X 组相似,最初可分三个步骤。第一步是任务介绍和热身活动,第二步是有声思维数据收集,第三步为访谈。首先,研究者向考生简要介绍测试环境下数据收集的目的和过程,并通过两个热身活动(与非测试组相同),助其适应事后口述。热身活动之后,有声思维数据收集开始。研究者首先简要介绍所发放试卷的内容,并发给考生用于做笔记的草稿纸。首先播放的是考前准备片段。考生听录音中的任务说明,阅读试题,做好答题的准备。播放结束,研究者立刻请考生回顾答题准备过程中所想到的内容。汇报完毕,按顺序播放全球化语篇(第 1 部分)和医学讨论语篇(第 2 部分)的 6 个片段。研究者每播放完一个片段,确认考生是否已准备完毕,如考生表示已做好准备,则直接开始汇报;如未准备好,可将片段再播放一遍,之后考生口述播放录音时所理解的内容以及作答的过程(播放次数的设置与非测试组相同)。有声思维的全部口述内容,在研究中都用录音笔对其录音。与非测试组相同,全球化语篇的前两个片段与人物观点并无直接关联,不参与数据分析,其余片段(包括听前准备片段)均参与数据分析。两个语篇播放结束后,研究者对考生访谈,主要考察其对两个听力多项匹配任务的整体难度和人物观点理解的感受,并在合适的情况下加以追问。

与非测试组相同,在正式的数据收集前,研究者对该程序进行了试测。A 组和 B 组由于试题设计不同,需分别进行试测。对于这两组,研究者首先各邀请两位语言测试方向的硕士研究生、北京高二和高三学生各一名参与数据收集的流程,他们完成了试测,并各自为数据收集流程提出了改进建议。经过调整,测试组的质性数据收集程序也分为 5 个步骤,分别为任务介绍和热身活动、第 1 部分任务有声思维数据收集、第一次访谈、第 2 部分任务有声思维数据收集和第二次访谈。详细过程见表 3.12。

表 3.12　测试组质性数据收集过程

步骤	操作	具体安排	用时（总共30~35分钟）
第一步	任务介绍和热身活动	介绍数据收集的目的和要求，并引导考生完成两个热身活动	4~5分钟
第二步	第1部分任务有声思维数据收集	（1）播放考前准备片段，并在其结束后请考生事后口述	约2分钟
		（2）按顺序播放6个听力录音片段，考生可边听边做题，之后进行回顾性口述报告	8~10分钟
第三步	第一次访谈	主要考察受试者对第1部分任务整体性的认识和评价	2~3分钟
第四步	第2部分任务有声思维数据收集	（1）播放考前准备片段，并在其结束后请考生事后口述	约2分钟
		（2）按顺序播放6个听力录音片段，考生可边听边做题，之后进行回顾性口述报告	9~11分钟
第五步	第二次访谈	主要考察受试者对第2部分任务整体性的认识和评价	2~3分钟

表3.12为第二阶段研究质性数据收集的详细过程。该过程与第一阶段研究的质性数据收集思路相似，但具体安排略显复杂，用时也略长于非测试组的流程。首先，研究者向考生介绍有声思维和访谈的目的和要求，并引导其完成两个热身活动，用时为4~5分钟。该环节之后，第1部分任务的数据收集开始。研究者首先播放考前准备片段，播放结束，考生立即汇报该时段的思维过程，用时约2分钟。然后，依次播放全球化语篇的6个片段（与X组相同），并在片段播放后请考生报告听力理解以及作答过程，用时8~10分钟。第1部分任务播放完毕，立即安排一段2~3分钟的访谈，主要考察考生对相关听力匹配任务整体性的认识。第1部分任务数据收集结束，第2部分任务的数据收集开始，流程与前半部分相似。首先是考前准备时间思维过程的汇报，用时约2分钟。其后是有关6个听力语篇的片段（与X组相同）的听力理解以及作答过程的事后口述，用时9~11分钟。有声思维数据收集完毕，研究者立即对考生进行第二次访谈，访谈内容与第1部分相似，但还涉及关于两部分任务的比较，用时2~3分钟。每个步骤的所用时间都是通过试测中的用时估算的，而非研究者事先设定或刻意控制的时间。

（2）质性数据的正式收集

第二阶段研究考察考生听力多项匹配题的作答过程，并将相关过程与非测试组中的人物观点理解过程进行比较。与上一阶段研究相似，此阶段全部数据收集都利用学生午自习时间进行，研究者在学校中选择一间安静的空教室，在无外界干扰的情况下，单独对每个学生进行听力测试、有声思维和访谈。若学校无特殊安排，每次可安排 1~2 名学生参加研究。研究者为参加研究的学生随机指定完成 A 卷或 B 卷，但保证最终 10 名学生中 5 人作答 A 卷，另 5 人作答 B 卷。

数据收集按照试测后制定的 5 个步骤进行，分别为任务介绍和热身活动、第 1 部分任务有声思维数据收集、第一次访谈、第 2 部分任务有声思维数据收集和第二次访谈。第一步是研究者向考生简要介绍研究目的、数据收集的流程和听力测试的内容，其后是热身活动，考生先后完成乘法算式计算和复述动画内容的两个热身活动。第二步是第一部分任务的有声思维数据收集。研究者向考生发放事先印好的纸质 A 卷或 B 卷，简要介绍试卷内容，向考生发放纸笔。接下来，按顺序播放录音片段。A 卷和 B 卷的每部分任务各有 7 个片段，首先播放考前准备片段，之后再播放 6 个听力语篇片段。考前准备片段只播放一遍，结束后考生立即汇报该时间段的思维过程。对于听力语篇片段，操作与非测试组相同，可根据考生对口述的准备情况决定是否重复播放一次。在口述过程中，如果考生长时间停顿（超过 10 秒），研究者可使用适当的提示语，提醒其继续口述，如"你还想到了什么？"。第三步是针对第 1 部分任务的访谈，主要考察考生对相关听力匹配任务整体性的感受和评价。第四步是第 2 部分任务的有声思维数据收集，具体流程和操作方法与第二步类似。第五步是针对第 2 部分任务的访谈，形式与第三步类似。

3.4.3　最终测试数据收集

第三阶段研究的数据收集于 2018 年 3—4 月期间分批次进行，其中 K1 学校和 O1 学校高二年级各有 4 个班的学生参与了听力测试和问卷调查。K1 学校的数据收集分 4 个不同的时间段，在英语教师上课的时间进行（每次一个班）；O1 学校则分为 2 个不同的时间段，利用学生午自习的时间进行（每次两个班）。

数据收集的操作尽量采用简单易行的方法。研究者为每个班准备了数量相等的 A 卷和 B 卷，并将其随机发放给考生。在有两个班参加测试的情况下，两个班同时播放听力录音，最后同时提交听力试卷和调查问卷。首先进行的是听力测试，用时约 15 分钟，其后考生大约用 5 分钟的时间完成并提交调查问卷，每次数据收集的总用时约 20 分钟。研究者与学校的英语教师配合，检查考生的作答情况，尽量避免忘记填写个人信息、不认真作答或遗漏部分题项等情况。

3.5　数据分析过程

本研究前两个阶段为质性研究，第三阶段为量化研究。前两个阶段的质性数据分析过程相似,但第二阶段由于处理测试环境下考生的信息加工过程,比非测试环境下的过程更为复杂,其数据分析过程比第一阶段复杂程度更高。第三阶段以量化统计的形式,探索相关任务特征和考生特征对匹配题作答测试表现的影响,并将研究结果与第二阶段的研究发现相对应。

3.5.1 非测试组数据分析

第一阶段研究质性数据的分析有 4 个步骤。第一步是对有声思维和访谈的转录。第二步是对质性数据意义单位的切分和初步编码。第三步是对编码的合并和调整。第四步是将质性数据按照编码的分类进行重新整合并且分析,以深入了解听力语篇中人物观点理解的过程。

首先,研究者将质性数据转录为文字。本研究首先用"讯飞听见"网络录音转写服务平台的机器转写功能将每段录音转换成文字。但是这项功能的转写效果有限,无法正确辨认中文中夹杂的英文,且部分文字转录欠准确,因此在此基础上,研究者重复收听并修正了初步转录的内容(录音时间和修正时间的比例为(1∶4)~(1∶6))。X 组 6 位考生每人有 12 段录音参加转录,由于全球化语篇前两个片段不参加数据分析,不需要转录,因此参加转录的有声思维片段共有 10 个,再加上两次访谈的录音,共 12 个片段。本研究将转录文字分类保存在 Word 文档中,每个片段的文字呈独立的一段,并在文字之前标明其内容的类别。这一阶段转录的字数共 15 224 字。

研究者每日完成对 1~2 位学生的数据收集后,都在当天对考生表现的情况和自己产生的新认识以笔记形式加以记录,并在 2~3 天内完成对质性数据的转录。转录完成时,研究者立刻整理了笔记内容,并以备忘录(memos)的形式,用批注将其内容在文档中标出,以记录数据收集时研究者相关内容直觉性的分析(Corbin and Strauss 2008)。

转录完成后,研究者对质性数据进行编码。编码过程分 4 个步骤。第一步,研究者切分对口述和访谈内容的意义单位。第二步,以 Field(2013)的听力理解认知过程框架和听力元认知策略的分类为主要参照,尽可能为每个意义单位编码。第三步,在编码全部完成后,重新检验首次标注的编码,并根据意义单位的具体内容,将部分编码的类属加以合并和简化,最终整合出第一阶段研究质性数据的编码系统。第四步,检验编码的内部信度和外部信度。编码后的质性数据总计 19 831 字。

有声思维和访谈等质性数据的分析首先要将资料内容切分为意义单位(idea unit),亦称思考单位(thought unit)(Green 1998;陈向明 2000;郭纯洁 2008)。意义单位是质性资料中用于编码最基础的单位,一个意义单位可以是各个层次的语言单位,如词素、单词、短语、小句、句子、连续的语句,具体如何划分应视研究目的、研究问题和研究的视角而定(Green 1998;陈向明 2000)。由于本研究从认知的视角考察听力理解以及测试中作答的信息加工过程,每个意义单位应恰好反映一种思维过程,体现为一种具体的策略运用。因此,本研究一般以部分句子或完整句子为意义单位,每个意义单位只设一个编码。

X 组考生质性数据编码分三个级别,各级的命名和含义参照质性研究中编码级别的惯例(陈向明 2000; Corbin and Strauss 2008)。一级编码反映了考生听力理解过程中具体的策略运用,共 41 种,由质性数据的意义单位中直接归纳而来。二级编码为策略运用反映的信息加工过程,共 9 种,是在参考了相关理论框架的基础上,从一级编码中归纳而来的。三级编码为信息加工过程所反映的宏观思维过程,在该阶段研究中分两种,分别是听力理解认知过程和听力理解元认知策略。其中,听力理解认知过程参考了 Field (2013) 5 个层次的听力理解认知模型,细分为输入解码、词汇检索、解析、意义表征构建和语篇表征构建等信息加工过程;听力理解元认知策略在参考 Vandergrift(1997)、Goh(2002)以及 Badger 和 Yan(2009)等研究中对听力元认知策略分类的基础上,结合本研究中具体的策略运用,将其分为注意力支配(controlling attention)、对理解的监控(comprehension monitoring)、对理解的评价(comprehension evaluation)和识别理解中的问题(identifying problems in comprehension)4 类。

数据分析最基础的环节是尽可能对每一个意义单位设置编码(Corbin and Strauss 2008;陈向明 2000)。对于每个意义单位,研究者一般首先考虑口述或访谈内容中反映的思维过程属于认知过程还是元认知策略,然后判断该过程反映了何种信息加工形式,最后以一级编码描述其反映的具体策略运用。初步完成的一级编码共有 45 种。经过对编码的再次检查,发现有 4 种编码意义与其他编码重合,且在非测试组全部的质性数据中出现频率较少,因此将其合并。最终保留的编码有 41 种。

最后,研究者对编码的信度进行了检验。编码的"信度(reliability)"指研究者对意义单位赋予编码可信赖的程度。检查编码信度,目的是检查编码是否易于理解、使用,其中是否存在过度的个人偏倚或不合常理的判断(Green 1998)。检验编码信度需要计算内部信度(intracoder reliability)和外部信度(intercoder reliability)(Young 1997;Green 1998;Wang 2017)。内部信度由研究者本人检验并计算,实质上就是在首次对数据编码后,研究者对数据重新编码一次,并统计两次编码内容重合的百分率,旨在了解编码的内在一致性。研究者在首次完成编码一个月后,再次对数据进行了编码,统计结果显示非测试组考生质性数据编码的内部信度为 86.5%。外部信度的计算指不同研究者对同样的质性数据编码重合的百分率,需要另一名研究者协助。为了提高效率,Bowles(2010:136)建议,研究者从转录完毕的质性数据中随机选出 10%~25% 的篇幅,并请另一位研究者对数据进行独立编码,可以以初步建立的编码系统作为参照。研究者从非测试组中选取了其中一位考生全部的质性数据(约占总数据篇幅的 1/6),并邀请了一位语言测试方向的硕士研究生对这部分数据重新编码。事后研究者统计了该同事对数据的编码与研究者编码重合的比例。在该研究生挑出了有异议的编码后，研究者计算了所选数据中两位研究者编码重合的百分率，统计结果为84%。编码信度检验结果表明，非测试组的质性数据的编码具有良好的信度。

编码完成后，研究者将不同类别编码及其对应的质性数据重新整合并建立联系，试图发现听力语篇中人物观点理解的主要信息加工过程及其之间的联系。在数据分析中，本研究不但从策略使用频率的量化数据探索人物观点理解信息加工过程中体现的普遍规律，还从有声思维和访谈的质性数据中探索不同过程的特点及其之间的关联，并总结这些过程在听力理解中的作用和影响（4.1节）。

3.5.2 测试组数据分析

第二阶段研究的质性数据分析分4个步骤。第一步是对录音进行转录。第二步是意义单位的切分和初步编码。第三步是编码的合并和调整，以及编码系统的建立。第四步是按照编码的分类，将质性数据重新整合，并归纳听力多项匹配题作答过程的特点，以及其与该任务类型认知效度的联系。

首先是对数据的录音进行转录。这步操作与非测试组相同，研究者首先使用"讯飞听见"网络录音转写服务平台中的机器转写功能将每段录音粗略地转换成文字，然后重复收听，对文本内容进行修正。其中，由于全球化语篇前两个片段不转录，每位考生的有声思维录音共12个片段，加上两次访谈录音，共14个片段。转录的质性数据保存在Word文档中，每个片段为单独的一段，在每段开头标明数据来源。第二阶段转录的文字共计30 038字。

数据转录后，接下来是对数据进行编码。测试组的编码过程类似于非测试组，分4个步骤。第一步是划分意义单位，作为编码的基本单位。第二步，以非测试组的编码系统为主要参照，尽量对每个意义单位编码，并在必要之处加入新的编码。第三步，检查编码，并将其中一些类属合并或简化。第四步，检验编码的内部信度和外部信度。

质性数据分析（包括有声思维、访谈等数据）的基础是最基本的意义单位或思考单位（Green 1998；陈向明 2000；郭纯洁 2008）。由于第二阶段的研究考察考生对听力多项匹配题作答的思维过程，每个意义单位应恰好能反映一种信息加工过程，多数情况下为一个分句或完整句子。每个意义单位只设一个编码。

听力测试中的作答过程比单纯的听力理解相对较复杂，测试组编码系统的内容也比非测试组更为丰富，总体同样分三个级别。一级编码反映了考生在完成匹配任务过程中具体的策略运用，共57种，由质性数据的意义单位直接归纳而来。二级编码为信息加工过程，共16种，是在参考了相关理论框架的基础上从一级编码中归纳而来的。三级编码为信息加工过程反映的思维过程类别，由信息加工类别归纳而来，共 4 种，为听力理解认知过程、听力理解元认知策略、阅读理解过程和答题过程，其中后两类思维过程是测试环境中的考生独有的。听力理解过程参考了 Field（2013）5 个层次的听力理解认知模型，细分为输入解码、词汇检索、解析、意义表征构建和语篇表征构建等信息加工过程，与非测试组的编码相同。听力理解元认知策略主要参考了 Vandergrift（1997）、Goh（2002）以及 Badger 和 Yan（2009）等研究中对听力元认知策略的分类，并结合考生具体的策略运用，将其分为注意力支配（controlling attention）、对理解的监控（comprehension monitoring）、对理解的评价（comprehension evaluation）和识别理解中的问题（identifying problems in comprehension）4 类。该分类虽与非测试组相同，但研究发现考生在作答环境中还使用了两种独有的元认知策略，分别是"将听到的内容与题干或选项的内容对应"和"承认未发现听到的内容与题干或选项的内容对应"。阅读理解过程主要涵盖考生作答过程中对试卷中内容的解读，根据其内容可分为"理解任务要求（understanding the requirements of the task）"和"理解匹配内容（understanding the contents for matching）"两类。考生的答题过程（task completion processes）实质上是问题解决（problem–solving）的一部分信息加工过程。本研究参照 Sternburg（2003）的问题解决框架（共 7 个步骤），发现考生的作答过程中存在该框架中后 5 个步骤的内容，分别为策略规划（strategy formulation）、对信息的组织（organization of information）、认知资源配置（resource allocation）、对问题解决的监控（monitoring of problem solving）和对问题解决的评价（evaluation of problem solving）。

与非测试组相似，研究者首先仔细阅读每个意义单位，并根据其反映的最重要的思维过程为其赋予一级编码。第二阶段研究编码后的质性数据，共有 40 400 字。编码工作初步完成时，一级编码共 64 种。经过检查，发现 7 种编码在数据中出现频率较少，或意义与其他编码重合，可以合并。因此最终保留了 57 种编码，第一阶段的 41 种编码全部包含在该系统内，这意味着考生在测试中作答的信息加工过程比单纯的听力理解过程更为复杂。

最后是检验编码的信度。检验方法与第一阶段研究相同。对于编码的内部信度，研究者在首次完成编码的一个月后对数据再次编码，发现两次编码重合的比率是 88.7%。对于编码的外部信度，研究者邀请一位测试学方向的硕士研究生（与第一阶段研究相同），从 A 组和 B 组考生中各抽取一位考生的质性数据，邀请其对该部分数据重新编码，任务完成后，该同行与研究者编码重合的比例是 85.7%。这说明测试组质性数据的编码具有良好的信度。

在编码已完善的基础上，研究者将各类编码代表的质性数据加以整合，寻找不同类属之间的联系，解析听力多项匹配题作答中的信息加工过程，并分析相关过程对认知效度的影响。在此基础上，本研究从质性数据中总结影响听力多项匹配题认知效度的任务特征和考生特征，为听力试题的再次改进提供依据，为第三阶段的研究设计提供理论依据（4.2.4 小节）。

3.5.3 最终测试数据分析

听力测试和调查问卷的原始数据录入后，本研究根据研究问题 3 的两个分问题，使用 SPSS 20.0 对数据进行分析。由于研究问题涉及同类因素对不同水平考生的影响，故首先将考生水平分为高低两个水平组。在此基础上，再分别探讨相关任务特征和考生特征对不同水平考生测试表现的影响。

（1）对考生水平的分组

本研究选取的 209 名考生来自北京市两所不同的学校，其中 113 人来自 K1 学校，96 人来自 O1 学校。O1 学校全体考生的平均分为 5.75 分，K1 学校全体考生的平均分为 7.41 分（满分 10 分）。独立样本 t 检验结果显示，两所学校考生的听力测试成绩存在显著差异（$t = -4.944$，$df = 207$，$p < 0.05$）。K1 学校的测试成绩明显高于 O1 学校（$MD = -1.657$），可推断该校考生的英语水平大体上明显优于 O1 学校，可先假定前者为高分组、后者为低分组，在此基础上再做调整。

虽然 K1 学校的测试成绩明显优于 O1 学校，但是仅按照该成绩直接对考生分组相对较粗略，为此本研究以考生在各自学校的英语平时成绩作为参考，对考生分组进行调整。在 K1 学校的考生中，研究者筛选了在本次听力测试和学生最近一次阶段性英语测试中成绩排名均处于后 30% 的考生，认定其为低水平考生，并将其移至低水平组。该校考生中共 11 名学生符合该条件。在 O1 学校的考生中，研究者筛选了在本次听力测试和学生最近的期中英语考试成绩排名均处于前 30% 的考生，认定其为高水平考生，并将其移至高水平组。该校考生中共 12 名考生符合该条件。经过调整后的高水平组和低水平组人员分配如下：高水平组共 114 名考生，其中 K1 学校学生 102 人，O1 学校学生 12 人；低水平组共 95 名考生，其中 O1 学校 84 人，K1 学校 11 人。

经过调整的高水平组和低水平组考生听力测试成绩的差异更加显著。低水平组全体考生的平均分为 5.17 分，高水平组全体考生的平均分为 7.86 分。独立样本 t 检验结果显示，两个水平组的听力测试成绩存在显著差异（$t = -9.038$，$df = 207$，$p < 0.05$）。较之不同学校，高低水平组之间成绩的差距更加显著（$MD = -2.691$），说明分组调整达到了预期的效果。

（2）相关任务特征对不同水平考生测试表现的影响

考生水平分组完成后，本研究针对研究问题 3 的第 1 个分问题，分析不同匹配方式和体裁的听力多项匹配题对不同水平考生任务得分的影响。

首先，本研究以整体性的视角，探索匹配方式、体裁和考生水平等三个因素及其之间的交互作用对测试表现的综合影响。由于三个自变量皆为名称变量，而因变量为等距变量，因此采用三因素组间方差分析（3 - way ANOVA）考察各变量及其之间的交互作用对任务成绩带来的影响。

在了解这些因素总体的影响趋势后,再分别探讨单个任务特征对测试表现的影响。因匹配方式和体裁各只有两种选择,仅分类讨论,并进行简单的均值比较即可。研究按照考生的高低水平分组,分别讨论每种情况下两种任务特征对测试表现的影响。具体而言,对于每个水平组的考生,先讨论相同体裁、不同匹配方式的情况,以独立样本 t 检验比较整体任务成绩的差异(A 卷第 1 部分和 B 卷第 1 部分、A 卷第 2 部分和 B 卷第 2 部分),以 Mann–Whitney U 检验比较各题项难度的差异(因数据不服从正态分布);然后讨论相同匹配方式、不同体裁的情况(A 卷第 1 部分和 B 卷第 2 部分、A 卷第 2 部分和 B 卷第 1 部分),同样以独立样本 t 检验比较任务成绩的差异。

(3)相关考生特征对不同水平考生测试表现的影响

针对研究问题 3 的第 2 个分问题,本研究考察考生的听力多项匹配题熟悉程度的各方面内容对听力测试成绩的解释和预测程度。具体而言,研究将调查问卷 7 个维度包含的题项数据分别求均值,并将其作为自变量,与听力测试总分关联。该情况涉及一个因变量(测试成绩)和多个自变量(问卷具体维度的平均分)之间的联系,性质都为等距变量,因此运用多元线性回归的方法,探索自变量与因变量之间的关联。

因研究问题涉及不同水平考生,本研究以三组多元线性回归的结果分别考察三种不同条件下任务熟悉程度对测试成绩的影响。第一组回归暂不考虑考生水平的影响,将全体考生的数据纳入回归模型。第二组回归分析任务熟悉程度的 7 个维度与高水平考生测试成绩的关联,仅统计高水平组考生的数据。第三组回归分析上述 7 个维度与低水平考生测试成绩的关联,统计低水平组考生的数据。最后,本研究将三组回归结果进行比较,指出考生的匹配题熟悉程度对全体考生、高水平考生和低水平考生测试成绩解释和预测程度的差异。

3.6 小　　结

本研究的设计主要借鉴了 Weir(2005)的认知效度研究模式。该模式为混合式研究设计,是一种先定性后定量的"平衡的混合式设计"(文秋芳等 2004:71)。研究设计总体可分 4 个步骤,第一步是研究工具的准备,其后三步分别对应了三个阶段的研究。每个研究阶段聚焦于解决其中一个研究问题,从中获得的数据可能用于不同研究阶段。研究的重心主要在前两个阶段的质性研究上,最后的量化研究主要目的是对重要研究发现进行三角验证。

Weir(2005:233)指出的研究模式总体可分两个部分:第一部分主要运用质性研究方法,以专家判断、内省(introspection)或回溯(retrospection)等方法考察考生作答的思维过程,收集先验的效度证据(a priori validity evidence);

第二部分以量化统计方法考察考生答题的思维过程相关的变量与测试得分之间的联系，收集后验的效度证据（a posteriori validity evidence）。本研究遵循该思路对听力多项匹配题的认知效度进行考察。针对 Weir（2005）所提出的"第一部分"，本研究面临的首要问题在于以往研究对听力语篇中人物观点理解的信息加工过程并不了解，需要通过有声思维、访谈等质性研究方法考察。在此基础上，再将考生在听力多项匹配题作答过程中运用的思维过程与人物观点理解过程进行比较，找出其异同，并探索该任务类型认知效度可能存在的问题，分析其成因，归纳听力多项匹配题认知效度的重要影响因素。为达到该目的，本研究借鉴了 Field（2012）对 IELTS 听力笔记填空题认知效度的研究思路，针对同样的听力匹配任务，分别创造了"非测试环境"（non-test conditions）和"测试环境"（test conditions）两种数据收集条件。在非测试环境中，研究模拟真实语境中听力理解的条件，考生只理解听力语篇并以口述的形式汇报理解的内容，不回答测试问题，与考生作答的"测试环境"相对。在测试环境中，考生在听力理解的同时需要完成相应的匹配任务，并汇报听力理解以及答题过程。在本研究中，非测试环境中的数据收集被称为"第一阶段"研究，测试环境中的数据收集被称为"第二阶段"研究，这两个阶段共同组成了 Weir（2005）所指出的先验效度证据收集阶段。在前两个阶段的研究发现基础上，本研究的"第三阶段"响应了 Weir（2005）"第二部分"的研究设计，即针对听力多项匹配题认知效度的重要影响因素，以听力测试和调查问卷考察相关任务特征和考生特征与测试表现的关联，对重要研究发现进行三角验证，并深入讨论该任务类型任务设计优化的思路及应用价值。

4
研究结果

第 4 章按照三个研究问题的顺序，详细呈现三个阶段的研究结果。本章首先展示非测试环境中人物观点理解过程质性数据分析的结果，揭示了第一阶段的研究发现（4.1 节）。其后本章通过对听力测试环境中作答过程的数据进行分析，及其与非测试组质性数据的比较，对听力多项匹配题的认知效度进行评价，揭示了第二阶段的研究发现（4.2 节）。最后是有关听力多项匹配题测试表现影响因素的数据分析结果，揭示了第三阶段的研究发现（4.3 节）。本章末尾对各阶段的研究结果进行总结（4.4 节）。

4.1 听力语篇中人物观点理解的信息加工过程

第一阶段的质性研究数据收集在非测试环境中进行，依据研究问题 1，旨在考察考生理解听力语篇中人物观点的思维过程，从心理语言学的视角界定听力多项匹配题的构念。在选定的两个听力语篇中，主要内容为直接或间接表达的人物观点，人物观点理解正是听力多项匹配题所测内容。本节逐一总结这些思维过程在质性数据中的特点，并探索不同信息加工过程之间的联系。

4.1.1 输入解码

输入解码（input decoding）指的是听者识别听觉输入中的语音信息，辨认不同音素，将其合并为成组的音节，并划分其中重音的过程，是听力理解最基本的信息加工过程（Field 2013）。在听力理解中，语音识别是低层次的信息加工过程，是自动化程度较高的环节（Rost 2011），听者不太容易意识到相关过程，因此在考生有声思维和访谈的数据中，有关输入解码的信息加工过程比较少见。但从加编码后的意义单位中仍可发现 4 种直接反映了输入解码的思维过程（表 4.1）。

表 4.1 非测试组输入解码相关策略运用频率

策略名称	代码	有声思维中的频率和比例	访谈中的频率和比例	质性数据中的总频率和比例
有关音素识别	1a	4（1.49%）	0	4（0.93%）
有关音节识别	1b	2（0.75%）	0	2（0.46%）
有关词汇读音识别	1c	2（0.75%）	1（0.61%）	3（0.69%）
有关音色识别	1d	0	2（1.22%）	2（0.46%）

表4.1显示了X组考生中输入解码策略运用在质性数据中出现的频率及比例。4个类别的策略在全部质性数据中总共出现11次，仅占非测试组数据中全部意义单位的2.55%。有声思维数据中发现了有关音素识别（4次）、音节识别（2次）和词汇读音识别（2次）的思维过程，访谈数据中体现了有关读音识别（1次）和音色识别（2次）的思维过程。输入解码的相关策略运用出现频率很低，可见该层次的信息加工过程不容易被考生意识到，也不是听力理解中关注的重点。但是，该层次是考生对语音信息初步加工的过程，是听力理解的基础，因而是人物观点理解中不可忽略的环节。

当考生的语音识别出现问题，并可能会影响到其听力理解时，他们表现出对输入解码过程的关注。如小张（X6）在全球化语篇片段3中的一段口述：

（1）就是说格兰特这个人呢，就是认为应该是globalization，我刚才听成mobilization了，就说全球化呢是有助于这个外国这些产品就输入其他国家……

在播放全球化语篇前两个片段时，小张将关键词globalization误听为mobilization。其后她发现在后续播放的语篇中，人物观点的内容与表达主题的关键词意义无法衔接，于是再次关注了"mobilization"的读音，发现自己对个别因素识别有误，"globalization"应该是正确的关键词，于是更正了自己的理解。

对于某些表达关键信息的实词，如果考生的语音识别出现问题，很容易影响其对观点的理解。但是考生对于输入解码方面的一些不足，可以利用语篇中的语境信息弥补这一层次信息加工的不足。考生能够利用高层次的信息加工弥补低层次信息加工的不足，体现了"自上而下"和"自下而上"过程的交互作用（Flowerdew and Miller 2005）。

总之，输入解码是人物观点理解中最基础的环节，虽然在考生的听力理解中不易直接感知，却是意义正确理解的先决条件。对关键语音信息解码的差错会影响观点的理解，但考生的高层次听力理解过程可在一定程度上弥补语音解码的缺憾。

4.1.2 词汇检索

词汇检索（lexical search）指听者根据其对语音信息的感知和词汇的划分，利用自己的词汇知识，将单词或短语层面的语音单位与其字面的意义进行最佳匹配的过程（Field 2013）。在非测试组的质性数据中，本研究共发现5类有关词汇检索的策略运用（表4.2）。

表4.2 非测试组词汇检索相关策略运用频率

策略名称	代码	有声思维中的频率和比例	访谈中的频率和比例	质性数据中的总频率和比例
筛选关键词或短语	2a	1（0.37%）	1（0.61%）	2（0.46%）
识别关键词或短语	2b	18（6.72%）	4（2.44%）	22（5.09%）
理解关键词或短语	2c	6（2.24%）	3（1.83%）	9（2.08%）
翻译关键词或短语	2d	3（1.12%）	0	3（0.69%）
回忆关键词或短语	2e	2（0.75%）	2（1.22%）	4（0.93%）

表4.2呈现的是X组考生与词汇检索有关策略运用在质性数据中出现的频率。从该表数据中可观察到三种现象。第一是考生质性数据中有关词汇检索的策略运用的频率比输入解码更多，在非测试组全部质性数据中共出现40次，占全部意义单位的9.26%，明显多于输入解码的2.55%。这说明考生在听力理解中一定程度上可以明确意识到自己对以词或短语为单位的关键性信息的把握情况。第二是词汇检索的思维过程相对较多出现在有声思维数据中（11.19%），较少出现在访谈数据中（6.10%）。最后，从具体的策略运用来看，有关词汇检索，考生最常用的思维过程是"识别关键词或短语"，有声思维中有18次（6.72%），访谈中6次（2.44%）；其次是理解关键词或短语，有声思维中有6次（2.24%），访谈中有3次（1.83%）。这说明对于听力语篇中的关键信息，考生最普遍的处理方法为对其直接识别和意义的匹配。

从质性数据中可发现考生能够有意识地汇报出语句中代表关键信息的词或短语，并直接表达或暗示该信息对于人物观点理解的关键作用。如小桑（X3）在全球化语篇片段3中的一段口述：

（2）啊，就这段他举了一个例子说argue，嗯，就是这个争论在那个什么Other country，还有other cultures。啊，后面还提到那个会影响人们的choices决定，然后还会那个会影响人的决定。

小桑（X3）在理解这个听力语篇片段的过程中，显然努力试图从语音输入中寻找能够代表人物观点大意的几个关键词，并将其串联起来，组成更完整的意义单位。他注意到了争论（argue）、其他国家（other country）、其他文化（other culture）以及"影响"等关键词或短语，并将其分别汇报了出来。虽然他试图将"影响"和"决定"串联起来，但由于遗漏了"全球化"和"国外商品和理念的传播"等信息，小桑最终并没有完全理解 Grant 的观点。可见对词义的理解只是一类低层次信息加工过程，并不能确保对人物观点的理解。

听力理解要求听者在短时间内加工大量语音信息，对认知的负担相对较重（Buck 2001；Rost 2011），考生在运用自下而上信息加工的过程中，往往先识别并理解几个关键信息，并在此基础上结合高层次的意义建构过程，将其串联起来，形成个人理解的意义。词汇检索对关键信息的格外关注，是为了使人物观点理解更有效率，尽管有时不一定达到目的。

总之，从考生听力理解过程的质性数据中，在词汇检索层面发现了三个方面的规律。第一，考生可以在一定程度上意识到自己对词汇或短语的信息加工，并重点关注其中一部分关键性信息。第二，考生对关键性词汇和短语的识别或理解是人物观点理解的必要条件，但并不能确保其对人物观点的理解，可能只是几处孤立信息的罗列。第三，考生在识别或理解几处关键信息之后，会试图将其串联起来，形成更完整的意义单位。在此过程中，倾向于运用高层次的信息加工过程，在孤立信息之间添加新的意义，将其串联起来，但不一定还原出原本的意义。

4.1.3 解析

解析（parsing）指听者将语句内部的词汇信息联系起来的过程，主要目的在于识别相应的句法模式，并理解整句话的意思（Field 2013）。此外，解析还涉及另外两种信息加工过程：第一是在把握了句子语法结构的前提下，听者对具体的词汇含义可以有更精准的把握；第二是考生在理解句子含义的同时，也将其语音作为一个整体性单位，把握整个语句的语调，以便推测话者的态度和意图（Field 2008，2013）。在非测试组的质性数据中，本研究归纳了 3 种有关解析的策略运用（表 4.3）。

表 4.3 非测试组解析相关策略运用频率

策略名称	代码	有声思维中的频率和比例	访谈中的频率和比例	质性数据中的总频率和比例
串联关键词的意义	3a	25（9.33%）	1（0.61%）	26（6.02%）
理解语句的字面含义	3b	60（22.39%）	0	60（13.89%）
语调识别	3c	0	4（2.44%）	4（0.93%）

表 4.3 为 X 组考生有关解析过程策略运用在质性数据中出现的频率。从 3 种策略在不同情况下出现的频率中可观察到 3 个明显的特点。首先，有关解析的信息加工过程在考生听力理解过程中较为常见，这一层次的听力策略占质性数据中

意义单位总数的 20.83%，在有声思维数据中的比例更大，为 31.72%。其次，解析是在语句播放过程中即时的信息加工过程（Field 2013：99），因此几乎总是在有声思维数据中出现（对于 3a 和 3b，仅 3a 在访谈中出现过一次，其余思维过程均在有声思维数据中体现）。相比之下，语调识别是一类罕见的过程，仅作为一种非必要的辅助性策略，在小刘（X5）的访谈数据中出现，在此不重点讨论。最后，从解析的方式来看，大多数情况下考生直接将所听到的语句内容解读为意义，共 60 次，占质性数据思维过程总比例的 13.89%；在相对较少的情况下，考生将所听到的关键词串联起来，组成语句的意义，共 26 次，占全部数据思维过程的 6.02%。

虽然 3a 和 3b 两种思维过程在听力理解过程中普遍存在，但倾向于在不同条件下运用。在考生对语句的记忆比较完整，语法结构把握比较准确时，倾向于直接理解语句的字面含义，理解相对准确。当考生对语句的记忆不太完整，且感到预测语法结构较困难时，则倾向于将关键词串联起来，理解也相对模糊。如小桑（X3）在医学讨论片段 3 的部分口述：

（3）噢，就是这个 Mike，他说通常来说呢，我认为这个 Dr. Hall 说得是对的……然后他又提到她，又问另一个人 Lucy，他说你是怎么看这个事情呢？她说那个 Lucy 说，啊，许多年前我的姑姑得了很严重的一种病，被这个药给治好了。

对此对话片段中的部分语句，小桑的记忆显然很清晰，依据听力语篇中原有的表达比较准确地将对话中不同人物的观点及其所给出的事例表达了出来。可见对于这个语音片段的大部分内容，小桑先记住了语句的词汇，然后将其直接组合成意义，并表述出来。

本研究听力语篇中涉及的人物观点大都直接表达或叙述，传达的隐含意义较少，因此在一定条件下，考生的信息加工只运用到解析的层次，则可完整地把握人物观点的意义。但实际上对于同样的信息，考生可选择仅通过字面意义理解，也可以在低层次信息加工的基础上，结合运用高层次听力理解过程对观点进行解读。非测试组的质性数据中同时发现了这两种现象，并且发现大多数情况下考生对策略运用选择的目的是一致的：以最简便的方式理解听力语篇中的人物观点。低层次的信息加工过程运用起来相对省力，因此只要能在解析阶段就能理解观点内容，考生就不倾向与运用高层次理解过程。当低层次的理解过程出现问题时，考生才倾向于运用高层次的策略对意义进行弥补。

综上，解析是听力理解中一类十分常见的信息加工过程，在本研究的质性数据中主要发现了"串联关键词的意义"和"理解语句的字面含义"两种过程，后者占相对主导的地位。在考生对语句信息把握较准确的情况下，倾向于通过解析过程，直接理解其原本的意义；在对语句信息把握不太准确的情况下，倾向于把听到的关键词直接串联起来，组成所理解的语句的意义。对于表述比较直接的人物观点,如果考生对信息把握较准确,倾向于运用低层次信息加工过程理解观点;若意识到自己把握的事实性信息不够完整,则倾向于运用高层次的信息加工过程补偿听力理解。

4.1.4 意义表征构建

意义表征构建(meaning construction)是听者在加工了语句字面意义的基础上,运用先有知识和推断,根据相关语境,在原有信息基础上增加新意义的过程(Field 2013)。意义表征构建属于高层次信息加工过程,听者利用"自上而下"的思维过程,利用已有的知识和图示,在语句原本意义的基础上建构新的意义(Field 2008,2013)。关于意义表征构建,在非测试组的有声思维和访谈数据中发现了6种具体的策略运用(表4.4)。

表4.4 非测试组意义表征构建相关策略运用频率

策略名称	代码	有声思维中的频率和比例	访谈中的频率和比例	质性数据中的总频率和比例
对原句的意义加工润色	4a	31(11.57%)	1(0.61%)	32(7.40%)
复述所听到的句子	4b	39(14.55%)	1(0.61%)	40(9.26%)
在理解原文的基础上进行推断	4c	10(3.73%)	1(0.61%)	11(2.55%)
围绕关键词构建意义	4d	16(5.97%)	5(3.05%)	21(4.86%)
根据语境猜测意义	4e	1(0.37%)	2(1.22%)	3(0.69%)
在部分理解的情况下推断意义	4f	15(5.60%)	0	15(3.47%)

表4.4是有关意义表征构建的6种策略运用在质性数据中出现的频率。数据显示,意义表征构建的信息加工过程是听力理解中最常见的一类认知过程,在非测试组的全体质性数据中占所有意义单位的28.24%,在有声思维数据中的比例为41.79%,比解析过程还常见。意义表征构建和解析一样,都是即时性的信息加工过程,主要出现在有声思维数据中,在访谈中出现的频率很少(10次,6.10%)。唯一的例外是4e,但该策略在全体数据中很少出现(3次,0.69%),不具备统计意义。另外,考生在语句原有意义上进一步加工的频率相对较多(4a、4b、4c),对未能直接理解的意义的补偿策略相对较少(4d、4e、4f)。在全体数据中,4a~4c出现83次,占全部意义单位的19.2%;4d~4f出现39次,占全体数据的9.03%。说明在加工了语句的字面意义之后,考生更多地在原有观点的基础上丰富自己的理解,而以高层次理解过程作为理解的补偿策略则运用较少。

从有声思维意义表征构建的质性数据中可知，考生在理解语句的字面意义之后，经常不会仅满足于低层次的信息加工过程，往往会主动对意义进行重构，或根据语境信息添加新的意义。对于人物观点的理解，这似乎是一种自发的过程。而在另一些情况下，考生对所听观点把握并不理想，此时可能会使用高层次的信息加工过程，根据自己的先有知识和语境信息补全语句内容。该策略虽然可以填补意义的空缺，形成连贯、符合逻辑的意义，但有时猜测、编造成分居多，理解不一定准确。如小梁（X4）在医学研究片段2中的部分口述：

(4) ……那个Dr. Hall在他那个演讲中阐述了说，它不是一个研究性的药物，而是在适当的技术的支持下，产生的这样一个药物，它不是被突然发明出来的，被创造的。……Dr. Hall本人也说了，这个药物应该是一个全能的药物，就这个观点，他并没有找到真正的证据来证明。

在此片段中，虽然alternative medicine对考生来说是陌生的术语，但显然小梁在此处并未理解Dr. Hall对替代医学的评论，把它翻译成"全能的药物"，并且认为其是科技的产物，只是缺乏相应的证据来证明。这与原文实际上表达的意思正好相反，实际上Dr. Hall认为替代医学是不科学的，缺乏科学证据，甚至不能被称为医学。虽然小梁所述内容表面上符合逻辑，但由于在未完全理解人物观点的情况下进行推断，所以理解的内容并不准确。虽然考生在听力理解过程中经常主动运用意义表征构建过程丰富或补偿理解的意义，但使用的程度和范围因考生个体而异，同样取决于个人的选择。

总而言之，非测试组中的意义表征构建过程有三个特点。首先，意义表征构建是考生听力理解中最常见的一类认知过程，属于高层次的信息加工过程，主要在有声思维过程中体现。其次，意义表征构建在人物观点理解中主要有两类功能。其一为进一步丰富和完善自己对人物观点的理解，其二是在低层次的信息加工不够理想的状态下，通过意义表征构建弥补听力理解的空缺。前一类功能的信息加工过程在本研究质性数据中更为常见。最后，意义表征构建是一类选择性较强的信息加工过程，对于语篇中某些同样的信息，考生可以只理解语句字面含义，也可以在理解的基础上建构新意义，具体策略因人而异。

4.1.5 语篇表征构建

语篇表征构建（meaning construction）是听力理解最高层次的认知过程，指听者将语篇中当下出现的新信息与先前记住的信息联系起来，并将其整合为更具整体性的意义表征过程（Field 2008, 2013）。语篇表征构建与意义表征构建虽然都在听力理解中创造新意义，但意义表征构建仅限于单个语句层面的信息加工，而语篇表征构建则在此基础上将不同语句的意义联系起来，站在更为宏观的角度解读或创造意义。在本研究的质性数据中，共发现8种语篇表征构建的策略运用（表4.5）。

表 4.5 非测试组语篇表征构建相关策略运用频率

策略名称	代码	有声思维中的频率和比例	访谈中的频率和比例	质性数据中的总频率和比例
整合不同语句的意义	5a	6（2.24%）	2（1.21%）	8（1.85%）
衔接先前听到的内容	5b	4（1.49%）	0	4（0.93%）
预测即将播放的内容	5c	1（0.37%）	5（3.05%）	6（1.39%）
总结人物观点	5d	6（2.24%）	19（11.5%）	25（5.78%）
比较人物观点	5e	3（1.12%）	5（3.05%）	8（1.85%）
评价人物观点	5f	1（0.37%）	4（2.44%）	5（1.16%）
对语篇结构的理解	5g	0	12（7.32%）	12（2.78%）
理解主旨要义	5h	1（0.37%）	2（1.22%）	3（0.69%）

表 4.5 是 X 组考生语篇表征构建层次全部 8 种策略在质性数据中出现的频率。表中数据反映了 3 个现象。首先，语篇表征构建的过程虽然出现在考生听力理解的过程中，但较之解析和意义加工，相对更少见（71 次，16.44%），可见考生为理解人物观点，大部分精力用在了对语句的解析和意义表征构建上，而更为宏观的思维过程则关注较少。其次，语篇表征构建的思维过程在两种数据来源中都能观察到，但在有声思维中出现得较少（8.2%），在访谈中出现得较多（29.88%）。可见语篇表征构建作为 Field（2013）中最高层次的信息加工过程，不但需要理解当下语句的意义，而且需要将该意义与先前记忆的内容加以联系和整合，而考生在有声思维有限的反应时间中做到这一点相对较难。而在访谈中，考生有更多的时间和精力回顾自己所理解的内容，并将语篇层面的信息进行更加宏观的加工。最后，语篇表征构建的具体策略运用虽然种类较多，但大多数思维过程出现不太频繁，唯一较常见的策略是"总结人物观点"，在全部数据中共出现 25 次（5.78%），其中有声思维数据中 6 次（2.24%），访谈中 19 次（11.5%）。

有关语篇表征构建，研究发现部分策略的运用是具有普遍性的思维过程（共 5 种），但由于所选语篇内容皆为针对相同话题不同人物的观点，具体策略运用的过程都是围绕着具体人物及其观点的内容紧密进行的。如小齐（X2）在第二次访谈中对医学讨论语篇理解中难点的总结中的一段话：

（5）……就是两个女的，一个 Lucy，一个 Susan，反正我认为下一段开始说话的那个人，应该是上一个最后结束提到的那个人，只要她没有去问另一个人，那她应该继续接着自己的观点说。

医学讨论语篇中有三位说话者，小齐（X2）在听力理解的过程中特别注意将不同的任务与其观点对应起来，因此格外注意对话中的话轮转换。首先，他注意到有两位女性发言人，各自表达了自己的观点。接下来他注意到前一人和后一人观点的联系。把不同的人物和观点联系起来，就体现了对语篇结构的理解。最后他还发现每位说话者要么一直说下去，要么请别人发言，这说明小齐根据已了解的语篇结构，试图预测说话者表达观点的方式。

由于人物观点是语篇的主要内容，考生在理解了人物观点的基础上，有时会将不同语句的内容整合起来，形成有关人物观点更为概括性的意义。表29中的例16~18是研究中发现与人物观点直接相关的几个例子。

如表4.6所示，考生在把握了个别人物观点的基础上，可能会选择三种不同的方式，直接对其意义进一步加工，分别是对人物观点的总结、比较和评价。例6~8三例说明，考生的语篇建构过程尽管不一定在有声思维中明确意识到，但他们确实运用了此类过程，以对不同人物的观点有更概括性的理解。这意味着听力中人物观点理解过程囊括了从低到高所有层次的认知过程。语篇表征构建是听力理解最高层次的思维过程，反映了句子以上层次的信息加工，是建立在顺利完成前四个阶段听力理解的基础上的。如果考生对单个句意把握准确，语篇层面的理解把握也较准确，反之亦然。

表4.6　针对人物观点的语篇表征构建过程

策略名称	代码	数据来源	举例
总结人物观点	5d	小于（X1）第二次访谈	（6）就是Lucy对于这个药可能还是持一个认可的态度吧……
比较人物观点	5e	小桑（X3）医学讨论语篇片段6口述内容	（7）然后另外一个人Mike说这句话之后，那个女生说了这句话，他说我认为Dr. Hall是对的，然后Mike也说了，我也认为这个Dr. Hall是对的，但是我们需要更多的证据来证明它……
评价人物观点	5f	小张（X6）第二次访谈	（8）我觉得比较容易的地方就是你听他们的观点，你可能从最开始的时候就猜得到他们的一个态度，就是说他们的变化呢，可能不是通过一两句话就完全体现，这是一个可以猜测的地方

综上所述，语篇表征构建的过程在质性数据中比解析和意义表征构建相对更少见，且在访谈数据中出现的频率比有声思维中更多。本研究的质性数据中发现了两类语篇表征构建的信息加工过程，一类反映了听力理解中普遍性的策略，另一类则是考生针对人物观点本身进一步的意义建构。针对人物观点的语篇表征构建过程包括对观点的总结、比较和评价。当考生对表达观点的语句本身理解较准确时，语篇表征构建的信息加工也比较准确。反之，若考生在较低层次的理解中出现偏差，也会影响到语篇层面理解的效果。

4.1.6 元认知策略

本研究的质性数据中除了反映听力理解各层次的认知过程以外，还有一类思维过程反映了考生对听力理解的认识和调控，这些过程与 Field（2013）的听力理解模型中的 5 个层次都有关联，但其本身却是独立的一类，其实质为元认知策略（metacognitive strategies）。听力理解中的元认知策略指听者对语篇信息加工过程的调整、理解和反思（Field 2008；Vandergrift and Goh 2012）。元认知是对认知过程的有意识的思考，其具体形式比较复杂，具体分类需参考任务的性质和学习者所处的环境。对于听力理解元认知策略，Vandergrift（1997）、Goh（2002）、Badger 和 Yan（2009）等研究对听力理解元认知策略进行了分类。虽然分类思路相似，但由于研究条件的独特性，元认知策略的分类和策略运用不尽相同。由于本研究语篇主要内容为人物观点，是一类较少涉及的题材，因此在数据分析前并不了解考生的元认知策略。因此本研究在参考已有研究分类的基础上，结合质性数据中具体的策略运用，最终归纳了 4 类元认知策略，分别为注意力支配（controlling attention）、对理解的监控（comprehension monitoring）、对理解的评价（comprehension evaluation）和识别理解中的问题（identifying problems in comprehension）。

这 4 类元认知策略共包括 14 种具体策略，如表 4.7 所示。其中"对理解的评价"最常见，在非测试组数据中出现了 33 次，占全部意义单位的 7.64%。其次是"对理解的监控"和"识别理解中的问题"，各出现 25 次，每类占全部意义单位的 5.79%。"注意力支配"出现次数相对较少，共 14 次，占全部意义单位的 3.24%。在有声思维数据中，仅有"注意力支配"的 1 种策略运用（Mh）和"对理解的监控"的 5 种策略运用（Mc ~ Mg）出现过，且比例很小（4.10%）。相比之下，大部分元认知策略出现在访谈数据中，其中可发现全部 4 类 12 种策略，占据了访谈数据中超过半数的意义单位（53.05%）。这是因为在有声思维中考生的重点在口述所理解的内容上，其元认知策略不易体现出来，而访谈的内容则倾向于了解考生对人物观点理解的反思和评价，从而弥补了有声思维的局限性。具体而言，有关"注意力支配"最常见的策略是对重要信息的选择性关注（Ma）（13 次，3.01%）；"对理解的监控"中策略分布相对均匀，说明该过程可能与多个层次的认知过程关联，其中最常见的为承认听不懂的词汇（Me）（9 次，2.08%）；"对理解的评价"中出现最多的是对听力理解的总体评价（Mn）（24 次，5.56%），这与访谈中的提问有一定关联；关于"识别理解中的问题"，实质上是考生在访谈中对影响听力理解的语篇特征和个人特征的总结，发现其对前者的总结（20 次，4.63%）比后者（5 次，1.16%）更多。

表 4.7 非测试组听力理解元认知策略运用频率

信息加工过程	策略名称	代码	有声思维中的频率和比例	访谈中的频率和比例	质性数据中的总频率和比例
注意力支配 14（3.24%）	选择性关注	Ma	0	13（7.93%）	13（3.01%）
	记住语句的意义	Mb	0	1（0.61%）	1（0.23%）
	再次确认已理解的信息	Mh	1（0.37%）	0	1（0.23%）
对理解的监控 25（5.79%）	承认对关键词的遗忘	Mc	2（0.75%）	1（0.61%）	3（0.69%）
	承认对语句的遗忘	Md	4（1.49%）	2（1.22%）	6（1.39%）
	承认听不懂的词汇	Me	1（0.37%）	8（4.88%）	9（2.08%）
	承认听不懂的语句	Mf	1（0.37%）	2（1.22%）	3（0.69%）
	纠正之前听错的内容	Mg	2（0.75%）	0	2（0.46%）
	放弃理解听不懂的内容	Mi	0	2（1.22%）	2（0.46%）
对理解的评价 33（7.64%）	对人物观点理解的评价	Ml	0	8（4.88%）	8（1.85%）
	评价自己对听力语篇内容的预测	Mm	0	1（0.61%）	1（0.23%）
	对听力理解的总体评价	Mn	0	24（14.63%）	24（5.56%）
识别理解中的问题 25（5.79%）	总结影响理解的语篇特征	Mj	0	20（12.20%）	20（4.63%）
	总结影响理解的个人因素	Mk	0	5（3.05%）	5（1.16%）

（1）注意力支配

在听力理解中，考生对注意力的支配是必不可少的，可帮助其在语篇中找出理解人物观点最重要的关键信息，提高理解的效率。关注的信息包括不同层次的语言单位。

（9）总体来讲，就是每个人的观点也都能清楚。嗯，然后主要的其实是我不是很清楚 conventional medicine 和 alternative medicine 究竟指什么，然后我就只能不管，就把它先放着。他们提到的话我就标记一下，说他赞同哪个药，不赞同哪个药。

此例是考生在访谈中小齐（X2）对听力理解中难点的总结，其内容反映了考生重点关注的内容。以上话语来自医学讨论之后的访谈中。在本例中，小齐虽然不知道 conventional medicine 和 alternative medicine 的含义，但他意识到这两个名称本身并不是最关键的信息，而三位发言人对这两种"药（医学）"的态度才是最关键的。因此他在听的过程中特别注意人物观点。

（2）对理解的监控

无论是理解听力语篇的同时，还是在听力理解的反思中，都可发现考生对理解监控和调整的过程。考生发现听力理解中面临的问题，分析其性质和原因，并采取一定的应对策略。从本研究的质性数据中看出，对理解的监控体现了两个阶段的思维过程：首先是发现问题的阶段，考生意识到自己听力理解中的困难，并分析其引发的原因；其后是解决问题的阶段，考生通过新出现的信息纠正错误的理解，或暂时忽略问题。

听力理解中的问题主要有两种来源：一是遗忘的信息，二是考生自身语言知识的欠缺。以小刘（X5）在医学讨论语篇片段 3 的部分口述内容（例（10））和小于（X1）第一次访谈的部分内容（例（11））为例：

（10）那个 Mike 接着说他认为那个 Dr. Hall 是对的。然后就是中间忘了一段，他接着就问那个 Lucy 是不是不同意？是否同意这个观点？

（11）有一个是第五段和第六段，第五段的 cultural diversity 这个词我不认识，然后还有一个就是最后一段的 local，surrounding 听得不太清楚。

在例（10）中，小刘汇报了片段中间接引述的人物以及说话者之间的互动，遗忘了 Dr. Hall 在讲座中对替代医学的观点，反映了注意力或短时记忆的问题。在例（11）中，小于回忆起了听到但不认识的关键词，以及听到了关键词，却无法理解意义的语句，反映了考生词汇量以及信息加工自动化程度的问题。此外，这两个例子还反映了词汇和语句理解两个方面的问题，意味着人物观点理解中的困难可能存在于各个层次的信息加工过程中。对于问题的处理方式，研究发现了两种临场决策：其一为纠正错误，其二是策略性地忽略问题并转移注意力。总之，对理解的监控是发现并解决问题的过程，有助于考生遇到问题或困难时改善听力理解的质量。

（3）对理解的评价

对理解的评价从较为主观的视角描述考生对听力理解过程的感受，不但可以对自己的理解过程有更清晰的认识，还可以反映听力语篇的选材对人物观点理解的影响。如小张（X6）在第一次访谈中对全球化语篇中 James 的观点的评价：

（12）就是说她前面在肯定这个全球化，但是后面她其实是在做一个肯定之后又否定这样一个逻辑的时候，她可能没有否定，但是还有一点点转折。……对，她为什么要把这个拎出来，觉得逻辑上衔接不起来，她这儿举这个 English 为什么要举这个例子呢？所以我觉得如果我没有听到那个 but，我可能就不理解这最后一段说什么了。

小张（X6）在理解全球化语篇中 James 的观点时，发现录音中的内容不符合自己的预期，于是对所听到的关键信息和理解的过程进行了回顾，并对语篇中的逻辑产生了疑问。在回顾的过程中，她更加清晰地认识了自己理解人物观点的过程，指出了决定其正确把握语篇逻辑的关键词 but。另外，这段评论也说明，听力语篇的结构以及人物观点的呈现顺序和方式可能会影响听力理解，因此选材时需格外注意语篇内容的逻辑。

（4）识别理解中的问题

考生对人物观点理解的评价只能间接地反映影响听力理解的因素，而更多情况下考生则直接指出理解中存在的问题，并推测问题的原因。从他们总结的原因中，可以归纳出影响听力语篇中人物观点理解的因素，主要有语篇特征和考生特征两大类。语篇特征主要有三类，分别为不同说话者的音色、词汇特征和体裁。考生特征主要有两类，包括词汇知识和策略运用方法。

表4.8 为非测试组质性数据中总结的影响听力理解的主要因素。有关不同说话者音色的问题，其实质上是输入解码层面的困难（参见例（13））。有关词汇的问题也是考生特别关注的一个方面，考生认为听力语篇中词汇的难度（例（14））以及自己的词汇知识和词义理解的速度（例（15））对理解有影响。两个语篇体裁的不同则反映了语篇表征构建层面的问题，因为独白和对话中人物和观点的信息呈现和表达形式有所不同，导致语篇的内部逻辑和结构有所差异，从中可知该方面因素可能会影响语篇的整体性难度（参见例（16））。最后，策略运用方法也影响听力理解的效果，实质为元认知策略（参见例（17））。

表4.8 非测试环境下听力理解的影响因素

影响因素	具体归因	反映的信息加工过程	举例	数据来源
语篇特征	不同说话者的音色	输入解码	（13）这个（医学讨论语篇）比全球化语篇更难，因为这个是多人对话呀。多人对话中两个女生，一个男生。男生你能分得清，女生谁是谁，可能有些时候不知道……	小于（X1）第二次访谈
	词汇特征	词汇检索	（14）（医学讨论语篇中的难点主要在于）一些专有名词吧。比如说就是这些药物，一个是 alternative，一个是 conventional	小梁（X4）第二次访谈

续表

影响因素	具体归因	反映的信息加工过程	举例	数据来源
语篇特征	体裁	语篇表征构建	（15）我觉得这个肯定是全球化更简单，因为他就一个人说嘛，然后这个第二语篇难度更大，因为它是模拟的一个场景，他说话这个场景正常生活当中看到哪个人在说，然后你自己去脑补那个人在说话	小张（X6）第二次访谈
考生特征	词汇知识	词汇检索	（16）听不懂的词有点多……有的词是本来就不认识，有的是语速太快	小桑（X3）第一次访谈
	策略运用方法	元认知策略	（17）……就是可能因为我中间记笔记的时候是中英文夹杂着记的，所以（理解人物观点）可能会出现点问题……我需要把它（英文）转化成中文……我后面就拿英文记了	小齐（X2）第二次访谈

4.1.7 总体特点

从非测试组的质性数据中，本研究发现了6个类别的信息加工过程。前5个类别与Field（2013）听力理解模型中的层次吻合，即输入解码、词汇检索、解析、意义表征构建和语篇表征构建。最后一类是元认知策略，是对听力理解反思和调控的过程，对于人物观点理解是不容忽视的。

图4.1是非测试组质性数据中各类别信息加工过程频率的比例。在听力理解认知过程中，解析（20.83%）和意义表征构建（28.47%）出现的频率最多，是最受考生关注的两类过程，其次是语篇表征构建（16.44%），词汇检索

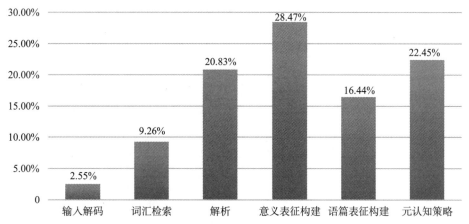

图4.1 非测试组质性数据中信息加工过程频率的百分比

（9.26%）和输入解码（2.55%）的过程显现较少。此外，元认知策略（22.45%）在质性数据中的频率占有相当客观的比例。图中数据说明听力语篇中人物观点的理解涉及各层次的认知过程和元认知策略，其中最为关键的环节为解析、意义表征构建和元认知策略。

表4.9总结了非测试组考生所运用的主要信息加工过程，其具体功能以及与其紧密关联的思维过程。其中，输入解码、词汇检索和解析属于低层次的认知过程，意义表征构建和语篇表征构建属于高层次的认知过程，注意力支配、对理解的监控、对理解的评价和识别理解中的问题属于元认知策略，这三类过程在听力语篇人物观点理解中各司其职，都对听力理解有重要贡献。另外，不同过程之间有着复杂而密切的关系，比 Field（2013）所描述的听力理解过程更为复杂（详见图5.1和图5.2）。

表4.9 听力语篇人物观点理解主要信息加工过程的功能与联系

信息加工过程	在听力理解中的功能	与其紧密相关的信息加工过程
输入解码	（1）对语音、音素、音节、单词的识别； （2）辨认由语音信息加工引发的听力理解问题	词汇检索、意义表征构建
词汇检索	对听力语篇中关键词或短语的把握	输入解码、解析、意义表征构建
解析	理解听力语篇中语句的意义	词汇检索、意义表征构建、语篇表征构建
意义表征构建	（1）在听力语篇中语句理解的基础上，进一步丰富其含义； （2）对低层次信息加工过程对于以理解的缺憾进行弥补	输入解码、词汇检索、解析、语篇表征构建
语篇表征构建	整合单个语句的含义，形成更为整体性、宏观的意义理解	解析、意义表征构建
注意力支配	考生将注意力集中在对听力理解最为重要的关键词或短语上	输入解码、词汇检索、解析
对理解的监控	考生对听力理解中存在的问题进行识别，有时可能会寻求解决方法	输入解码、词汇检索、解析
对理解的评价	考生评价当前听力理解的质量，或对即将播放的内容进行预测	意义表征构建、语篇表征构建
识别理解中的问题	考生总结影响其听力理解的语篇特征和个人因素	输入解码、词汇检索、解析、意义表征构建、语篇表征构建

4.2 听力多项匹配题考生作答认知过程

第二阶段研究按照研究问题 2 的内容，考察听力多项匹配题的作答过程，并将其与第一阶段非测试环境中的人物观点理解过程进行比较，以评价该任务类型的认知效度，并分析影响该任务认知效度的重要因素。

4.2.1 听力多项匹配题考生作答过程的特点

在第二阶段研究中，A 组和 B 组的 10 位考生参与了"测试环境"中的质性数据收集。本小节从整体性的视角描述考生在听力测试环境中作答的思维过程，比较其与非测试组相关过程的异同。通过质性数据的分析，本研究发现测试组的信息加工过程涵盖了非测试组所有相关类别，但思维过程的分类比仅理解听力语篇的情况更为复杂。

（1）测试组听力理解认知过程的特点

质性数据分析发现，测试组考生（A 组和 B 组）所运用的听力理解认知过程与非测试组（X 组）的相应过程总体上相似性较高。差异仅体现在两个细微的方面。第一是词汇检索和解析使用频率的比例略有差异，第二是测试任务可能会使具体策略的使用方式有所改变。

图 4.2 将非测试组和测试组 5 个层次的认知过程在质性数据中的比例进行了比较。图 4.2 显示，非测试组和测试组各层次的信息加工过程使用频率的比例（总数为反映了认知过程的意义单位的总数，非测试组 334 个，测试组 398 个）大体上呈现相似的趋势。对于这两种不同条件下的考生，意义表征构建过程的频率所占比例最大（非测试组 36.53%，测试组 38.44%），输入解码最不易被意识到（非测试组 3.29%，测试组 3.02%），两个组别的比例差别很小。语篇表征构

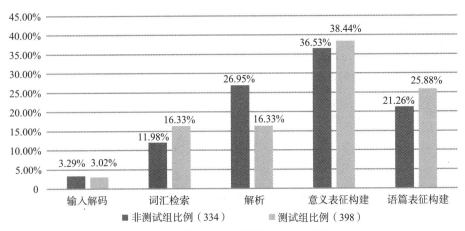

图 4.2　测试组和非测试组认知过程频率比较

建过程的比例测试组略高于非测试组（非测试组21.26%，测试组25.88%），但都小于意义表征构建的比例。相对比较明显的差异在于词汇检索和解析的比例。在非测试组中，解析所占的比例（26.95%）明显高于词汇检索（11.98%）；而在测试组中，这两个信息加工层次策略运用的频率恰好相同，各自占全体认知过程的16.33%。此差异说明测试组的考生比非测试组考生相对更多地关注对关键词或短语的把握，相对更少关注对语句字面意义的理解，这可能是听力测试的环境对考生听力理解认知过程的影响导致的。

表4.10展示了测试组和非测试组考生人物观点理解的认知过程具体运用方式的差异。对于测试组考生，在作答过程中可选择在听力理解中不作答或作答两种策略，而非测试组考生则无须考虑答题的情况。研究发现，在不作答的情况下，测试组和非测试组考生的信息加工方式没有差异，而在考生关注做题的情况下，对语篇中的细节性信息更为关注。

表4.10 测试组和非测试组考生认知过程运用方式的比较

组别	听力理解过程中不作答	边听边作答
测试组	普遍关注不同层次的意义理解	更加关注语篇中对细节性信息的理解
非测试组	普遍关注不同层次的意义理解	—

测试组与非测试组最大的差异是考生需要在听的过程中完成匹配任务。当考生尝试在理解语篇片段的同时进行作答的情况下，阅读、分析题目不但占用了考生相当一部分精力，还可能使得考生的注意力更加集中在语篇中与题项关键词对应的重要信息上，从而更加关注一些细节性信息的意义，忽略人物观点的整体含义。如对全球化语篇片段6的口述，测试组（例（18）选自小张（A1））和非测试组（例（19）选自小桑（X3））考生理解语篇的过程就有较大差异：

（18）嗯，这个题我就是听见两个人了，可能说话这个女生说的这个人本来就是Grant，他提James了，提到了这两个人名，然后他就提到语言了，他说这个英语方面什么事，这块儿就感觉应该是James的观点，所以是关于英语方面的一些内容。（答题过程略）

（19）这次呢他又举了一个例子，说一个叫Jim（James）的人，他说到Global，对，就是英语是对于商业和Tourism是很有用的，然后说这是全球化的一种语言，是不能决定当地的风俗和语言的，然后作者认为他的观点是很好的，并说这也是我想说的一个观点。一开始是Jim提出这个观点，作者很认同，然后说这也是他想提出来的一些观点。

从以上两例可知，小张（A1）与小桑（X3）在非测试环境下的理解差异较大。A卷和B卷的第一个匹配任务中的第三个题项为"It encourages the use of a same language."，测试组考生在语篇片段中听到人名后，又听到关键词"English"之后，就将其与观点中的"language"对应起来，以便答对题目，而并未关注人物观点完整的意义。在此过程中，小张（A1）格外关注听力语篇中对作答有帮助的关键词，更倾向于运用词汇检索层次的策略。小桑（X3）理解的内容虽有不准确之处，但该考生尽可能把语篇片段的全部内容按自己的理解从头至尾汇报了出来，不像测试组的两位考生只说出了前半部分的一些关键信息。

但测试组考生并不一定总是用唯一的方式作答，若考生选择在听力片段播放时间内专心理解，并延迟答题，其口述的思维过程就和非测试组差别不大。所以听力多项匹配题对考生认知过程的影响也因考生个人策略运用的方法和思路而异。

（2）测试组听力理解元认知策略的特点

测试组考生作答过程中的元认知策略虽然在分类方面与非测试组一致，但具体策略运用的种类比非测试组更丰富，且考生在此过程中关注的重点有所不同。考生在测试环境中思考的对象除了自己的听力理解，同时还关注答题过程，比非测试组的元认知策略更复杂。在本研究中，测试组中听力多项匹配题的设置不但导致元认知策略种类的增加，而且影响了各策略频率分布的比例，还使元认知策略的使用方式更加多样化。

测试组的元认知策略同样有 4 类：注意力支配、对理解的监控、对理解的评价和识别理解中的问题，但总共有 16 种具体的策略运用，比非测试组多 2 种，另有 1 种策略的名称和含义与非测试组相对应的策略略有差异。测试组新增的两种策略为"将听到的内容与题干或选项的内容对应（Mo）"和"承认未发现听到的内容与题干或选项的内容对应（Mp）"，这两种策略都与匹配题的作答有关，反映了考生在听力理解过程中对题干或选项所对应的关键信息的关注。其中 Mo 属于"注意力支配"的思维过程，Mp 实质为"对理解的监控"。此外，"识别理解中的问题"中的一种策略运用为"总结影响理解的任务特征（Mj）"，其命名与非测试组中"总结影响理解的语篇特征"略有不同，因为在测试环境中考生目的为完成匹配任务，发现的问题不仅限于语篇的理解，其他还有与作答直接关联的任务特征。

图 4.3 是非测试组与测试组听力理解元认知策略使用频率的比较。非测试组和测试组中 4 种过程的比例是根据每个组别的意义单位总数计算的（排除"无效数据"，非测试组共 432 个单位，测试组共 963 个单位）。统计结果显示，对于注意力支配（非测试组 3.24%，非测试组 5.61%）、对理解的监控（非测试组 5.79%，测试组 7.89%）和识别理解中的问题（非测试组 5.79%，测试组 11.73%）这三种思维过程，相关策略的百分率都在测试组中更高，只有"对理解的评价"情况相反（非测试组 7.64%，测试组 4.46%）。这说明测试组考生在作答过程中对注意力的支配、理解的监控以及对理解中遇到问题的总结有更多关注，但较之非测试组，对自己听力理解的评价更少。这很可能是由于测试环境的特殊条件导致的：考生在听力测试中的主要目标是在听力理解的基础上完成测试

任务，目的性更强，在此过程中可能加强了对作答有关的信息及问题的关注程度。另外，由于考生的精力更多聚焦在完成作答方面，可能因此使得他们对听力理解效果的关注不如非测试组。

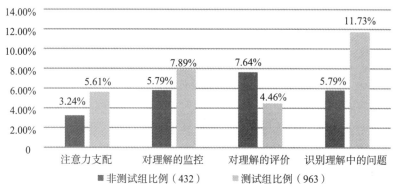

图 4.3　非测试组与测试组听力理解元认知策略使用频率比较

表 4.11 对测试组和非测试组考生的元认知策略运用方式进行了比较。对于测试组考生，其注意力支配、对理解的监控和识别理解中的问题的使用更加关注听力多项匹配题的作答，只有对理解的评价重点关注人物观点的理解。非测试组考生由于不作答，全部元认知策略都关注人物观点的理解。

表 4.11　测试组和非测试组考生元认知策略运用方式的比较

元认知策略	测试组	非测试组
注意力支配	更多集中于听力任务的作答	集中于人物观点的理解
对理解的监控	更多集中于听力任务的作答	集中于人物观点的理解
对理解的评价	集中于人物观点的理解	集中于人物观点的理解
识别理解中的问题	更多集中于听力任务的作答	集中于人物观点的理解

在 A 组和 B 组考生的质性数据中，本研究在反映听力理解元认知策略的数据中发现部分与作答紧密关联的数据。测试组这部分思维过程与非测试组不同，从中反映出考生对匹配任务的格外关注。这可以解释测试组与非测试组元认知策略频率的差异。首先看小陈（B5）在第二次访谈中对第二部分任务难度的评价：

（20）第二题对我个人来讲，它这几个选项就比较简单，比较好懂。基本看了一遍，就知道它是什么意思，掌握得比较清楚，所以接下来我主要就是在听他们在说什么（观点）。然后在对话的时候就感觉这个难度不是特别大。

在例（20）中，小陈总结了第二部分任务作答中选择性关注的过程。考生阅读了题目中的人物观点，事先了解了几位说话者可能会表达的观点，并在听对话的过程中重点关注与此有关的信息。在此过程中，是听力匹配任务的内容引导了考生的注意力，使其特别关注语篇中的某一类信息。

测试组考生对理解的监控有时也在作答过程中进行，如小曹（A5）对于医学讨论语篇片段4的口述：

> （21）做题时看了一下，Lucy 选了 B。这个 evidence，我不记得它是什么意思，但我觉得它应该是一个好的方向。然后还有那个 alternative medicine works，就是它发挥了作用，所以就是好的。

小曹在答题的过程中发现在听力材料和题干中都出现过的"evidence"这个词，而自己不知道该词的意思。由于她感到这个词对作答很关键，于是根据语篇提供的语境信息和题干中的内容猜测词汇意义。这说明测试组考生有时以答题为目的，在解决问题的过程中审视并调整自己听力理解的过程。

此外，测试组考生在总结听力理解中遇到的问题时，也经常表达出自己对本研究所使用的任务类型的看法。对于听力理解的评价，测试组考生在对理解的效果或困难简短评价之后，倾向于将注意力转到对答题的过程或对试题设计的评价上。可见在测试环境中，考生显然在对听力匹配任务的关注上耗费了较大精力，对审视自己的听力理解不如非测试组重视。

（3）阅读理解策略的特点

听力测试虽然测量听力理解能力，但需要通过测试任务考察相应构念，而任务设计只要以书面形式呈现，在作答过程中就无法避免阅读能力的运用，因为考生需要在理解任务要求和题项内容的基础上再作答。但听力测试中的阅读理解是一类与测试构念无关的思维过程，可能会对考生的听力理解带来额外的认知负担（Wu 1998；Field 2012，2013；Elliott and Wilson 2013）。听力多项匹配题的设计应尽量减小测试环境下阅读负担对听力理解的影响，了解考生作答过程中使用的阅读策略以及使用的频率、使用的方式和效果，可加深本研究对该任务类型构念效度的认识。

表4.12是测试组阅读理解的信息加工过程及策略运用频率分布。本研究中的信息加工过程根据阅读的目的分为两类：理解任务要求和理解匹配内容。"理解任务要求"可分为明确语篇主题（Ra）、理解题目要求（Rb）和浏览题目外观（Rf）三种策略，"理解匹配内容"可分为阅读题干或选项内容（Rc）、根据题干或选项内容进行推断（Rd）和评价阅读题干或选项的效果（Re）。阅读理解过程占质性数据全部意义单位的13.71%，主要在有声思维数据中出现（17.35%），访谈中出现较少（3.54%）。这说明阅读过程是考生作答中即时的思维过程，在听力测试的答题过程中虽然所占比例不大，但足以对听力理解带来一定程度的影响。在阅读理解中，考生花费了大部分精力理解题目中与匹配有关的内容（8.93%），主要体现为阅读题干或选项内容（58次，6.02%）；少部分

精力用于理解任务要求（4.78%），主要体现在"理解题目要求"上（3.95%）。

表4.12　测试组阅读理解策略运用频率分布

信息加工工程	策略名称	代码	有声思维中的频率和比例	访谈中的频率和比例	质性数据中的总频率和比例
理解任务要求 46（4.78%）	明确语篇主题	Ra	13（1.83%）	0	13（1.35%）
	理解题目要求	Rb	28（3.95%）	1（0.39%）	29（3.01%）
	浏览题目外观	Rf	4（0.56%）	0	4（0.42%）
理解匹配内容 86（8.93%）	阅读题干或选项内容	Rc	56（7.90%）	2（0.79%）	58（6.02%）
	根据题干或选项内容进行推断	Rd	8（1.13%）	0	8（0.83%）
	评价阅读题干或选项的效果	Re	14（1.97%）	6（2.36%）	20（2.08%）

表4.13展示了阅读策略对测试组考生作答信息加工过程的影响。在读题准备时间，阅读策略促进考生的听力理解，主要有益于高层次的听力理解认知过程，帮助考生提前获取有关听力语篇的信息。在作答过程中，匹配题题干和选项的内容虽然能够提示考生关注语篇中的关键信息，但容易为他们的听力理解带来额外的负担，主要受到影响的是低层次听力理解认知过程。

表4.13　测试组考生阅读策略运用的效果

运用时机	对听力理解的促进作用	对听力理解的阻碍作用	受影响的听力理解过程
读题准备时间	获取与匹配任务和语篇主题相关的信息	—	高层次听力理解认知过程
作答过程中	匹配题题干和选项的内容有助于考生获取理解人物观点的关键信息	匹配题题干和选项的内容为考生的听力理解增加认知负担	低层次听力理解认知过程

考生的阅读策略主要运用于两种情况，分别为读题准备的时段和听录音的过程中。在读题准备时段，考生的阅读主要是为了获取与匹配任务相关的信息，与听力理解的过程不冲突。在语篇播放过程中，考生的阅读主要为将关键信息匹配起来，并完成作答，相关过程在听力理解中进行，容易为考生带来额外的认知负担。具体参考小宋（A3）第一部分任务读题准备时段（例（22））的部分内容：

(22) 看到了有五道题，然后有三个框，那个题目要求是在人物名字下面，谁表达了哪个观点，在那个方框里面打钩。由细节性的信息看到了这是一个讲座，是有关language、culture的，然后就是还有一些什么在旅游中的好处，还有些类似的东西。

例（22）反映了小宋（A3）在全球化语篇播放之前的思维过程。她首先浏览了该任务的题干、选项和外观形式，然后阅读了任务说明，理解了任务要求。从题目的信息中，考生重点关注了语篇主题，以及题干中的一些关键信息。在这段时间内，小宋所阅读的内容是为了熟悉匹配任务的形式和要求，了解语篇的主题，并从题项中预先推测有关作答的关键信息。考生的思维过程完全是以完成测试任务为导向的，这样的过程在非测试组中不存在，但在这段时间内，考生也对语篇的主题和即将出现的关键信息进行了预判，在头脑中激活了语篇内容的图示。

听力测试中的阅读理解过程有两个方面的效果，可以促进听力理解，也可以阻碍听力理解。但作为与听力构念无关的因素，两种情况都会使得测试环境中和非测试环境中的思维过程有所不同。但经历该过程后，考生对语篇的理解可能有部分来自题目中的书面信息，并非全部来自听力理解本身。这反映了听力多项匹配题表达观点的题干或选项为听力理解增添了负担，考生在此过程中往往需要多任务处理（Wickens 1984）。另外，考生的词汇量也与其所感受到的阅读负担有关联。

(4) 答题过程的特点

本研究的听力测试环境中由于设置了匹配题，考生需要将题目中特定的人物和观点联系起来，并选择正确的选项，完成测试任务，因此考生在听力理解的过程中免不了夹杂一系列与答题有关的过程。由于听力测试以任务的形式考察考生对人物观点理解的把握，考生的作答过程实质上是完成任务的过程，即问题解决的过程。对于问题解决的信息加工过程，本研究借鉴了认知心理学中 Sternberg（2003：361）的框架，其名为"问题解决循环模式"（Problem–Solving Cycle），共分7步，先后为：问题识别（problem identification）、问题界定及呈现（problem definition and representation）、策略规划（strategy formulation）、对信息的组织（organization of information）、认知资源配置（resource allocation）、对问题解决的监控（monitoring of problem solving）和对问题解决的评价（evaluation of problem solving）。该框架中的前两个阶段在听力测试中体现为考生对匹配任务要求和内容的熟悉过程，其中部分思维过程体现在阅读策略中，不属于答题过程。框架中的后5个阶段都是答题过程的一部分，在质性数据中可以找到与其对应的策略运用。这些思维过程体现了听力测试中考生对于答题相关的信息处理过程，与非测试环境中听力理解的过程不同，与测试任务的构念无关。答题过程的特点及其与听力语篇中人物观点理解的联系揭示了听力多项匹配题构念效度的特点。

表4.14显示了有关答题过程各策略在质性数据中的频率。测试组的答题过程分为5类，每类对应1~3种策略，共9种（名称及策略代码如表中所示）。答题过程占质性数据中全部意义单位的15.26%，是一类不容忽视的过程。其中有声思维数据中该过程占18.62%，在访谈数据中占5.91%，说明答题过程主要是

在听力理解同时进行的思维过程。在 5 类信息加工过程中,"对问题解决的评价"最为常见(77 次,8.00%),其中考生更倾向于在比较有把握的情况下直接作答(Pa 共 52 次,5.40%)。其次为策略规划(29 次,3.01%)和认知资源配置(26 次,2.70%),从中可知 Pd(12 次,1.25%)、Pe(17 次,1.57%)和 Pi(26 次,2.70%)也是答题过程中时有体现的策略。对问题解决的监控(13 次,1.35%)和对信息的组织(2 次,0.21%)比较罕见。

表 4.14 测试组答题过程策略运用频率

信息加工工程	策略名称	代码	有声思维中的频率和比例	访谈中的频率和比例	质性数据中的总频率和比例
策略规划 29(3.01%)	猜测正确答案	Pd	11(1.55%)	1(0.39%)	12(1.25%)
	制定答题策略	Pe	13(1.83%)	4(1.76%)	17(1.57%)
对信息的组织 2(0.21%)	比较不同题目的内容	Pc	2(0.28%)	0	2(0.21%)
认知资源配置 26(2.70%)	延迟作答	Pi	24(3.39%)	2(0.79%)	26(2.70%)
对问题解决的监控 13(1.35%)	修改答案	Pf	3(0.42%)	0	3(0.31%)
	对答题的评价	Pg	4(2.36%)	6(0.56%)	10(1.04%)
对问题解决的评价 77(8.00%)	直接选择答案	Pa	52(7.33%)	0	52(5.40%)
	评估正确答案的可能性	Pb	20(2.82%)	0	20(2.08%)
	预测答题效果	Ph	3(0.42%)	2(0.79%)	5(0.52%)

表 4.15 展示了测试组考生运用答题策略的效果。答题策略的本质为问题解决的认知过程,其对听力理解既有促进作用,也有阻碍作用。一方面,答题策略对某些方面元认知策略的运用有促进作用;另一方面,其对高层次和低层次的认知过程也有一定程度的阻碍作用。

表 4.15 测试组考生运用答题策略的效果

影响效果	具体影响方式	受影响思维过程
对听力理解有促进作用	(1)引导听力理解的注意力; (2)监控听力理解过程	元认知策略
对听力理解有阻碍作用	(1)运用逻辑进行推测; (2)增加听力理解的认知负担; (3)在部分理解的情况下作答	高层次和低层次的认知过程

表 4.16 反映了听力多项匹配题答题过程的运用方式和过程。针对 5 类信息

加工过程,本研究从测试组考生质性数据中各举一例,用以展现答题过程与听力理解过程的关系。虽然答题过程中展现的问题解决能力与听力理解能力不同,但作为考生的听力理解中同时进行的过程,其与人物观点理解的过程有紧密的联系。答题过程与阅读理解过程相似,具有两面性:一方面可促进听力理解,为其带来便利;另一方面会为听力理解带来额外的负担,造成阻碍。

表 4.16　测试组答题过程运用方式和过程的举例

重点体现的信息加工过程	重点运用的答题策略	举例	数据来源
策略规划	Pe	（23）读时肯定是先看关键词,前面是 it brings benefits,然后就是关键词 it contributes。至于其他的那些,因为它前面这些词都是不一样的,所以至于到底是什么内容,我觉得可以到时候再听	小殷（B1）第一部分任务读题时间口述
对信息的组织	Pc	（24）因为这个第四题跟第五题的句意比较像,然后我现在是在确认第五题肯定是 Bill 说的,那我要是猜的话就也猜这个第四题是 Bill 说的……	小张（A1）第一部分任务片段 6 口述
认知资源配置	Pi	（25）有关答题,我现在头绪有点乱,我需要再仔细想想,之后再回答,我应该会先把我自己确定的先选上	小赵（A2）第一部分任务片段 6 口述
对问题解决的监控	Pf	（26）Mike 好像是认为这个和刚才的观点一样,alternative medicine 根本就不能当作是一个 medicine。所以我觉得这个应该是在 Mike 这里打钩,然后之前那个 Susan 可能那是听错了吧,所以 Mike 还是更确定一点……	小陈（B5）第二部分任务片段 3 口述
对问题解决的评价	Pb	（27）我是从第一句话里看 Susan 这个人,她就是认为这个 alternative medicine 不应该当作一个正规药物,所以这个 Susan 匹配的选项里面,持否定态度的这几个。我看这个是 A 的可能性比较大,它应该能匹配上 Susan	小张（A1）第二部分任务片段 1 口述

答题过程对听力理解的辅助主要体现在两个方面。一方面,在答题过程中,匹配任务的内容可以引导考生的注意力,使其格外关注有关人物观点的关键信息。这种情况经常在读题时间的口述中体现（参见例（23））。另一方面,作答过程可以促进考生对听力理解的监控（参见例（26））。

此外,答题过程也会给考生的听力理解带来阻碍,这主要体现在三个方面。第一,在考生部分理解了某些人物观点的情况下,他们可能会运用逻辑对正确的答案进行推测，该能力与听力理解能力并无关联（参见例（24））。第二，答题过程在考生的听力理解中占用一定的认知资源，比较耗费精力。为此考生有时在加工了语篇内容后，来不及作答，于是会选择暂时延迟作答，将精力集中在听力理解上（参见例（25））。第三，由于匹配题为选择性作答方式的任务类型，作答过程中猜测的行为是无法避免的。但在听力多项匹配题的答题过程中，随机猜测的现象也比较少见，更常见的是部分理解的情况下对正确答案的推测，这种策略使"碰巧答对"的情况难度更大（参见例（27））。

4.2.2　匹配特征对考生作答信息加工过程的影响

在分析了测试组考生听力多项匹配题作答过程特点的基础上，本研究对不同任务特征的听力多项匹配题的认知效度展开更为细致的讨论。本小节分别探索不同匹配方式和不同体裁的匹配任务考生作答过程的差异，考察不同设计形式对听力多项匹配题认知效度的影响。

（1）匹配方式对考生作答过程的影响

在听力测试第二版中，A卷第1部分（全球化语篇）和B卷第2部分（医学讨论语篇）采用的匹配方式是"观点-人物"，其中观点的内容置于题干的位置，人物的名字置于选项的位置。如此题干较长，选项较短，均采用表格的外观设计。A卷第2部分（医学讨论语篇）和B卷第1部分（全球化语篇）采用"人物-观点"的匹配方式，其中人物的名字置于题干位置，观点内容设为选项。由于题干较短，选项较长，宜采用选项在上、题目在下的外观形式，与IELTS近年来听力多项匹配题的外观形式相近。为了单独分析不同匹配方式对作答过程带来的影响，本研究分别讨论相同语篇不同匹配方式的任务作答过程的异同，分两组比较：A卷第1部分、B卷第1部分为一组，A卷第2部分、B卷第2部分为另一组。质性数据分析发现，在听录音的过程中，匹配方式对作答过程的影响并不明显，但在读题准备时间和访谈中，考生对不同匹配方式的任务有不同的认识和感受。

表4.17总结了不同匹配方式的任务对A组和B组考生作答过程的影响。尽管在听力播放时段的事后口述数据中，本研究在两个组别的考生中均未观测到因匹配方式引起的差异，但读题准备时段和访谈时段的情况反映了具有一致性的结果。无论是A组还是B组的考生，不管对何种话题或体裁听力语篇的匹配任务，都对"人物-观点"匹配方式的任务感到更为陌生，认为其难度相对较大；对"观点-人物"匹配方式的任务感到更为熟悉，认为其难度相对较小。

表 4.17　不同匹配方式的任务对考生作答过程的影响

数据收集时段	A 组考生情况	B 组考生情况
读题准备时段	普遍认为医学讨论语篇（"人物－观点"匹配方式）形式更新颖，全球化语篇形式更熟悉（"观点－人物"匹配方式）	普遍认为全球化语篇（"人物－观点"匹配方式）形式更新颖，医学讨论语篇形式更熟悉（"观点－人物"匹配方式）
听力播放时段	未观测到差异	未观测到差异
访谈时段	普遍对医学讨论语篇任务（"人物－观点"匹配方式）的作答感到更困难，对全球化语篇任务（"观点－人物"匹配方式）的作答感到更有信心	普遍对全球化语篇任务（"人物－观点"匹配方式）的作答感到更困难，对医学讨论语篇任务（"观点－人物"匹配方式）的作答感到更有信心

在考生理解听力语篇片段并作答的过程中，其注意力主要集中在理解语篇中人物观点的内容上，并未对匹配方式体现出特别的关注。对于一个独立的语篇片段，在测试组考生选择延迟作答的情况下，A 组和 B 组考生口述的内容与 X 组无显著差别。在测试组考生将听力理解和答题过程结合起来时，A 组和 B 组考生更加关注与题干或选项直接相关的内容，不像非测试组更集中于讲出语篇片段原本的意义，但对于同一部分任务，A 组和 B 组的口述没有体现出匹配方式对作答过程的影响。

但在读题准备时间，考生有时间浏览匹配题的题目要求、题项内容和外观形式，此时他们对不同匹配方式任务的看法和感受就体现了出来。虽然几乎所有考生都会尝试弄清题目要求，并或多或少地阅读题干和选项内容，但他们显然对不同形式的任务的熟悉程度和接纳程度不同。对于全球化语篇的匹配题，两种不同的匹配方式对考生都是比较新颖的，但 B 组考生比 A 组考生对任务的作答要求显然更为关注。当考生开始医学讨论语篇的作答时，已经对匹配题的形式感到适应，较少表达对匹配方式的新鲜感，但仍然以多项选择题为参照对象，将匹配题的形式与其比较。

在作答结束后，考生在访谈中对不同匹配方式任务的评价与听力语篇播放之前一致。对于全球化语篇的匹配题，当研究者在第一次访谈中问及在作答中遇到的困难时，小赵（A2）（例（28））和小王（B4）（例（29））对同一部分任务困难之处归因不尽相同：

（28）（第一部分困难之处）我觉得主要在词汇，而且逻辑上也比较难。就拿我们考试（单选题）举个例子……会有 A、B、C 选项，就是这三个。然后题目……会把三个选项都给播放一遍，有时候可能答案在其中，这个是相对比较简单的逻辑。……（但是第一部分）显然听完之后就一头雾水，（没有记住）这三个人的名字是谁，哪个人说了什么，这是比较困难的一点。

（29）我觉得这个题跟平常做的不太一样，因为平常基本是单选。而这个题因为可以有重复，所以我选择的答案就有一点不确定。就是一道题可以选不止一个选项那种，就是我说的重复。而且，毕竟这是人物和观点之间的联系呀，观点它就比较长，思想复杂，所以选的观点多了就会觉得相对有点费劲。但如果是谁在什么时间出发、谁谁谁去哪儿的话，那就应该会好一些吧。

小赵（A2）回答的 A 卷第 1 部分听力多项匹配题的匹配方式为"观点 - 人物"，以表格的形似呈现。由于该题作答的方式与只选一项的多项选择题相似，考生对这种形式相对熟悉，在评论中未提到这一点的影响，而是把评述的重点放在了词汇和逻辑上。该考生所说的"逻辑"指匹配题考察的内容，在该任务中以人物和观点的匹配，小赵感到理解人物观点比理解简单的事实性信息难度更大，为此他举了一个三个选项的多项选择题的例子进行比较。

小王（B4）回答了 B 卷，其中第 1 部分的匹配方式为"人物 - 观点"，与 A 卷第 1 部分正好相反，以选项在上、题干在下的形式呈现。小王对这个任务的匹配方式非常关注，并将其与多项选择题进行了比较。她表示平时做的"单选题"每题只选一项，而该匹配任务每题可选不止一项，难度更大，对作答的结果并不很有信心。另外，小王同样也表示人物观点的理解比简单事实性信息的理解更复杂，但这只是影响任务难度的原因之一。

在医学讨论语篇结束后的第二次访谈中，考生对第 2 部分任务的评论也采用了与第 1 部分相似的思路。他们仍以在平常练习或测试中的多项选择题为参照，并将匹配任务的形式与其比较。如小赵（A2）（例（30））和小陈（B5）（例（31））对第 2 部分任务难度的评论：

（30）（第 2 部分任务的设计形式）一定程度上不舒服，因为如果是在平常的考试中，这种题型类似于阅读测试中的七选五，我会把我排除的一些选项给划掉。眼睛不容易辨别，它到底是选过的还是没选过的，有些时候就不确定。

（31）这个表格形式是吧？以前就没有见过，就是很少做过表格题，在表格后面画选项。看的时候就是 Susan、Mike、Lucy，看了一段时间之后，想到原来是判断第四个题到底是其中谁的观点。但是以前没见过，以前我听的都是单选题，比如说给一个题干，然后从 A、B、C、D 4 个选项中进行选择，没见过这个形式。A 是 Susan，B 是 Mike，C 是 Lucy，对现在直接画表格的形式稍微有点不熟悉，但是后来做着做着就觉得熟悉了。

在例 30 中，小赵（A2）所回答的 A 卷第 2 部分任务的匹配方式为"人物 - 观点"，以选项在上、题目在下的形式呈现。在评价医学讨论语篇的设计形式时，将该任务与高考英语阅读中的"七选五"题型进行比较，并指出该题型每个选项只选一次，可用排除法，而对于这个匹配任务则不确定。显然，小赵对第 2 部分任务的匹配方式比较陌生，对任务要求不太熟悉，暗示该因素可能影响其作答。

在例（31）中，小陈（B5）作答的B卷第2部分任务匹配方式为"观点－人物"，以表格的形式呈现。小陈表示表格这种形式在其平时的练习题中比较少见，但随着他将多项选择题的做题经验迁移到匹配题的作答中后，对该任务的形式逐渐适应了。这可反映出"观点－人物"的匹配方式虽然比较新颖，但考生对其适应性相对较强。

有关匹配方式对考生作答过程的影响，读题准备时间口述和访谈数据中反映了一个共同规律：考生倾向于使用自己多项选择题的做题经验与匹配题的任务特征相比较，并以两者之间的相似程度评价试题的难易程度以及作答感受。考生对"观点－人物"匹配方式的任务（A卷第1部分和B卷第2部分）更为青睐，因为此类任务每题只选一个选项，与他们平时练习的多项选择题相似度较高，对答题更有信心，预计难度也更低；而"人物－观点"匹配方式的任务（A卷第2部分和B卷第1部分）不受考生欢迎，因为此类任务每题可选不止一个选项，且选项数量多于项目数量，形式上相对比较复杂，与多项选择题相似程度较低，因此对答题相对缺乏信心，主观上感到题目较难。可见考生对匹配题设计形式的评价完全以自己的做题经验为中心，上述现象很可能是平时练习的任务类型过于单一所引起的。

虽然对不同匹配方式的听力多项匹配题，考生的感受和对难度的评价有所差异，但考生的作答效果在何种程度上受该特征的影响，不同水平考生受此影响的程度是否相同，无法从质性数据中获悉，有待在第三阶段研究中验证。

（2）体裁对考生作答过程的影响

本研究选择的两个语篇分别是两类不同的体裁，第一篇是有关全球化的演讲，形式为独白；第二篇是有关医学研究的讨论，形式为三人参与的对话。虽然这两个语篇都符合设计匹配题的条件，但由于人物和观点的语言信息在语篇中呈现的顺序和结构不同，因此A卷和B卷第1部分和第2部分人物的匹配顺序正好相反。此外，体裁的差异使得不同语篇录音的特征和语言的特色也有所不同。本研究可从质性数据中分析体裁影响考生听力理解过程或作答过程的具体方式，探索不同体裁匹配任务的认知效度。为此，研究首先从访谈数据中归纳出影响不同体裁任务难度的主要因素，其后结合有声思维中的数据，详细说明这些因素对听力理解即匹配题作答过程的影响方式。

研究者在测试组和非测试组每位考生的第二次访谈中都请考生对两个语篇的难度做了比较。在考生的回答中，排除了匹配题设计形式因素的干扰，仅考虑与语篇内容有关的因素。因此，A组、B组和X组的16人的数据全部适用于分析。

图4.4统计了测试组和非测试组考生对两种体裁语篇难度不同评价的比例。该图显示，7位考生（43.75%）认为全球化语篇更简单，6位考生（37.50%）认为医学讨论语篇更简单，另有2位考生（12.50%）认为两者难度相当，仅有

1人（6.25%）未表态。两种主要选择认识相近，说明考生对独白和对话这两种体裁总体难度的感受并不存在明显偏倚。

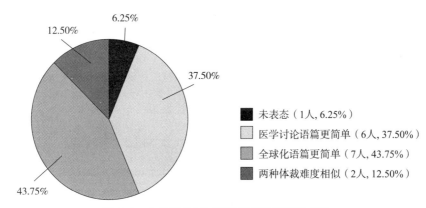

图 4.4　全体考生对不同体裁语篇难度的评价

在每位考生的第二次访谈中，共有 14 位考生在不同体裁语篇的难度做出评价后，对自己的判断进行了解释。从相关质性数据中可发现，4 种影响考生对不同体裁难度的评价因素，都与语篇内容有关，如表 4.18 所示。4 种因素分别为匹配顺序（在非测试组中体现为人物和观点的对应顺序）、观点区分度、词汇特征和音色辨认。匹配顺序是影响考生对语篇难度感受最普遍的决定因素之一，14 位考生中有 10 位表示语篇中人物和观点的逻辑顺序是影响语篇难度的要素之一（参见例（32））。人物观点的区分度也是影响考生对语篇难度判断的因素之一，有 4 人提到了该因素的影响（参见例（33））。此外，词汇特征也影响了考生对不同体裁语篇难度的评价，共有 4 位考生表达了此观点（参见例（34））。最后一种因素是不同说话者之间的音色辨认，虽然只有 3 人在比较不同体裁时提到了这一点，但也是一个不容忽视的因素（参见例（35））。

表 4.18　影响考生对不同体裁语篇难度感受的主要因素

影响因素	归因人数	考生	举例	数据来源
匹配顺序/人物和观点的对应顺序	10	小赵（A2） 小曹（A5） 小殷（B1） 小林（B2） 小陈（B5） 小齐（X2） 小桑（X3） 小梁（X4） 小刘（X5） 小张（X6）	（32）（医学讨论语篇）它跟第一篇不一样，它不是三个人依次表达自己的观点，而是穿插着一起来表达的，而且它也不是一个人一个人的顺序，差不多就是因为这一点而比较难。第一部分容易，主要是因为它是按顺序说的，就是一个人就一块。只要这时候专注想这一个人就可以了	小曹（A5） 第二次访谈

续表

影响因素	归因人数	考生	举例	数据来源
观点区分度	4	小张（A1） 小王（B4） 小陈（B5） 小刘（X5）	（33）然后就是（医学讨论语篇）放的每一段录音里边，有些内容重复的部分比较多。再有就是感觉这个题的立意本身就是围绕着这三个人同意与否的立意，所以我在听的时候，就从录音里边抓这三个人说话的时候表达的那个意思里边表示的是同意还是不同意，抓这个重点就可以了……	小张（A1） 第二次访谈
词汇特征	4	小张（A1） 小赵（A2） 小宋（A3） 小于（X1）	（34）（全球化语篇的）词就很简单啊，哎呀……也不是很简单了，相对于后面来说肯定是简单一些的，没有那么专业的词汇……	小于（X1） 第二次访谈
音色辨认	3	小殷（B1） 小于（X1） 小张（X6）	（35）下面这个（医学讨论语篇）就是一会儿这个人说，一会儿那个人说。那个男的声音反而好辨认，肯定是很好辨认啊。但那两个女的声音有的时候就会有点混乱，到底是谁之前说的哪句话？就是这种感觉	小殷（B1） 第二次访谈

在有声思维中，可以找到这4种与体裁相关的因素直接影响考生作答过程的证据。首先，决定试题中匹配顺序的语篇特征为人物和观点呈现的顺序，而实际上除了对话，考生有时也会混淆独白的匹配顺序。在医学讨论语篇片段的有声思维数据中，考生对三位说话者观点的总结确实能体现出三人观点的差异相对比较明显，易于总结。其次，不同体裁的语篇中与话题紧密联系的词汇确实有可能影响考生的听力理解。最后，由于在对话中有三位说话者，同一性别说话者的音色辨认确实是一个普遍的难点，而在独白中则不存在这种情况。

通过有声思维和访谈中的质性数据，虽然能发现独白和对话中影响听力理解或作答过程的主要因素，展现这些因素具体的影响方式，但无法揭示相关因素对考生测试表现的影响程度，也不清楚体裁与匹配方式和不同考生水平之间是否存在显著的交互作用。这需要在第三阶段的研究中加以验证。由于匹配顺序是与体裁联系最紧密的因素，而另外三种因素也与匹配的信息紧密相关，本研究在后续阶段重点分析匹配顺序与测试表现之间的联系。

4.2.3 不同水平考生作答过程的差异

Field（2013：80）提出的听力测试认知效度分析框架从三个方面比较测试任务与其对应的真实语境中信息加工的异同，分别为相似性（similarity of processing）、综合性（comprehensiveness）和区分性（calibration）。除前两个方面之外，还要考察测试任务能否合理区分不同英语水平的考生，涉及试题的"区分性"。本小节首先从整体上总结不同水平考生的作答效果，其后分别比较他们在全球化和医学讨论语篇的匹配任务中的作答过程，最后将高低水平考生对两部分任务作答过程的特点进行比较。

（1）不同水平考生的作答效果

从10位考生的作答过程和测试结果中可发现，听力测试对不同水平考生的作答总体区分性良好。这一点主要体现在两个方面，其一为不同水平考生的总得分，其二为人物观点理解与作答效果对应关系的频率分布。前者具体表现为不同水平考生听力测试得分的差异，后者体现为全体和不同水平考生听力理解和作答结果相符合的比例。

表4.19描述了A组和B组考生在听力测试中每题的作答情况和评分，以及每个任务和两部分任务的总得分。在听力测试第二版中，每部分任务各5分，满分10分。从总分来看，5位高水平考生平均8.2分，小张（A1）、小曹（A5）、小殷（B1）、小冯（B3）、小陈（B5）的成绩分别为5分、10分、8分、10分、8分；5位低水平考生平均4.6分，小赵（A2）、小宋（A3）、小王（A4）、小林（B2）、小王（B4）的成绩分别为4分、3分、4分、6分、6分。高水平考生的得分明显高于低水平考生，说明该测试对高低水平考生成绩的区分效果良好。唯一的例外是高水平组的小张（A1）的成绩（5分）略低于低水平组小林（B2）、小王（B4）的成绩（均为6分）。

表4.19 测试组全体考生作答内容和结果

考生	英语水平	第1部分作答和评分	第1部分总分	第2部分作答和评分	第2部分总分	总得分
小张（A1）	高水平	Grant——0 Bill——1 James——1 Bill——0 Bill——1	3	AE——0 C——1 B——1	2	5
小赵（A2）	低水平	Grant——0 Bill——1 James——1 Bill——0 Grant——0	2	AD——0 CE——1 B——1	1	3

续表

考生	英语水平	第1部分作答和评分	第1部分总分	第2部分作答和评分	第2部分总分	总得分
小宋（A3）	低水平	James——1 Bill——1 James——1 Bill——0 Grant——0	3	B——0 E——0 ACD——0	0	3
小王（A4）	低水平	James——1 Bill——1 James——1 Bill——0 Grant——0	3	B——0 C——1 未作答——0	1	4
小曹（A5）	高水平	James——1 Bill——1 James——1 Grant——1 Bill——1	5	E——1 AC——2 BD——2	4	9
小殷（B1）	高水平	D——1 BE——2 C——1	4	Mike——1 Lucy——1 Mike——1 Lucy——1 未作答——0	4	8
小林（B2）	低水平	D——1 E——1 C——1	3	Mike——1 Susan——0 Lucy——0 Lucy——1 Susan——1	3	6
小冯（B3）	高水平	D——1 BE——2 AC——2	5	Mike——1 Lucy——1 Mike——1 Lucy——1 Susan——1	5	10
小王（B4）	低水平	DE——0 BDE——0 AC——2	2	Susan——0 Lucy——1 Mike——1 Lucy——1 Susan——1	4	6
小陈（B5）	高水平	D——1 E——1 BC——1	2	Mike——1 Lucy——1 Mike——1 Lucy——1 Susan——1	5	7

另一个值得关注的问题是考生的作答可在何种程度上真实反映其听力理解情况。为此，本研究将每位考生对每个选项的选择与其在有声思维数据中对应的人物观点理解的口述内容对应起来。具体而言，研究者先从有声思维数据中分析与题项对应的人物观点的理解情况，再判断相关选项的选择是否正确，将两者联系起来。考生的人物观点理解可分三种情况：正确理解（记为"T"）、错误理解（记为"F"）和部分理解（记为"PT"）。对于作答结果，只有"正确"（记为"T"）和"错误"（记为"F"）两种情况。因此人物观点理解与作答结果有6种对应关系，分别为"正确理解并回答正确"（记为"T-T"）、"错误理解并回答错误"（记为"F-F"）、"部分理解并回答正确"（记为"PT-T"）、"部分理解但回答错误"（记为"PT-F"）、"正确理解但回答错误"（记为"T-F"）和"错误理解但回答正确"（记为"F-T"）。

表4.20统计了第二阶段研究全体考生、高水平考生和低水平考生人物观点理解和作答结果对应关系的频率。其中"T-T"和"F-F"反映了考生的作答完全能够真实反映其听力理解的效果，可作为支持听力多项匹配题构念效度的证据。"PT-T"和"PT-F"反映了考生在对人物观点理解不够准确的情况下的作答结果，体现了听力多项匹配题任务设计的局限性。"T-F"和"F-T"反映了考生的作答结果与其听力理解的效果恰好相反的情况，可作为听力多项匹配题构念效度存在疑问的证据。从6种对应关系的频率和比例来看，测试组考生的作答情况存在相似的规律。"T-T"和"F-F"的比例在全体考生（66.02%）、高水平组（74.51%）和低水平组（57.70%）考生中都占一半以上，说明该任务类型的题项在大多数情况下可真实反映考生的听力理解情况，且效果对高水平考生相对更好。在考生未完全理解人物观点的情况下，倾向于正确作答（全体考生回答正确19.42%，回答错误5.83%；高水平考生回答正确19.61%，回答错误1.96%；低水平考生回答正确19.23%，回答错误9.62%），说明考生在答题中可能通过一些补偿性策略，如通过比对题干或选项中的关键信息找到正确的答案。"T-F"和"F-T"的比例很小（全体考生8.73%，高水平组3.92%，低水平组13.46%），说明匹配题各题项的构念效度存有疑问的程度很轻，相对主要集中于低水平组。

表4.20　听力测试人物观点理解与作答结果对应关系的频率分布

对应关系	T-T	F-F	PT-T	PT-F	T-F	F-T
全体考生	43 (41.75%)	25 (24.27%)	20 (19.42%)	6 (5.83%)	5 (4.85%)	4 (3.88%)
高水平考生	31 (60.78%)	7 (13.73%)	10 (19.61%)	1 (1.96%)	1 (1.96%)	1 (1.96%)
低水平考生	12 (23.08%)	18 (34.62%)	10 (19.23%)	5 (9.62%)	4 (7.69%)	3 (5.77%)

(2) 全球化语篇匹配任务作答过程比较

A 卷和 B 卷的第 1 部分任务都是以相同的全球化语篇设计的匹配任务。本研究通过将有声思维数据与不同水平考生作答结果的对应,并结合他们在访谈中反映的有关作答过程的问题,比较高低水平组考生第 1 部分任务作答过程的异同,探索以独白为体裁的听力多项匹配题的认知效度。

表 4.21 是第 1 部分任务中人物观点理解与考生作答对应方式的频率统计。对于全球化语篇的匹配任务,表中数据呈现了 3 个规律。首先,人物观点理解和作答效果一致的情况在全体考生(53.73%)和高水平考生(68.00%)中占有比例最大,但在低水平考生中比例较小(37.04%),这说明第 1 部分任务虽然在总体上体现了较好的构念效度,但相对来讲对高水平考生效果更好。另外,对于全球化语篇的观点,考生部分理解的情况占有相当可观的比例(全体考生 40.39%、高水平考生 32.00%、低水平考生 48.14%),在此情况下,考生正确作答的情况更多("PT-T"全体考生 30.77%、高水平考生 28.00%、低水平考生 33.33%)。最后,仅有低水平组考生有少量人物观点理解效果与答题结果不相符的情况("T-F"11.11%,"F-T"3.70%),说明该语篇设计的匹配任务构念效度存在的问题很少。

表 4.21　第 1 部分任务人物观点理解与作答结果对应关系的频率分布

对应关系	T-T	F-F	PT-T	PT-F	T-F	F-T
全体考生	18 (34.62%)	9 (17.31%)	16 (30.77%)	5 (9.62%)	3 (5.77%)	1 (1.92%)
高水平考生	13 (52.00%)	4 (16.00%)	7 (28.00%)	1 (4.00%)	0	0
低水平考生	5 (18.52%)	5 (18.52%)	9 (33.33%)	4 (14.81%)	3 (11.11%)	1 (3.70%)

低水平考生对全球化语篇中的人物观点部分理解的情况较多,是由于英语水平的限制。较之全体考生的频率数据,该组部分理解答对的情况明显较高。这很可能是由于全球化语篇中提到的所有人物的观点区分性较小,都涉及全球化的益处,而差异之处更多体现为细节性信息。另外,由于不同人物对全球化的态度比较相似,考生在能够把握观点的大致意思的情况下,如果不能明确地区分某些细节,就有可能在一定程度上进行猜测。对于少量人物观点理解与作答结果不符的情况,除了可能由随机猜测导致外,也可能是由考生策略的选择引起的。这说明听力匹配任务需要考生在听力理解时特别关注题目的作答,这比非测试环境下的听力理解对认知的要求更高。

此外,从访谈中的数据可了解到,不同水平考生对全球化语篇听力多项匹配题的任务设计形式有不同看法。低水平考生倾向于认为匹配任务形式及内容,以及自己对该任务的熟悉程度对自己的作答影响较大，详见例（28）（4.2.2节第1部分）。而高水平考生则认为作答较少受任务形式和做题经验的影响，如高水平考生小殷（B1）在第一次访谈中针对匹配任务的评论：

（36）（平时这样的听力题）不多，因为平时的题吧，最多就是问你应该几点去，然后现在几点。问还有几个小时可以去。就是这样简单的一些题，像这样的题真的不是特别常见。可能有，但是很少。尽管这题很新，但是我觉得在做的过程中还是可以克服困难，尽量听懂，然后把题做完。

在例（36）中，尽管小殷（B1）承认对匹配任务并不熟悉，仍然认为凭借自己的听力能力，可以顺利完成任务。但遗憾的是第二阶段研究考生数量较少，无法确认匹配任务的形式以及考生的做题经验是否与宏观上的测试表现有所关联，期待在后续阶段研究中加以验证。

（3）医学讨论语篇匹配任务作答过程比较

A卷和B卷第2部分任务都是基于同一有关医学讨论的三人对话设计的匹配任务。本研究通过对应有声思维数据和不同水平考生作答结果，并结合考生在访谈中反映的与该任务作答过程有关的问题，比较高低水平组考生第2部分任务作答过程的异同，探索对话体裁听力多项匹配题的认知效度。

表4.22是第2部分任务人物观点理解与作答结果对应关系的频率统计。对于医学讨论语篇的匹配任务，从表中数据中可观察到三种规律。首先，无论是全体考生还是不同水平考生，"T-T"和"F-F"都占有很高的比例（全体考生80.39%、高水平考生80.77%、低水平考生80%），这一结果反映出医学讨论对话匹配任务的人物观点理解情况与作答结果的一致性很高，对不同水平组考生没有显著差异，比全球化语篇的匹配题反映出更好的构念效度。其次，与第1部分任务相反，医学讨论中的观点理解很少出现部分理解的情况（全体考生9.80%、高水平考生11.54%、低水平考生8%），这可能是因为三位说话者的观点特点分明，有些针锋相对，且前后一致。最后，人物观点理解情况与作答结果不一致的情况也很少见，在全体考生中占9.80%，高水平考生占7.70%，低水平考生占12.00%，与全球化语篇匹配任务对应的情况相似。

表4.22　第2部分任务人物观点理解与作答结果对应关系的频率统计

对应关系	T-T	F-F	PT-T	PT-F	T-F	F-T
全体考生	25（49.02%）	16（31.37%）	4（7.84%）	1（1.96%）	2（3.92%）	3（5.88%）
高水平考生	18（69.23%）	3（11.54%）	3（11.54%）	0	1（3.85%）	1（3.85%）
低水平考生	7（28.00%）	13（52.00%）	1（4.00%）	1（4.00%）	1（4.00%）	2（8.00%）

对于个别在部分理解的基础上答对的选项，考生的注意力仅停留在个别的关键信息上，并通过语篇中和题项中关键词或短语的匹配选择正确的答案。在考生表述完整的观点时，只能运用一些补偿性策略，理解并不准确。对于部分理解但答错的情况，考生的主要问题并不是理解不准确，而是未准确理解题目中的观点。这说明考生的作答在偶然的情况下也会受题干或选项理解的影响，这反映了听力多项匹配题构念效度可能存在的问题。对于人物观点理解和作答效果不一致的情况，原因除了随机猜测，还可能是考生的策略运用。

另外，在个别的情况下，考生在对人物观点和题干内容把握都不准确的情况下，却答对了题目。如高水平考生小张（A1）在医学讨论语篇片段6中对Susan观点的总结：

(37) 就是提到了一个evidence，但是好像是说没有足够证据。就是这个证据不充分，可能是说下定论为时过早，就是E这个选项。

Susan在最后一次发言中表达了对替代医学中立的观点，其意图并不是表达其缺乏科学证据的意思，这一点小张的理解是有偏差的。他对E选项的理解也仅限于字面含义，没有解读出Susan中立的态度。但他却恰好将"证据不充分"和"不能下定论"联系了起来，选择了正确选项。这反映了任务构念效度可能存在的问题，虽然题项的语言没有问题，但可能引发考生的错误理解，可以考虑变换题项的措辞。

在第二次访谈数据中，本研究同样发现低水平考生倾向于认为第2部分匹配题的形式及做题经验对其作答影响较大，而高水平考生则较少受这方面的影响。但不管考生对匹配题的形式有何个人偏好，低水平考生认为任务设计形式在一定程度上影响作答，而高水平考生认为影响很小，这与全球化语篇匹配任务的情况相似。据此可推测匹配任务的形式以及做题经验与低水平考生有一定关联，但与高水平考生关联较小，这一点将在后续阶段研究中加以验证。

（4）两部分任务作答过程的异同

两部分匹配任务的作答过程总体较为相似，其各自的人物观点理解和作答效果的对应情况支持由不同体裁和内容的语篇设计的听力多项匹配题的构念效度。这主要体现在三个方面：第一是人物观点理解和作答效果一致的情况在两个语篇的匹配任务中都占有较大比例；第二是在考生部分理解人物观点时，大多数情况下仍能选择正确的答案；第三是人物观点理解和作答效果相反的情况比例很小。

另外，两部分的任务构念效度存在4个共同的问题。其一是仅通过理解个别关键信息就做出了正确选择，未能真正理解人物观点。其二是考生猜测答案的比例虽然很低，但在两个任务中都不能避免。其三是为了回避匹配题为听力理解带来的额外认知负担，考生可能会选择延迟作答，这可能导致其遗忘某些已正确理解的观点。其四，两部分任务相应的访谈数据都显示，该任务类型的设计形式似乎对高水平考生的作答影响较小，对低水平考生影响相对较大，这一点还有待进一步研究验证。

由于听力语篇体裁和内容的不同，第 1 部分和第 2 部分的作答过程也体现出一系列差异。首先，有关人物观点理解和作答效果一致的比例，无论是全体考生还是高低水平组，都是第 2 部分任务相对较高；对于全球化语篇的匹配任务，高水平考生的该比例比低水平考生更高，而对于医学讨论语篇的匹配任务，高低水平考生的比例非常接近。其次，全球化语篇匹配任务中考生部分理解人物观点的现象较为普遍，而医学讨论语篇匹配任务中同样的情况却很少见，这可能是因为全球化语篇中的人物观点区分度较小，考生更多靠细节性信息区分人物观点，而医学讨论语篇中人物观点区分鲜明，考生倾向于从整体上把握不同说话者的态度。

4.2.4 影响听力多项匹配题认知效度的因素

非测试组和测试组考生在访谈中总结了影响其听力理解及作答的因素，其本质为"识别理解中的问题"的元认知策略。本小节将描述一系列任务特征和考生特征影响考生作答过程的方式，总结它们与该任务类型认知效度的联系，并简述后续研究的思路。

（1）任务特征

在影响考生听力理解及作答过程的任务特征中，主要有三种因素与匹配任务的认知效度有较为紧密的联系，分别为不同说话者的音色、阅读负担和匹配特征（具体包括匹配方式和体裁）。不同说话者的音色指对话中两位女士的音色不易分辨，为考生对人物和观点的匹配带来了困难。阅读负担指表达观点的题干或选项的复杂程度为考生的作答过程增加了认知负担，从而影响答题的结果。匹配特征可分为两个方面：匹配方式和体裁/匹配顺序。不同匹配方式的听力多项匹配题人物和观点在题目中的位置不同，而由于人物是只有一个词的名字，观点是一个单句，其长短不一，导致其外观设计也有所不同，这些任务特征在答题过程中可能对考生带来不同的感受，从而影响其作答。两个不同的听力语篇体裁的不同，导致其结构的差异，以及人物和观点的信息呈现顺序的不同。这种差异使匹配题题干或选项的排列顺序与听力原文中对应的关键信息的排列顺序存在不同的对应方式。不同的匹配顺序也可能影响考生的作答效果。

表 4.23 具体介绍了每种影响听力多项匹配题认知效度的任务特征。这些因素在测试环境中可能会为考生的作答带来构念代表不充分或构念不相关的因素。从质性数据中可发现，每种因素都在不同程度上影响了多位考生的作答，并对听力任务的构念效度带来了一定程度的不利影响。

表 4.23　影响听力多项匹配题认知效度的任务特征

影响因素	影响方式	受影响考生	举例和数据来源	处理方法
不同说话者的音色	三人对话中两位女士的音色难以分辨，使人物和观点容易混淆	小梁（X4） 小张（X6） 小宋（A3） 小殷（B1） 小冯（B3） 小陈（B5）	见例（35）（表4.18）（小殷（B1）第二次访谈）	仅讨论该特征对试题认知效度的影响
阅读负担	大多数考生感到表达观点的题干或选项较长，在听力理解的同时增加了额外负担，影响理解人物观点的准确性或导致延迟作答	小赵（A2） 小宋（A3） 小曹（A5） 小殷（B1） 小王（B4） 小陈（B5）	（38）（读题过程中）就是还是词不会。比如说这个 evidence 我不知道是什么意思。还有就是不光是词本身的原因，这些词都放在一起挺多的，要是单独来读还行，但是听的同时还要读题，就比较累，当你听完时还来不及反应出这句话的意思，就只能之后再凭着印象做了（小曹（A5）第二次访谈）	作为修改听力测试第二版的依据
匹配方式	考生对特定匹配方式及其对应的外观形式有不同感受，这可能影响考生的答题效果	全体测试组考生	见例（29）（4.2.2节第1部分）（小王（B4）第一次访谈）	在第三阶段中继续研究
体裁/匹配顺序	由不同体裁语篇设计的匹配题，题项中人物或观点的排列顺序与听力原文中相应关键信息出现顺序的对应方式存在差异，这可能影响到考生的作答感受、过程和效果	小赵（A2） 小曹（A5） 小殷（B1） 小林（B2） 小陈（B5）	见例（32）（表4.18）（小曹（A5）第二次访谈）	在第三阶段中继续研究

有关说话者的音色，主要问题体现于对话中同一性别的说话者音色较接近，非测试组和测试组考生对此现象都有所反映，这给考生的人物观点理解带来了构念代表不充分的影响。在音色不容易辨认的情况下，考生就只能通过对话中提到的人名分辨不同的说话者，其信息加工层次和对集中注意力的要求更高。在全体考生中，有6人明确表示由于两位女性的音色不好辨认，导致人物与观点的匹配难度增加（参见例（35））。

听力测试中的阅读负担是无可回避的一种因素，因阅读任务要求及题项是考生作答中不可或缺的行为。听力中的阅读过程本身反映的是构念不相关的因素，其自身也可能改变作答过程，引发构念代表不充分的现象。从本研究的质性数据中已发现，听力多项匹配题的作答过程同时存在这两方面问题，测试组有6位考生直接表示其作答过程受到阅读过程的影响（参见例（38））。

听力匹配任务要求考生将语篇中两种同类信息组合起来，形成新意义，这种形式实质上是问题解决的过程，与非测试环境下的听力理解有所不同。本研究的匹配任务中有"人物"和"观点"两类信息，它们分别置于题干和选项的位置，并且可互换。由于"人物"为人名，"观点"为整个句子，长度不一，使得题干设置为观点，选项设置为人物时，匹配题呈表格的形式（A卷第1部分和B卷第2部分）；若题干为人物，选项为观点，匹配题呈"选项在上、题干在下"的形式。从质性数据中可获悉测试组全体考生对不同的匹配方式人物的难度均有不同感受（参见例（29））。

本研究选用的听力素材有独白和对话两种不同体裁的语篇，由于其话题和内容的不同，其中人物和观点等信息呈现的顺序也不同，使得听力测试的两部分任务在匹配方式相同的情况下，匹配顺序正好相反。听力任务中的匹配顺序也是构念不相关因素的来源之一。独白的主要内容为同一位说话者按顺序分别介绍三个人物的观点，因此人名按先后顺序出现，说话者提到每位人物之后介绍其对全球化的观点。对话中三位说话者直接表达自己对替代医学的观点，说话者不按固定顺序发言，但后一位说话者会答复之前的发言。基于该内容，独白的匹配任务中人物排列顺序与其在听力语篇中出现顺序一致，观点排列顺序则不一致；对话正好相反，观点的排列顺序与其在听力语篇中出现顺序一致，人物排列顺序不一致。这种由语篇内容导致的任务特征的差异影响了考生的作答过程、结果或对任务难度的评价，测试组有5位考生直接表达了这一点（参见例（32））。

以上4种影响因素不但可为听力测试进一步改进提供参考，还可作为第三阶段研究设计的依据。有关不同说话者音色的问题，由于本研究条件的限制，暂时无法控制，但未来的研究可考虑在对话中附加视频材料，或使用音色差别较大的录音人员。为减轻试题中的阅读负担，本研究在第三研究阶段正式数据收集前，将题项内容再次调整，使观点的用词和表述尽可能简单（附录）。对于匹配方式和体裁/匹配顺序，本研究在最后研究阶段，考察这两种因素对不同水平考生测试表现的影响，进一步探索听力多项匹配题的认知效度（4.3.1节）。

（2）考生特征

影响听力多项匹配题认知效度的考生特征体现为其对任务的熟悉程度。考生对听力多项匹配题的熟悉程度在质性数据中体现为两类特征，分别为匹配题作答经验和匹配题作答感受。匹配题作答经验指考生根据以往测试中的任务形式判断对听力多项匹配题的熟悉程度，并据此评估作答的信心和效果。大部分考生对听力多项匹配题接触较少，他们往往以多项选择题的作答经验与该任务类型比较，以此评价任务难度。匹配题作答感受表现为考生对匹配方式和匹配顺序直观上的体会，及其与作答的联系。考生对陌生的任务特征感到不适，倾向于认为其影响作答；对熟悉的任务特征感受则相反，倾向于认为其使作答更顺利。对影响程度的感受则因考生水平而异。

表 4.24 展示了影响听力多项匹配题认知效度的考生特征，即任务熟悉程度的两方面因素对考生作答的影响。这些因素与匹配题独有的任务特征有紧密的联系，是非测试条件下不涉及的特征，可引发作答过程中构念代表不充分或构念不相关的现象。从质性数据中，本研究发现两个方面的因素都或多或少地影响了多位考生的作答，对任务的构念效度带来了不利影响。

表 4.24 听力多项匹配题熟悉程度对试题认知效度的影响

影响因素	影响方式	受影响考生	举例和数据来源	处理方法
匹配题作答经验	考生先前的匹配题作答经验或其对该任务类型与多项选择题的相似程度对其作答的心态和作答效果有不同程度的关联	小赵（A2）小殷（B1）小林（B2）小冯（B3）小王（B4）小陈（B5）	见例（31）（4.2.2 节第 1 部分）（小陈（B5）第二次访谈）	在第三阶段中继续研究
匹配题作答感受	考生在答题过程中对任务匹配方式和匹配顺序等任务特征的熟悉程度与其作答的效果有不同程度的关联	测试组全体考生	（39）（第 2 部分的表格题）有点不舒服，因为它有点乱，有的时候就比如说一个人说了一句话，然后等我看到这句话再去找，就忘了是哪个说的了。要是题目少些词，好像能好些吧。（小殷（B1）第二次访谈）	在第三阶段中继续研究

匹配题作答经验反映了考生对听力测试中任务类型的先有知识。考生在作答过程中利用与任务形式相关的知识辅助作答，而相关知识的多少以及与匹配任务的相似程度可能与考生作答的把握以及效果有一定关联。这些知识主要聚焦于匹配任务的形式，与语篇内容关联不大，因此视为构念不相关的因素。测试组中有 6 位考生明确表示受到了该因素的影响（参见例（31））。

匹配题作答感受指考生在作答过程中对与匹配紧密相关的特征的主观评价。一般来讲，考生对比较熟悉的特征感到舒适，对比较陌生的特征感到不适，在答题过程中也要花费更多的精力适应任务形式，为听力多项匹配题带来了一定程度构念不相关的影响。测试组全部考生都明确表达了该因素对其作答的影响，主要体现为匹配方式和体裁/匹配顺序两种特征的影响（参见例（39））。

虽然从质性数据中可得知任务熟悉程度与考生的作答结果存在关联，但这种联系程度如何，匹配题作答经验和匹配题作答感受可在何种程度上解释或预测考生的测试表现，还需要进一步验证。此外，相关具体因素对不同水平考生测试表现的影响是否存在差异，尚未可知。为此，在第三阶段研究中，本研究设计了听力多项匹配题熟悉程度调查问卷，并以多元线性回归的方法考察问卷各维度与测试成绩的联系（4.3.2节）。

4.3 听力多项匹配题认知效度影响因素探析

依据研究问题3，本研究选择了第二阶段中发现的部分因素，作为第三阶段研究中的操作变量，并通过听力测试和问卷调查的形式收集数据，考察相关因素与听力多项匹配题认知效度的关联。本研究将相关变量分为两部分，首先考察相关任务特征（匹配方式和体裁）对不同水平考生测试表现的影响，其后考察任务熟悉程度对听力测试成绩的解释和预测程度。最后根据量化数据分析的结果，初步总结听力多项匹配题认知效度的特点。

4.3.1 相关任务特征对测试表现的影响

针对研究问题3的第1个分问题，本研究考察不同匹配方式、体裁和考生水平对匹配任务得分的影响，以及不同因素是否共同作用影响任务得分。由于匹配方式、体裁和考生水平都是有两个独立水平的名称变量，而匹配任务成绩为等距变量，本研究采用$2 \times 2 \times 2$的三因素组间方差分析（3-way ANOVA）考察这三个因素是否对匹配任务成绩有显著影响。在此基础上，本研究分别探讨不同匹配方式和体裁对高低水平组考生测试表现的影响。具体比较分为"相同体裁、不同匹配方式"和"相同匹配方式、不同体裁"的情况。对于整体任务成绩的比较，研究采用独立样本T检验的方法。针对同一体裁任务中相同观点题项的比较，由于项目得分不服从正态分布，采用非参数检验Mann-Whitney U检验。

（1）匹配方式、体裁对不同水平考生听力匹配任务得分的影响

本研究采用三因素组间方差分析考察匹配方式、体裁和考生水平及其之间的交互作用对听力匹配任务得分整体性的影响。首先展示的是8组测试任务成绩的均值描述性统计（表4.25）。在此基础上，以三因素组间方法分析的结果展示了各自变量对因变量的主效应以及不同变量之间交互作用对因变量效应的显著性（表4.26）。最后呈现的是不同变量之间显著的交互作用对任务成绩的具体影响方式（图4.5~图4.8）。

表 4.25　听力匹配任务成绩描述性统计表

考生水平	体裁	匹配方式	均值（M）	标准差（SD）
高水平考生 ($n=114$)	独白（第 1 部分）（$n=114$）	观点－人物（A 卷）（$n=54$）	3.96	1.132
		人物－观点（B 卷）（$n=60$）	4.28	1.136
	对话（第 2 部分）（$n=114$）	人物－观点（A 卷）（$n=54$）	3.52	1.645
		观点－人物（B 卷）（$n=60$）	3.92	1.078
低水平考生 ($n=95$)	独白（第 1 部分）（$n=95$）	观点－人物（A 卷）（$n=52$）	3.04	1.357
		人物－观点（B 卷）（$n=43$）	2.67	1.476
	对话（第 2 部分）（$n=95$）	人物－观点（A 卷）（$n=52$）	1.81	1.534
		观点－人物（B 卷）（$n=43$）	2.95	1.447

表 4.26　三因素组间方差分析检验表

因变量：听力匹配任务成绩

内容	II 型平方和	df	均方	F	Sig.
校正模型	248.228[a]	7	35.461	19.398	0*
截距	4 622.249	1	4 622.249	2 528.438	0*
英语水平	174.818	1	174.818	95.628	0*
体裁	19.881	1	19.881	10.875	0.001*
匹配方式	13.712	1	13.712	7.501	0.006*
英语水平 * 体裁	0.127	1	0.127	0.070	0.792
英语水平 * 匹配方式	13.202	1	13.202	7.222	0.007*
体裁 * 匹配方式	14.503	1	14.503	7.933	0.005*
英语水平 * 体裁 * 匹配方式	0.026	1	0.026	0.014	0.906
误差	749.523	410	1.828	—	—
总计	5 620.000	418	—	—	—
校正的总计	997.751	417	—	—	—

a. R Squared = 0.249（Adjusted R Squared = 0.236）

* $p<0.05$

三因素组间方差分析结果显示，英语水平、体裁和匹配方式对听力匹配任务成绩的主效应显著（$F(1, 410) = 95.628$，$p < 0.05$；$F(1, 410) = 10.875$，$p < 0.05$；$F(1, 410) = 7.501$，$p < 0.05$）：高水平考生的成绩显著高于低水平考生，独白（第 1 部分任务）的成绩显著高于对话（第 2 部分任务）的成绩，匹配方式为"人物－观点"的匹配任务成绩显著高于匹配方式为"观点－人物"的匹配任务成绩（表4.25）。此外，研究结果显示了两种显著的交互作用，分别为英语水平和匹配方式的交互作用（$F(1, 410) = 7.222$，$p < 0.05$）以及体裁和匹配方式的交互作用（$F(1, 410) = 7.933$，$p < 0.05$）（表4.26）。

图 4.5 和图 4.6 展示了英语水平和匹配方式交互作用的简单效应检验结果。图 4.5 为全球化语篇匹配任务中英语水平与匹配方式对匹配任务成绩的交互作用。对低水平考生来说，"观点－人物"匹配方式任务的成绩与"人物－观点"匹配方式任务的成绩无显著差异（$MD = 0.364$；$p > 0.05$）；对于高水平考生而言，"观点－人物"匹配方式任务的成绩与"人物－观点"匹配方式任务的成绩亦无显著差异（$MD = -0.320$；$p > 0.05$）。但对于"观点－人物"和"人物－观点"匹配方式的任务而言，高水平组和低水平组的成绩均有显著差异（$MD = 0.92$，$p < 0.05$；$MD = 1.61$，$p < 0.05$）。总体而言，低水平考生"观点－人物"匹配方式的任务成绩比"人物－观点"匹配方式的任务成绩略高，高水平考生"观点－人物"匹配方式的任务成绩比"人物－观点"匹配方式的任务成绩略低。图 4.6 为医学讨论语篇匹配任务中英语水平与匹配方式对匹配任务成绩的交

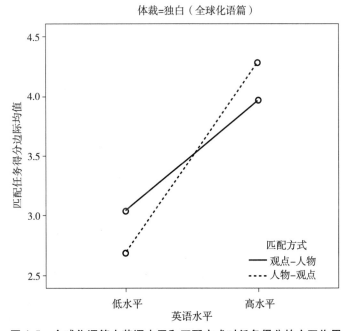

图 4.5　全球化语篇中英语水平和匹配方式对任务得分的交互作用

互作用。对低水平考生来说,"人物-观点"匹配方式任务的成绩与"观点-人物"匹配方式任务的成绩存在显著差异（MD = -1.146；$p<0.05$）；对于高水平考生而言,"人物-观点"匹配方式任务的成绩与"观点-人物"匹配方式任务的成绩不存在显著差异（MD = -0.398；$p>0.05$）。但对于"人物-观点"和"观点-人物"匹配方式的任务而言,高水平组和低水平组的成绩均有显著差异（MD = 0.97, $p<0.05$；MD = 1.71, $p<0.05$）。总体而言,对各组考生而言,"观点-人物"匹配方式的任务成绩普遍高于"人物-观点"匹配方式的任务成绩。

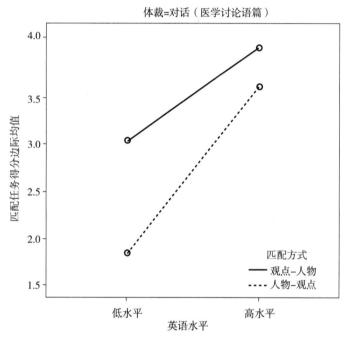

图 4.6 医学讨论语篇中英语水平和匹配方式对任务得分的交互作用

图 4.7 和图 4.8 展示了体裁和匹配方式交互作用的简单效应检验结果。图 4.7 为低水平考生中体裁与匹配方式对匹配任务成绩的交互作用。对全球化语篇来说,"观点-人物"匹配方式任务的成绩与"人物-观点"匹配方式任务的成绩无显著差异（MD = 0.364, $p>0.05$）；对于医学讨论语篇而言,"观点-人物"匹配方式任务的成绩显著低于"人物-观点"匹配方式任务的成绩（MD = -1.146, $p<0.05$）。对于"观点-人物"匹配方式的任务而言,独白和对话体裁的成绩无显著差异（MD = 0.085, $p>0.05$）；对于"人物-观点"匹配方式的任务而言,对话的成绩明显低于独白的成绩（MD = -0.867, $p<0.05$）。总体而言,对于低水平考生,无论体裁是独白还是对话,"观点-人物"匹配方式任务的成绩均高于"人物-观点"匹配方式任务的成绩。图 4.8 为高水平考生中体裁与匹配方式对匹配任务成绩的交互作用。对全球化语篇任务,"人物-观点"

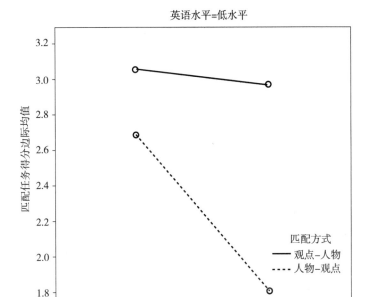

图 4.7 低水平组考生体裁和匹配方式对任务得分的交互作用

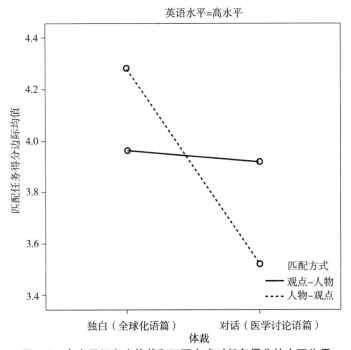

图 4.8 高水平组考生体裁和匹配方式对任务得分的交互作用

匹配方式任务的成绩略高于"观点-人物"匹配方式任务的成绩,但不存在显著差异(MD=0.320,$p<0.05$);对于医学讨论语篇任务,"人物-观点"匹配

方式任务的成绩略低于"观点-人物"匹配方式任务的成绩,但亦不存在显著差异(MD = -0.398,$p > 0.05$)。对于"观点-人物"匹配方式的任务而言,独白和对话体裁的成绩无显著差异(MD = 0.046,$p > 0.05$);对于"人物-观点"匹配方式的任务而言,对话的成绩显著低于独白的成绩(MD = -0.765,$p < 0.05$)。总体而言,对高水平考生而言,独白语篇"人物-观点"匹配方式的任务成绩比"观点-人物"匹配方式的任务成绩略高,而对话语篇"人物-观点"匹配方式的任务成绩比"观点-人物"匹配方式的任务成绩略低。

(2)匹配方式和体裁对高水平组考生测试表现的影响

在三因素组间方差分析结果的基础上,本研究继续讨论单一任务特征对高水平考生匹配任务成绩的影响。首先分析的是相同语篇、不同匹配方式的任务成绩之间的差异,先对得分进行整体性比较,之后比较不同匹配方式任务各题项的难度。其后分析的是相同匹配方式、不同体裁的任务成绩之间的差异,只需对得分进行整体性比较。

表4.27比较全球化语篇两种不同匹配方式任务成绩的差异,将A卷第1部分和B卷第1部分的平均成绩进行比较。独立样本t检验结果显示,高水平考生全球化语篇不同匹配方式的任务成绩无显著差异($t = -1.506$,df = 112,$p > 0.05$):"观点-人物"匹配方式的任务得分低于"人物-观点"匹配方式的任务(MD = -0.320),但差异并不显著。

表4.27　高水平组全球化语篇任务得分的差异

匹配顺序	观点-人物 (A卷) ($n = 54$)		人物-观点 (B卷) ($n = 60$)		均值差异 (MD)	t值(112)
	均值	标准差	均值	标准差	-0.320	-1.506
任务得分	3.96	1.132	4.28	1.136		

* $p < 0.05$

表4.28显示了高水平考生A卷第1部分和B卷第1部分中表达观点的题干或选项难度的比较结果(命名方式见3.4.2节第1部分)。由于A卷所有的选择题都是单选,均值为考生作答正确的比率;B卷由于有的题目可以多选,均值为考生选择了某个正确选项,并且因此得分的比率。1A、2B、4D、5E的A卷均值略低于B卷的均值(MD = -0.09;MD = -0.02;MD = -0.12;MD = -0.08),3C在A卷的均值与B卷相同(图4.9)。Mann-Whitney U检验结果显示,1A、2B、3C、4D、5E五个题项在A卷和B卷的题目中难度均无显著差异($Z = -1.220$,$p > 0.05$;$Z = -0.226$,$p > 0.05$;$Z = -0.028$,$p > 0.05$;$Z = -1.410$,$p > 0.05$;$Z = -1.267$,$p > 0.05$)。

表4.28 高水平组全球化语篇各题项难度比较

表达观点的题干或选项简称（$n=114$）	A卷均值（$n=54$）	A卷标准差	B卷均值（$n=60$）	B卷标准差	Z值	渐进显著性
1A	0.76	0.432	0.85	0.360	-1.220	0.222
2B	0.85	0.359	0.87	0.343	-0.226	0.821
3C	0.85	0.359	0.85	0.360	-0.028	0.978
4D	0.70	0.461	0.82	0.390	-1.410	0.158
5E	0.80	0.407	0.88	0.324	-1.267	0.205

* $p<0.05$

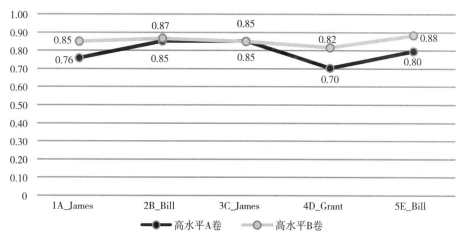

图4.9 高水平组全球化语篇各题项难度比较

表4.29比较医学讨论语篇两种不同匹配方式任务成绩的差异，将A卷第2部分和B卷第2部分的平均成绩进行比较。独立样本 t 检验结果显示，高水平考生医学讨论语篇不同匹配方式的任务成绩无显著差异（$t=-1.510$，df $=112$，$p>0.05$）："人物－观点"匹配方式的任务得分低于"观点－人物"匹配方式的任务（MD $=-0.398$），但差异并不显著。

表4.29 高水平组医学讨论语篇任务得分的差异

匹配方式	人物－观点（A卷）（$n=54$）		观点－人物（B卷）（$n=60$）		均值差异（MD）	t 值（112）
	均值	标准差	均值	标准差		
任务得分	3.52	1.645	3.92	1.078	-0.398	-1.510

* $p<0.05$

表 4.30 显示了高水平考生 A 卷第 2 部分和 B 卷第 2 部分中表达观点的题干或选项难度的比较结果。由于 B 卷有的题目可以多选，均值为考生选择了某个正确选项，并因此得分的比率；A 卷所有的选择题都是单选，均值即每个项目的难度。A4、B5 的 A 卷均值略高于 B 卷的均值（MD = 0.04；MD = 0.01），C6、D7、E8 在 A 卷中的均值低于 B 卷（MD = -0.11；MD = -0.20；MD = -0.20）（图 4.10）。Mann–Whitney U 检验结果显示，A4、B5、C6 三个题项在 A 卷和 B 卷的题目中难度均无显著差异（$Z = -0.369, p > 0.05$；$Z = -0.114, p > 0.05$；$Z = -1.599, p > 0.05$），D7、E8 两个题项在 A 卷中的得分均值显著低于 B 卷中的均值（$Z = -2.713, p < 0.05$；$Z = -2.176, p < 0.05$）。

表 4.30　高水平组医学讨论语篇各题项难度比较

表达观点的题干或选项简称（$n=114$）	A 卷均值（$n=54$）	A 卷标准差	B 卷均值（$n=60$）	B 卷标准差	Z 值	渐进显著性
A4	0.69	0.469	0.65	0.481	-0.369	0.692
B5	0.76	0.432	0.75	0.437	-0.114	0.909
C6	0.81	0.392	0.92	0.279	-1.599	0.110
D7	0.72	0.452	0.92	0.279	-2.713	0.007*
E8	0.48	0.504	0.68	0.469	-2.176	0.030*

* $p < 0.05$

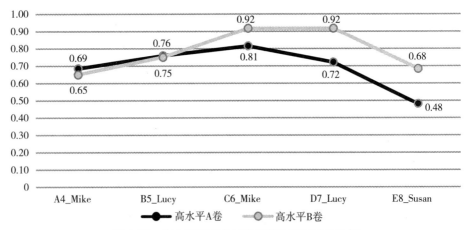

图 4.10　高水平组医学讨论语篇各题项难度比较

表 4.31 比较不同题体裁的"观点–人物"匹配方式任务成绩的差异，将 A 卷第 1 部分和 B 卷第 2 部分的平均成绩进行比较。独立样本 t 检验结果显示，高水平考生 A 卷第 1 部分和 B 卷第 2 部分的任务成绩无显著差异（$t = 0.224$, df = 112, $p > 0.05$）：对于"观点–人物"匹配方式的任务，独白和对话语篇的平均成绩相差很小（MD = 0.04），差异并不显著。

表 4.31　高水平组"观点－人物"匹配任务得分的差异

匹配方式	观点－人物 （A 卷第 1 部分） （$n=54$）		观点－人物 （B 卷第 2 部分） （$n=60$）		均值差异 （MD）	t 值（112）
	均值	标准差	均值	标准差	0.046	0.224
任务得分	3.96	1.132	3.92	1.078		

* $p<0.05$

表 4.32 比较不同题体裁的"人物－观点"匹配方式任务成绩的差异，将 A 卷第 2 部分和 B 卷第 1 部分的平均成绩进行比较。独立样本 t 检验结果显示，高水平考生 A 卷第 1 部分的任务成绩显著低于 B 卷第 2 部分的任务成绩（$t=-2.857$, df=112, $p<0.05$）：对于"人物－观点"匹配方式的任务，独白语篇的平均成绩显著高于对话篇的平均成绩（MD = -0.765）。

表 4.32　高水平组"人物－观点"匹配任务得分的差异

匹配方式	人物－观点 （A 卷第 2 部分） （$n=54$）		人物－观点 （B 卷第 1 部分） （$n=60$）		均值差异 （MD）	t 值（112）
	均值	标准差	均值	标准差	-0.765	-2.857*
任务得分	3.52	1.645	4.28	1.136		

* $p<0.05$

（3）匹配方式和体裁对低水平组考生测试表现的影响

此处继续讨论单一任务特征对低水平考生匹配任务成绩的影响。比较顺序与高水平组相同：首先分析相同语篇、不同匹配方式的任务成绩之间的差异，其后分析相同匹配方式、不同体裁的任务成绩之间的差异。

表 4.33 比较全球化语篇两种不同匹配方式任务成绩的差异，将 A 卷第 1 部分和 B 卷第 1 部分的平均成绩进行比较。独立样本 t 检验结果显示，低水平考生全球化语篇不同匹配方式的任务成绩无显著差异（$t=1.251$, df=93, $p>0.05$）："观点－人物"匹配方式的任务得分高于"人物－观点"匹配方式的任务（MD = 0.364），但差异并不显著。

表 4.33　低水平组全球化语篇任务得分的差异

匹配顺序	观点－人物 （A 卷） （$n=52$）		人物－观点 （B 卷） （$n=43$）		均值差异 （MD）	t 值（93）
	均值	标准差	均值	标准差	0.364	1.251
任务得分	3.04	1.357	2.67	1.476		

* $p<0.05$

表 4.34 显示了低水平考生 A 卷第 1 部分和 B 卷第 1 部分中表达观点的题干或选项难度的比较结果。由于 A 卷所有的选择题都是单选，均值为考生作答正确的比率；B 卷由于有的题目可以多选，均值为考生选择了某个正确选项且因此得分的比率。1A、2B、4D 的 A 卷均值略高于 B 卷的均值（MD = 0.02；MD = 0.14；MD = 0.16），3C 在 A 卷的均值略低于 B 卷（MD = −0.15），5E 在两份试卷中难度相等（图 4.11）。但 Mann - Whitney U 检验结果显示，1A、2B、3C、4D、5E 五个题项在 A 卷和 B 卷的题目中难度均无显著差异（$Z = -0.167$，$p > 0.05$；$Z = -1.480$，$p > 0.05$；$Z = -1.732$，$p > 0.05$；$Z = -1.491$，$p > 0.05$；$Z = -0.004$，$p > 0.05$）。

表 4.34　低水平组全球化语篇各题项难度比较

表达观点的题干或选项简称（$n = 95$）	A 卷均值（$n = 52$）	A 卷标准差	B 卷均值（$n = 43$）	B 卷标准差	Z 值	渐进显著性
1A	0.37	0.486	0.35	0.482	−0.167	0.868
2B	0.81	0.398	0.67	0.474	−1.480	0.139
3C	0.71	0.457	0.86	0.351	−1.732	0.083
4D	0.60	0.495	0.44	0.502	−1.491	0.136
5E	0.56	0.502	0.56	0.502	−0.004	0.997

* $p < 0.05$

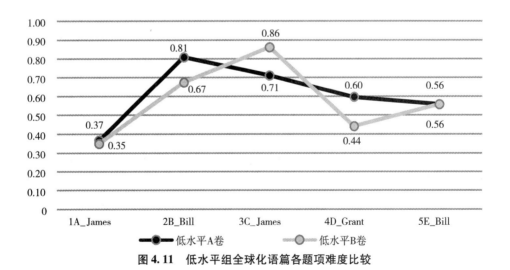

图 4.11　低水平组全球化语篇各题项难度比较

表 4.35 比较医学讨论语篇两种不同匹配方式任务成绩的差异，将 A 卷第 2 部分和 B 卷第 2 部分的平均成绩进行比较。独立样本 t 检验结果显示，低水平考生医学讨论语篇不同匹配方式的任务成绩存在显著差异（$t = -3.717$，df = 93，

$p<0.05$):"人物-观点"匹配方式的任务得分显著低于"观点-人物"匹配方式的任务（MD = -1.146）。

表4.35 低水平组医学讨论语篇任务得分的差异

匹配方式	人物-观点 （A卷） （$n=52$）		观点-人物 （B卷） （$n=43$）		均值差异 （MD）	t值（93）
	均值	标准差	均值	标准差	-1.146	-3.717*
任务得分	1.81	1.534	2.95	1.447		

* $p<0.05$

表4.36显示了低水平考生A卷第2部分和B卷第2部分中表达观点的题干或选项难度的比较结果。由于B卷有的题目可以多选，均值为考生选择了某个正确选项，并因此得分的比率；A卷所有的选择题都是单选，均值即每个项目的难度。A4、B5、C6、D7、E8的A卷均值全部低于B卷的均值（MD = -0.18；MD = -0.32；MD = -0.21；MD = -0.09；MD = -0.28）（图4.12）。Mann-Whitney U检验结果显示，A4、D7两个题项在A卷和B卷的题目中难度差异不显著（$Z = -0.369$，$p>0.05$；$Z = -0.114$，$p>0.05$；$Z = -1.599$，$p>0.05$），B5、C6、E8三个题项在A卷中的得分均值显著低于B卷中的均值（$Z = -3.105$，$p<0.05$；$Z = -2.126$，$p<0.05$；$Z = -2.827$，$p<0.05$）。

表4.36 低水平组医学讨论语篇各题项难度比较

表达观点的 题干或选项 简称（$n=95$）	A卷均值 （$n=52$）	A卷 标准差	B卷均值 （$n=43$）	B卷 标准差	Z值	渐进 显著性
A4	0.38	0.491	0.56	0.502	-1.679	0.093
B5	0.31	0.466	0.63	0.489	-3.105	0.002*
C6	0.56	0.502	0.77	0.427	-2.126	0.034*
D7	0.42	0.499	0.51	0.506	-0.857	0.391
E8	0.23	0.425	0.51	0.506	-2.827	0.005*

* $p<0.05$

表4.37比较不同题体裁的"观点-人物"匹配方式任务成绩的差异，将A卷第1部分和B卷第2部分的平均成绩进行比较。独立样本t检验结果显示，低水平考生A卷第1部分和B卷第2部分的任务成绩无显著差异（$t=0.295$，df = 93，$p>0.05$）：对于"观点-人物"匹配方式的任务，独白和对话语篇的平均成绩相差很小（MD = 0.085），差异并不显著。

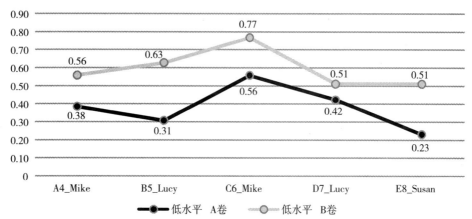

图 4.12 低水平组医学讨论语篇各题项难度比较

表 4.37 低水平组"观点-人物"匹配任务得分的差异

匹配方式	观点-人物 （A 卷第 1 部分） （n=52）		观点-人物 （B 卷第 2 部分） （n=43）		均值差异 （MD）	t 值（93）
	均值	标准差	均值	标准差		
任务得分	3.04	1.357	2.95	1.447	0.085	0.295

* $p<0.05$

表 4.38 比较不同题体裁的"人物-观点"匹配方式任务成绩的差异，将 A 卷第 2 部分和 B 卷第 1 部分的平均成绩进行比较。独立样本 t 检验结果显示，低水平考生 A 卷第 1 部分的任务成绩显著低于 B 卷第 2 部分的任务成绩（$t = -2.788$, df $= 93$, $p<0.05$）；对于"人物-观点"匹配方式的任务，对话语篇的平均成绩显著低于独白的平均成绩（MD $= -0.867$）。

表 4.38 低水平组"人物-观点"匹配任务得分的差异

匹配方式	人物-观点 （A 卷第 2 部分） （n=52）		人物-观点 （B 卷第 1 部分） （n=43）		均值差异 （MD）	t 值（93）
	均值	标准差	均值	标准差		
任务得分	1.81	1.534	2.67	1.476	-0.867	-2.788*

* $p<0.05$

4.3.2 相关考生特征对测试表现的解释和预测作用

针对研究问题 3 的第 2 个分问题，本研究考察调查问卷的 7 个维度与听力测试成绩之间的关联。问卷题项内容按照"匹配题作答经验"和"匹配题作答感受"两方面内容编写。其中"匹配题作答经验"有 3 个维度，分别为"来自学校的匹配题作答经验"（2个题项）、"来自社会英语考试的匹配题作答经验"（2个题项）和"对匹配题作答经验影响的评价"（2个题项）。"匹配题作答感受"有4个维度，包括"匹配题外观形式熟悉程度"（2个题项）、"匹配方式熟悉程度"（2个题项）、"题干和选项匹配顺序的熟悉程度"（4个题项）和"对试题设计熟悉程度的评价"（2个题项）。考生作答的选项采用5度Likert量表，本研究使用各维度的平均分表示其得分，听力测试成绩是0~10之间的整数，自变量和因变量都是等距变量。因此，本研究采用多元线性回归的方法，考察有关听力多项匹配题熟悉程度的各维度能否显著地解释或预测听力测试的成绩。本研究以三组独立的回归结果分析任务熟悉程度对测试成绩的解释和预测程度。首先以全体考生的成绩为考察对象，分析问卷各维度能否有效解释或预测听力测试的成绩。其后分别以高水平考生和低水平考生为考察对象，分析问卷各维度对听力测试成绩的解释或预测程度。通过比较针对不同水平考生回归结果的差异，本研究指出各维度对高水平考生和低水平考生的不同影响。

（1）任务熟悉程度对全体考生测试表现的解释和预测作用

首先展示的是任务熟悉程度问卷中的7个维度对全体考生的解释和预测作用。本研究首先以多元线性回归预测变量与残差关系图展示回归的误差是否满足正态分布（图4.13）。其后展示各预测变量的描述性统计量和相关矩阵，以分析预测变量与因变量之间的相关性（表4.39）。最后以多元线性回归结果摘要表展示了各预测变量对因变量的影响程度（表4.40）。

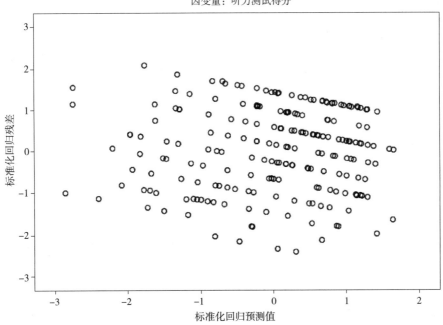

图4.13 全体考生多元线性回归预测变量与残差关系

图 4.13 展现了全体考生多元线性回归预测变量和残差的关系。针对全体考生的多元线性回归由于解释力 R^2 不及 50%（表 4.40），观测量分布略显离散（许宏晨 2013）。但数据的分布范围显示，回归整体满足误差呈正态分布以及误差和预测变量不相关的前提假定。

表 4.39　全体考生变量描述统计量及相关矩阵（$n=207$）

变量	描述统计量		相关矩阵						
	M	SD	1	2	3	4	5	6	7
因变量：听力测试得分	6.63	2.530	0.018	0.011	0.087	0.154*	0.159*	0.310	0.108
自变量 1：来自学校的匹配题作答经验	2.19	0.953	—	0.124*	0.159*	0.369*	0.336*	-0.006	0.180*
自变量 2：来自社会英语考试的匹配题作答经验	1.78	1.082		—	-0.004	0.198*	0.188*	0.017	-0.013
自变量 3：对匹配题作答经验影响的评价	3.69	0.979			—	0.207*	0.193*	0.298*	0.660*
自变量 4：匹配题外观形式熟悉程度	2.85	1.068				—	0.785*	0.300*	0.236*
自变量 5：匹配方式熟悉程度	2.89	1.071					—	0.307*	0.299*
自变量 6：题干和选项匹配顺序的熟悉程度	3.83	1.005						—	0.373*
自变量 7：对试题设计熟悉程度的评价	3.74	1.025							—

* $p<0.05$

表 4.39 展示了各变量的均值和标准差，以及它们之间的相关系数。该表显示，7 个预测变量中有 2 个与因变量显著相关（自变量 4 和自变量 5）。大多数预

测变量之间呈显著相关,但并无高度相关的情况(最高为自变量4和自变量5之间,$r = 0.785$,$p < 0.05$)。这说明各预测变量对因变量的解释和预测能力相对较弱,且不同预测变量之间具有一定程度的相关性。

表4.40　全体考生多元线性回归结果摘要表($n = 207$)

变量	R	R^2	校正 R^2	F (7, 105)	Beta	t (105)	Sig.	容差	VIF
因变量:听力测试得分	0.318	0.101	0.070	3.206*					
自变量1:来自学校的匹配题作答经验					−0.005	−0.065	0.948	0.819	1.221
自变量2:来自社会英语考试的匹配题作答经验					−0.010	−0.147	0.883	0.949	1.054
自变量3:对匹配题作答经验影响的评价					−0.002	−0.021	0.983	0.552	1.811
自变量4:匹配题外观形式熟悉程度					0.035	0.309	0.757	0.358	2.790
自变量5:匹配方式熟悉程度					0.053	0.472	0.638	0.361	2.771
自变量6:题干和选项匹配顺序的熟悉程度					0.292	3.838	0*	0.779	1.284
自变量7:对试题设计熟悉程度的评价					−0.023	−0.243	0.808	0.504	1.985

* $p < 0.05$

表4.40展示了问卷中7个维度对全体考生听力测试得分的回归结果。强制回归结果显示,预测变量中仅"题干和选项匹配顺序的熟悉程度"对听力测试得分有显著的预测作用,R^2为0.101,即"来自学校的匹配题作答经验""来自社会英语考试的匹配题作答经验""对匹配题作答经验影响的评价""匹配题外观形式熟悉程度""匹配方式熟悉程度""题干和选项匹配顺序的熟悉程度""对试题设计熟悉程度的评价"构成的组合能解释听力测试得分10.1%的变异。表

4.40显示,"题干和选项匹配顺序的熟悉程度"(Beta=0.292)的标准化回归系数位列第一,其余变量的标准化回归系数则小很多。这说明对听力任务匹配顺序感到越熟悉的考生听力测试成绩就越好。标准化回归方程为:听力测试得分 = −0.005×来自学校的匹配题作答经验 −0.010×来自社会英语考试的匹配题作答经验 −0.002×对匹配题作答经验影响的评价 +0.035×匹配题外观形式熟悉程度 +0.053×匹配方式熟悉程度 +0.292×题干和选项匹配顺序的熟悉程度 − 0.023×对试题设计熟悉程度的评价。

(2) 任务熟悉程度对高水平考生测试表现的解释和预测作用

其次展示的是任务熟悉程度问卷中的7个维度对高水平考生的解释和预测作用。本研究首先以多元线性回归预测变量与残差关系图展示回归的误差是否满足正态分布(图4.14)。其后展示各预测变量的描述性统计量和相关矩阵,以分析预测变量与因变量之间的相关性(表4.41)。最后以多元线性回归结果摘要表展示了各预测变量对因变量的影响程度(表4.42)。

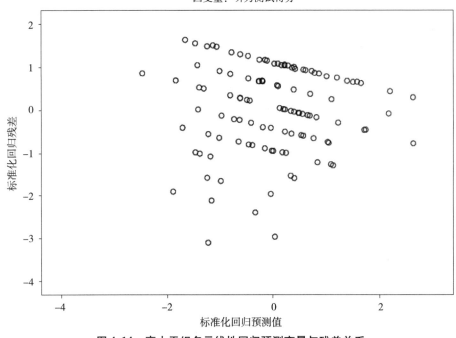

图4.14 高水平组多元线性回归预测变量与残差关系

图4.14展现了高水平考生多元线性回归预测变量和残差的关系。针对全体考生的多元线性回归,由于解释力R^2不及50%(表4.42),观测量分布略显离散(许宏晨2013)。但数据的分布范围显示,回归整体满足误差呈正态分布以及误差和预测变量不相关的前提假定。

表 4.41　高水平考生变量描述统计量及相关矩阵（$n=113$）

变量	描述统计量		相关矩阵						
	M	SD	1	2	3	4	5	6	7
因变量：听力测试得分	7.85	2.041	0.038	0.036	-0.170	0.121	0.066	0.122	-0.150
自变量 1：来自学校的匹配题作答经验	2.03	0.872	—	0.137	0.124	0.431*	0.362*	-0.189*	0.137
自变量 2：来自社会英语考试的匹配题作答经验	1.77	1.122		—	-0.110	0.180*	0.234*	-0.117	-0.067
自变量 3：对匹配题作答经验影响的评价	3.70	0.995			—	0.066	0.048	0.285*	0.649*
自变量 4：匹配题外观形式熟悉程度	2.91	1.125				—	0.700*	0.196*	0.240*
自变量 5：匹配方式熟悉程度	2.90	1.114					—	0.172*	0.299*
自变量 6：题干和选项匹配顺序的熟悉程度	4.00	0.938						—	0.333*
自变量 7：对试题设计熟悉程度的评价	3.76	0.996							—

* $p<0.05$

表 4.41 展示了各变量的均值和标准差，以及它们之间的相关系数。该表显示，7 个预测变量与因变量并无显著相关。大多数预测变量之间呈显著相关，但并无高度相关的情况（最高为自变量 4 和自变量 5 之间，$r=0.700$，$p<0.05$）。这说明各预测变量对因变量的解释和预测能力很弱，且不同预测变量之间具有一定程度的相关性。

表 4.42　高水平考生多元线性回归结果摘要表（$n=113$）

变量	R	R^2	校正 R^2	F (7, 105)	Beta	t (105)	Sig.	容差	VIF
因变量：听力测试得分	0.299	0.089	0.029	1.470					
自变量1：来自学校的匹配题作答经验					0.078	0.700	0.485	0.065	1.424
自变量2：来自社会英语考试的匹配题作答经验					0.013	0.132	0.895	0.012	1.101
自变量3：对匹配题作答经验影响的评价					-0.147	-1.153	0.251	-0.107	1.878
自变量4：匹配题外观形式熟悉程度					0.135	0.825	0.411	0.077	3.088
自变量5：匹配方式熟悉程度					-0.058	-0.355	0.723	-0.033	3.059
自变量6：题干和选项匹配顺序的熟悉程度					0.213	1.981	0.050*	0.185	1.337
自变量7：对试题设计熟悉程度的评价					-0.150	-1.130	0.261	-0.105	2.037

* $p<0.05$

表 4.42 展示了问卷中 7 个维度对高分组考生听力测试得分的回归结果。强制回归结果显示，预测变量中仅"题干和选项匹配顺序的熟悉程度"对听力测试得分有显著的预测作用，R^2 为 0.089，即"来自学校的匹配题作答经验""来自社会英语考试的匹配题作答经验""对匹配题作答经验影响的评价""匹配题外观形式熟悉程度""匹配方式熟悉程度""题干和选项匹配顺序的熟悉程度""对试题设计熟悉程度的评价"构成的组合仅能解释听力测试得分 8.9% 的变异，但因回归方程整体预测力未达显著水平（$F(7, 105) = 1.470$，$p = 0.186 > 0.05$），该结果可信性相对偏低。表 4.42 显示，"题干和选项匹配顺序的熟悉程度"（Beta = 0.213）的标准化回归系数位列第一，其余变量的标准化回归系数的绝对值均低于该值，且未达到显著水平。这说明高水平组对听力任务匹配顺序感

到越熟悉的考生听力测试成绩就越好。标准化回归方程为：听力测试得分 = 0.078×来自学校的匹配题作答经验 + 0.013×来自社会英语考试的匹配题作答经验 − 0.147×对匹配题作答经验影响的评价 + 0.135×匹配题外观形式熟悉程度 − 0.058×匹配方式熟悉程度 + 0.213×题干和选项匹配顺序的熟悉程度 − 0.150×对试题设计熟悉程度的评价。

（3）任务熟悉程度对低水平考生测试表现的解释和预测作用

最后展示的是任务熟悉程度问卷中的 7 个维度对低水平考生的解释和预测作用。本研究首先以多元线性回归预测变量与残差关系图展示回归的误差是否满足正态分布（图 4.15）。其后展示各预测变量的描述性统计量和相关矩阵，以分析预测变量与因变量之间的相关性（表 4.43）。最后以多元线性回归结果摘要表展示了各预测变量对因变量的影响程度（表 4.44）。

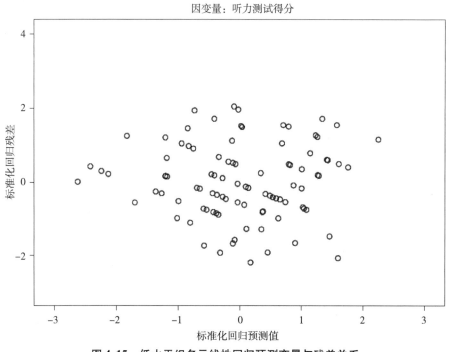

图 4.15 低水平组多元线性回归预测变量与残差关系

图 4.15 展现了低水平考生多元线性回归预测变量与残差的关系。从数据的分布来看，虽然多元线性回归解释力 R^2 不及 50%（表 4.44），但可以观测到数据较为明显的中心集中趋势，且数据分布范围正常。这说明低水平考生的多元线性回归整体满足误差呈正态分布以及误差和预测变量不相关的前提假定。

表 4.43　低水平考生变量描述统计量及相关矩阵（$n=94$）

变量	描述统计量		相关矩阵						
	M	SD	1	2	3	4	5	6	7
因变量：听力测试得分	5.17	2.280	0.225*	−0.011	0.390*	0.175*	0.316*	0.372*	0.377*
自变量1：来自学校的匹配题作答经验	2.37	1.016	—	0.115	0.208*	0.344*	0.329*	0.233*	0.237*
自变量2：来自社会英语考试的匹配题作答经验	1.78	1.039		—	0.140	0.225*	0.123	0.175*	0.053
自变量3：对匹配题作答经验影响的评价	3.68	0.964			—	0.405*	0.388*	0.322*	0.675*
自变量4：匹配题外观形式熟悉程度	2.78	0.996				—	0.765*	0.419*	0.232*
自变量5：匹配方式熟悉程度	2.89	1.023					—	0.476*	0.301*
自变量6：题干和选项匹配顺序的熟悉程度	3.61	1.046						—	0.419*
自变量7：对试题设计熟悉程度的评价	3.71	1.064							—

* $p<0.05$

表 4.43 展示了各变量的均值和标准差，以及它们之间的相关系数。除自变量 2 之外，其余 6 种预测变量均与因变量显著相关。大多数预测变量之间呈显著相关，但并无高度相关的情况（最高为自变量 4 和自变量 5 之间，$r=0.765$，$p<0.05$）。这说明各预测变量对因变量具备一定程度的解释和预测能力，但不同预测变量之间存有一定程度的相关性。

表 4.44　低水平考生多元线性回归结果摘要表（$n=94$）

变量	R	R^2	校正 R^2	F (7, 86)	Beta	t (86)	Sig.	容差	VIF
因变量：听力测试得分	0.525	0.276	0.217	4.678*					
自变量1：来自学校的匹配题作答经验					0.117	1.172	0.244	0.846	1.182
自变量2：来自社会英语考试的匹配题作答经验					-0.079	-0.823	0.413	0.922	1.085
自变量3：对匹配题作答经验影响的评价					0.270	2.017	0.047*	0.471	2.121
自变量4：匹配题外观形式熟悉程度					-0.263	-1.736	0.086	0.368	2.720
自变量5：匹配方式熟悉程度					0.253	1.688	0.095	0.374	2.673
自变量6：题干和选项匹配顺序的熟悉程度					0.237	2.107	0.038*	0.668	1.498
自变量7：对试题设计熟悉程度的评价					0.058	0.430	0.668	0.470	2.127

* $p<0.05$

表 4.44 展示了问卷中 7 个维度对高分组考生听力测试得分的回归结果。强制回归结果显示，预测变量中有"对匹配题作答经验影响的评价"和"题干和选项匹配顺序的熟悉程度"对听力测试得分有显著的预测作用；此外，"匹配题外观形式熟悉程度"和"匹配方式熟悉程度"对听力测试得分的预测作用也接近显著水平（$p=0.086$；$p=0.095$）。R^2 为 0.276，即"来自学校的匹配题作答经验""来自社会英语考试的匹配题作答经验""对匹配题作答经验影响的评价""匹配题外观形式熟悉程度""匹配方式熟悉程度""题干和选项匹配顺序的熟悉程度""对试题设计熟悉程度的评价"构成的组合能解释听力测试得分 27.6% 的变异。表 4.44 显示，标准化回归系数位列前 4 名（绝对值）的分别为"对匹配题作答经验影响的评价"（Beta = 0.270）、"匹配题外观形式熟悉程度"（Beta =

-0.263）、"匹配方式熟悉程度"（Beta=0.253）、"题干和选项匹配顺序的熟悉程度"（Beta=0.237）。这说明低水平考生越倾向于肯定作答经验的影响，对匹配方式和匹配顺序越熟悉，他们的听力测试成绩就越好。对于匹配任务的外观形式，考生对其越熟悉，其听力测试成绩越低，但该现象也有可能由随机误差引起。标准化回归方程为：听力测试得分 = 0.117 × 来自学校的匹配题作答经验 - 0.079 × 来自社会英语考试的匹配题作答经验 + 0.270 × 对匹配题作答经验影响的评价 - 0.263 × 匹配题外观形式熟悉程度 + 0.253 × 匹配方式熟悉程度 + 0.237 × 题干和选项匹配顺序的熟悉程度 + 0.058 × 对试题设计熟悉程度的评价。

4.4 小　　结

在非测试组的质性数据中，本研究发现了认知过程和元认知策略两种思维过程。认知过程与 Field（2013）听力理解模型中的 5 个层次相同，有输入解码、词汇检索、解析、意义表征构建和语篇表征构建。非测试组考生信息加工过程表明，听力语篇中的人物观点理解属于高层次听力理解过程。另一种是元认知策略，是对听力理解反思和调控的过程，是人物观点理解中不容忽视的过程。

考生在测试环境中的作答过程涵盖了非测试环境中全部信息加工过程。虽然两种环境下的思维过程总体较为相似，但更复杂，且具体的策略运用也有一定差异。测试组考生不但运用了听力理解认知过程及元认知策略，还运用了阅读理解过程和答题过程。

研究还发现，考生对不同匹配方式和体裁的匹配任务均有不同认识，与其作答过程紧密相关。对于不同匹配方式的任务，考生往往以平时经常练习的多项匹配题与本研究的匹配题比较，普遍认为匹配方式为"观点-人物"的表格匹配题与"单选题"形式比较接近，主观感觉难度更低；匹配方式为"人物-观点"，外观为"选项在上、题干在下"的匹配题与"单选题"形式差异很大，主观感觉难度更高。对于独白和对话两种体裁，大多数考生认为，语篇中人物和观点的对应顺序是影响不同体裁语篇难度的主要因素，但总体上全体考生对不同体裁的难度没有明显倾向。

研究还分析了高低水平考生作答过程及答题效果的异同。从整体性的作答效果来看，测试分数对不同考生水平的区分性良好。从人物观点理解与作答效果的对应关系来看，听力理解和作答效果一致的情况占很大比例，这说明该任务总体上具有良好的构念效度。然而，考生在对人物观点部分理解的情况下，倾向于正确回答问题，该现象主要体现在全球化语篇的任务中，因其观点区分性较小。听力理解和作答效果不一致的情况很少出现，主要体现为猜测答案，因回避认知负担采用的延迟作答策略、在未读懂题项的情况下进行匹配等情况。但对于不同水平的考生，高水平考生听力理解与作答效果一致的比例比低水平考生相对更高，说明该任务类型测量高水平考生效果更好。

从前两个阶段的质性数据中，本研究总结了影响听力多项匹配题认知效度的重要任务特征和考生特征。这些特征为听力测试第三版的调整提供了依据，其中部分变量体现在第三研究阶段的听力测试和问卷中。在最后的阶段，匹配方式、体裁/匹配顺序和任务熟悉程度成为第三阶段研究中的主要自变量。

在第三阶段研究的数据分析中，三因素组间方差分析结果显示，英语水平和匹配方式以及体裁和匹配方式对任务得分有显著的交互作用，但英语水平和体裁对任务得分不存在显著交互作用。体裁的差异对不同水平考生测试表现的影响没有显著差异，但匹配方式的不同对不同水平考生的测试表现则有显著影响。在同等条件下，"观点–人物"匹配方式对任务成绩的影响相对较小，而"人物–观点"的匹配方式对任务成绩的影响相对较大。这说明在听力多项匹配题的设计中，体裁和匹配方式的选择确实会影响考生的测试表现。

任务熟悉程度对全体考生听力测试成绩的解释和预测程度较低，说明该任务类型可很好地反映考生的听力理解能力。该因素对高水平考生测试表现的解释和预测作用微弱，但其与低水平考生的测试表现有中等程度的关联。这说明听力多项匹配题对高水平考生体现了更好的构念效度。在全体考生中，"题干和选项匹配顺序的熟悉程度"维度的得分与听力测试成绩有显著关联。在低水平组考生中，还可观测到更多与听力测试有显著关联的预测变量。

5 讨 论

第 5 章针对研究结果，对其意义和启示展开深入讨论。讨论围绕听力多项匹配题的认知效度进行，按照三个研究问题的顺序，首先总结听力语篇中人物观点理解信息加工过程的特点，从心理语言学的视角界定听力多项匹配题的构念（5.1 节）；其后根据测试环境中有关考生作答过程的研究结果，探讨听力多项匹配题认知效度的特点（5.2 节）；最后以相关任务特征和考生特征与听力多项匹配题测试表现的关联为依据，检验本研究选用的听力多项匹配题的认知效度（5.3 节）。本章结尾对讨论的结果进行概括和简要总结（5.4 节）。

5.1 听力语篇中人物观点理解信息加工过程的特点

本节根据 4.1 节的研究发现，对听力语篇中人物观点理解涉及的信息加工过程以及不同过程之间的联系进行深入讨论，从心理语言学的视角揭示了人物观点类听力多项匹配题构念的本质。本节首先根据 Field（2013）的听力理解模型，描述人物观点类听力多项匹配题意图测量的构念，其后根据第一阶段的研究结果，对考生在听力理解中实际运用的人物观点理解过程进行总结，并与前者比较。最后，本节评价相关低层次信息加工过程、高层次信息加工过程和元认知策略的特点。

5.1.1 听力语篇中人物观点理解的信息加工过程

本研究选用的听力多项匹配题测量的是人物观点理解，该能力被认为属于"高层次"的听力理解能力，涉及高层次信息加工过程的运用（Boroughs 2003；Weir et al. 2013；Elliott and Wilson 2013）。通过第一阶段的研究结果，这种界定得以验证。然而，考生在理解听力语篇中人物观点时实际运用的信息加工过程比设想的更为复杂。

Field（2013）的 5 个层次的听力理解模型对高层次的听力理解过程有较为细致的分类。本研究借鉴该模型，设想了人物观点理解反映的"高层次"听力理解能力的信息加工过程。相关过程可用图 5.1 表示，该图反映了本研究选用的听力多项匹配题反映意图测量的构念。

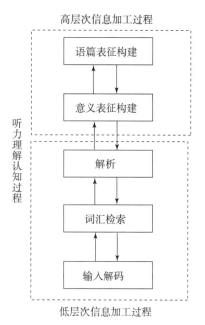

图 5.1 "高层次"听力理解能力的信息加工过程（改编自 Field（2013））

如图 5.1 所示，听力语篇中人物观点理解属于"高层次"的听力理解能力。依据 Field（2013）的听力理解模型，该能力同时设计高层次和低层次的信息加工过程。高层次信息加工过程有意义表征构建和语篇表征构建两种，低层次信息加工过程包括输入解码、词汇检索和解析。根据 Field（2008，2013）对不同层次信息加工过程之间联系的设想，图 5.1 中每两个相邻的层次之间联系紧密，彼此互相影响（以双向箭头表示）。这 5 个层次在听力理解中可同时发挥作用，不一定按顺序进行。

通过第一阶段研究的数据分析，本研究发现听力语篇中人物观点的理解比设想的更为复杂，实际上是三种心理过程相互作用的结果：听力理解的高层次和低层次信息加工过程以及听力理解元认知策略。每一类思维过程又可分为更为细致的信息加工过程，它们在听力理解的过程中同时发挥作用，并存在较为复杂的交互作用。在人物观点的理解中，各类信息加工过程及其之间的相互作用方式详见图 5.2。

图 5.2 是听力语篇中人物观点理解的过程，展示了不同心理过程及相应的信息加工层次在听力理解中的作用，以及不同过程之间的联系，是根据非测试环境中有关考生人物观点理解的质性数据总结归纳而来的。图 5.1 显示，主要有两种过程参与了听力语篇中的人物观点理解，分别为听力理解认知过程和听力理解元认知策略。其中听力理解认知过程根据 Field（2013）的听力理解模型，分为输入解码、词汇检索、解析、意义表征构建和语篇表征构建 5 个层次，其中前三个

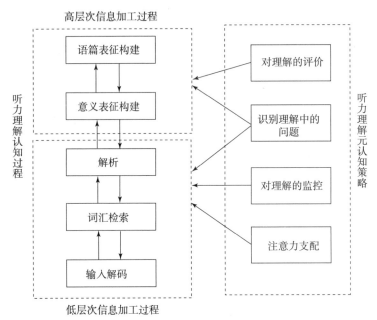

图 5.2　听力语篇中人物观点信息加工过程示意图

层次是低层次信息加工过程，仅限于对语言信息字面意义的理解；后两个层次是高层次信息加工过程，考生针对理解的内容构建新的意义。听力理解元认知策略在参考 Vandergrift（1997）、Goh（1998，2002）对听力理解元认知策略分类的基础上，针对非测试环境中人物观点理解的特点，归纳了 4 种具体的元认知策略，分别为注意力支配、对理解的监控、识别理解中的问题和对理解的评价。不同层次或过程之间的箭头表示它们彼此之间的联系，箭头的方向代表前者对后者的信息加工有所助益，或对其有重要影响。不同信息加工过程之间的联系主要反映了两个规律。第一，对于人物观点的理解，虽然低层次信息加工过程是高层次信息加工的基础，但后者也与前者有紧密联系，主要体现在意义表征构建对解析、词汇检索和输入解码的影响。第二，不同的听力理解元认知策略可为认知过程带来不同的影响，对理解的监控和注意力支配主要用于调节低层次信息加工过程，对理解的评价主要影响高层次信息加工过程，识别理解中问题的过程与高层次和低层次的信息加工过程都有关联。

　　总体来讲，听力语篇中人物观点理解的信息加工过程主要有三个方面的特点。第一，人物观点理解涉及所有层次的认知过程，这符合学界一直以来对该能力本质的设想。第二，元认知策略对于人物观点的理解必不可少，这反映了 Field（2013）的听力理解模型中一个未曾引起重视的维度。第三，不同信息加工过程可同时进行，它们之间存在紧密而复杂的联系（图 5.2），其具体形式比 Field（2008，2013）所设想的模式更为复杂（图 5.1）。

本研究发现，真实语境中的人物观点理解确实需要听者同时运用高层次和低层次的听力理解过程。虽然对于个别人物观点的理解，有些考生仅需运用输入解码、词汇检索和解析三种过程即可达到目的，但每位考生在听力理解的过程中，都无可避免地运用了高层次的信息加工过程。这一发现与 Cai（2013）针对部分听写任务的研究结论相似，符合本研究的预期，正如 Boroughs（2003）、Field（2013）以及 Elliott 和 Wilson（2013）在描述听力多项匹配题可测量的构念时，特别强调该任务类型适合测量高层次听力理解过程，人物观点理解是其中之一。值得关注的是，听力理解需要在较短时间内处理并记忆大量语音输入的意义，其认知负担较重，低层次信息加工的问题在所难免，但 Anderson（1995，2005）和 Field（2013）等提出的听力理解模型主要用于描述理想情况下的信息加工过程，并未明确指出补偿策略使用的必然性。虽然 Buck（2001：50）和 Rost（2011：70）指出了听力理解的"补偿性技能或策略（compensatory skill/strategies）"，Flowerdew 和 Miller（2005）指出听力理解是"自上而下"和"自下而上"的过程共同作用的产物，但他们都未阐明"补偿"过程的实质，即高层次信息加工过程对低层次信息加工过程的影响。

除了认知过程以外，元认知策略也对人物观点理解有重要影响。在非测试组考生的有声思维数据中，本研究发现考生运用了注意力支配以及对理解的监控等方面的过程。访谈数据中则主要体现了考生对听力理解的反思，包括对听力理解的评价和对理解中遇到的问题原因的总结。这是一个新的发现，因为以往相关文献不太关注听力理解元认知策略对于理解的贡献，仅局限于描述听力理解认知过程，或未明确区分这两种过程（Flowerdew and Miller 2005；Anderson 1995，2000，2015；Cutler and Cliften 1999；Rost 2002，2011；Field 2008，2013），仅有 Vandergrift 和 Goh（2012）强调了听力理解元认知策略对听力理解的重要性，但该著作并未详细分析其影响的具体方式。Wang（2017）在对 TEM8 听力笔记填空题的构念界定中，虽然注意到对理解的监控在听力理解过程中的作用，但未对该过程的实质进行进一步探索。本研究发现元认知策略是听力理解中不可或缺的思维过程，可引导听者的注意力，使其对理解的过程进行监控、评价和反思，且不同的元认知策略主要影响不同层次的听力理解认知过程，可为 Field（2013）听力理解模型的进一步完善提供参考。

听力理解是复杂的心理过程，其中各种信息加工过程在理解过程中同时进行，多种过程之间也存在紧密的联系。这一研究发现与 Buck 和 Tatsuoka（1998）的结论相似。不同过程之间的联系主要体现为两个方面，其一为高层次和低层次信息加工之间的联系，其二为认知过程与元认知策略的联系。

关于高层次和低层次信息加工过程之间的联系，在质性数据中主要体现为解析和意义表征构建之间的交互作用。除此之外，也不乏其他形式的关联，包括"解析－语篇表征构建""意义表征构建－词汇检索"以及"意义表征构建－输入解码"等不同层次之间的影响方式（图 5.1）。此发现体现了 Field（2013）听力理解模型的特色，它比 Anderson（1995，2000，2015）、Poelmans（2003）以及 Cutler 和 Cliften（1999）等听力理解模型对信息加工层次的划分更为细致、全面。这一发现与"交互模型"（Rumelhart 1975）对听力理解过程的描述一致，但"自下而上"和"自上而下"的过程具体的作用方式尚不清楚（Flowerdew and Miller 2005）。本研究的发现不但揭示了人物观点理解中高层次和低层次信息加工过程之间的联系，而且更为细致地呈现了不同过程之间的联系，这反映出听力理解过程的复杂性，对听力测试任务的构念界定有一定启示。

元认知策略与认知过程之间的联系主要体现在两个方面。一方面，元认知策略可以影响高层次意义建构的思路和方向，提醒听者运用哪些知识和图示完善听力理解。另一方面，元认知策略还可以引导听者将注意力放在对语篇中关键信息的加工上，并随时监控、调整自己对语言输入的理解，主要作用于低层次过程。对于听力语篇中人物观点的理解，本研究发现考生在真实语境中的听力理解实际运用的信息加工过程很可能比 Field（2013）的 5 层次听力理解模型更为复杂，这主要体现在元认知策略的重要地位和作用上。Vandergrift 和 Goh（2012）经过多年对元认知策略的研究（Vandergrift 1997；Goh 1998，2012），虽然将该过程作为听力理解中的重要环节，并将其与 Anderson（1995，2015）的三阶段语言理解模型相结合，但遗憾的是仍未能指出具体的元认知策略对不同层次认知过程的影响。本研究通过对人物观点理解过程的考察，发现该过程是高层次、低层次认知过程和元认知策略相互作用的产物，并尝试探索了不同元认知策略对认知过程的影响，丰富了学界对听力测试构念本质的了解。

5.1.2　低层次信息加工过程的特点

低层次信息加工过程包括语音解码、词汇检索和解析三个层次。有关人物观点理解，除了 5.1.1 节中提及的特点，低层次信息加工过程还有两种重要特性。首先，低层次信息加工过程已满足直接表达的理解人物观点的最低条件；其次，在听力理解中，考生的认知负担较大，倾向于根据实际情况采用最简捷高效的策略理解人物观点。

本研究在数据分析中发现，在一些情况下，考生仅运用了输入解码、词汇检索和解析等过程，就足以正确理解人物观点。虽然与 Boroughs（2003）、Field（2013）以及 Elliott 和 Wilson（2013）将人物观点理解划分为高层次听力理解过程的预期不完全符合，但这足以体现人物观点理解过程的复杂性。该过程所涵盖的信息加工过程，由观点表达的直接性、听者个人的选择以及低层次信息加工的准确性所决定。总之，虽然从个别语句的角度来看，考生有可能仅使用低层次过程，但从每位考生的整体数据来判断，每人在人物观点理解中都不可避免地运用了高层次听力理解过程，因此可以认为人物观点理解涉及高层次意义建构的过程，是"自下而上"与"自上而下"过程的结合（Flowerdew and Miller 2005）。

针对低层次信息加工过程的运用方式，本研究发现考生倾向于使用最节省精力的方式理解，使其效率更高。该现象与 Buck（2001）对听力理解"自动化信息加工过程"的描述相符：正常的英语口语输入速度一般可达到 3 词/秒以上，听者需要对语音输入的加工足够熟练，才能正确理解。学习者最初接触听力时，对语音输入不熟练，倾向于运用"监控的过程"，有意识地监控听力理解，并关注重要信息；当听者对语音输入的加工足够熟练后，则倾向于运用"自动化的过程"（automatic processes），不需要这些监控和控制注意力的过程，就可以不费力地理解（Schneider and Shiffrin 1977；Shiffrin and Schneider 1977；Buck 2001：7）。对于容易理解的人物观点，考生运用自动化的过程，直接理解其意义更为节省精力；而当观点理解有一定难度时，则更多运用监控的过程，通过关键信息的串联或结合高层次过程理解人物观点。

5.1.3 高层次信息加工过程的特点

高层次信息加工包括意义表征构建和语篇表征构建等过程，其实质为根据语篇中已理解的内容，创造新意义的过程。该过程不但在听力理解中普遍存在，而且与低层次信息加工过程和元认知策略都有紧密联系（5.1.1 节）。此外，高层次信息加工过程还具有可选择性和多样性。对于语篇中同样的信息，考生可选择只理解字面意义，也可以使用意义表征构建或语篇表征构建的过程。不同考生对同样的语篇信息即使运用了高层次信息加工过程，其构建的意义也可能不尽相同。换言之，听者对于高层次信息加工过程的运用在一定程度上有"自由支配"的权力。事实上，在语言交际的过程中，表达和理解中的隐含意义本来就是语言使用者构建的，具有不确定性，如 Grice（1975）指出会话含义（conversational implicature）有"可取消性"（cancellability）。对听者来说，不同的人对同样语言信息的理解也可能有所差异（Brown 1995；Buck 2001）。虽然本研究听力语篇中人物观点的表达大都比较明确，但是高层次信息加工过程使考生实际所解读的意义存在个体差异。但在语句字面意义把握较准确的情况下，考生对人物观点的推断、评价或总结也较为合理。

5.1.4 元认知策略的特点

元认知策略是对认知过程的监控、评价和反思的过程，其形式较为复杂，本研究仅讨论听力理解中的元认知策略。对于听力语篇中的人物观点理解，本研究共归纳了 4 类元认知策略：注意力支配、对理解的监控、对理解的评价和识别理解中的问题。注意力支配是考生对听力语篇中的特定信息加以关注的过程，目的是节省精力，提高理解的效率，主要作用于低层次信息加工过程。对理解的监控包括听者对理解效果的检验，理解中问题的识别，以及对相关问题的简单处理，同样主要影响低层次信息加工过程。对理解的评价反映了考生对语篇内容的难度、理解的正确性和完整性等方面的思考，是意义建构的过程，主要与高层次的信息加工过程有关联。在 Vandergrift（1997）、Goh（2002）以及 Badger 和 Yan（2009）对听力理解元认知策略的分类中，同样包括了以上三种类别。识别理解中的问题是考生对听力理解中的困难和阻碍原因的总结，虽然亦可视为对理解的评价，但因相关过程在研究中非常突出，因此参照 Vandergrift（1997）对元认知策略的分类，将其归为一个独立的类别。问题的识别是一种发现疑问的过程，是问题解决的一个准备环节，与听力理解中高层次和低层次的信息加工过程都有关联。在听力测试的过程中，其有助于听力理解的完善；更长远地看，有助于学习者英语水平的提高。总之，听力理解元认知策略普遍存在于人物观点理解中，作用于不同的听力理解认知过程，是考生听力理解中必不可少的环节。

5.2　听力多项匹配题认知效度的特点

本节针对 4.2 节的发现，分析并评价听力多项匹配题认知效度的特点。首先，本节全面地描述考生作答的信息加工过程，总结其主要特点（5.2.1 节）。其后，参照 Field（2013：80）提出的听力测试认知效度分析框架，分别从信息加工的相似性、全面性和作答过程的区分性三个角度，对听力多项匹配题认知效度的特点进行评价和总结，讨论该任务类型的特色和局限性。

5.2.1　听力多项匹配题作答信息加工过程

考生在听力测试环境中多项匹配题的作答过程比非测试环境下人物观点的理解过程更为复杂。在测试环境下，考生听力理解的主要目的为匹配题的作答，因此在理解语篇中的人物观点时，无法避免阅读理解过程和答题过程的参与。这两种过程反映了与听力理解无关的能力，但它们与听力理解过程和匹配题作答都有紧密关联。有趣的是，与多项匹配题有关的阅读过程和答题过程（实质为问题解决的过程）并不是只会对听力理解带来不利影响，也可以促进听力理解。图 5.3 是该过程的详细描述。

图 5.3 展示了听力多项匹配题作答中涉及的全部信息加工过程，以及它们之间不同的联系。对于图中方框里的概念，在第二阶段研究中，可以从有声思维和访谈数据中直接发现与其相关的策略运用。圆圈中的概念（听力语篇人物观点理解）是匹配题测量的构念，只能根据考生在听力测试中的表现间接地推断。箭头代表不同概念之间的联系，箭头的出发点是施加影响的因素，其终点是被影响的因素。箭头的性质有实线和虚线之分，实现代表促进或有利影响，虚线代表阻碍或不利影响。图 5.3 的内容反映了三个重要特征。第一，在测试环境中，考生以匹配题的作答为目的，因此除听力理解外，阅读理解过程和答题过程也同时参与

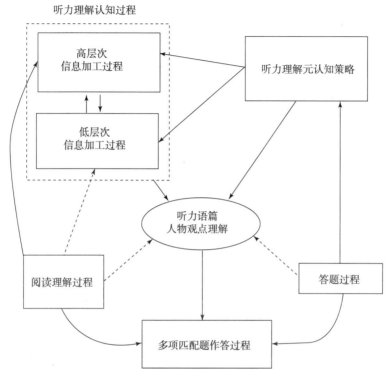

图 5.3 听力多项匹配题作答信息加工过程示意图

到作答过程中。第二，阅读理解过程和答题过程作为构念不相关的因素，会对听力理解造成一定的影响，其中阅读理解过程主要影响听力理解认知过程，答题过程主要影响听力理解元认知策略。第三，阅读理解过程和答题过程对听力理解是一把"双刃剑"，对人物观点理解信息加工过程既有促进作用，也有阻碍作用。具体而言，阅读理解过程虽然有益于高层次信息加工过程，但对低层次信息加工过程有不利影响，相关阅读负担也会为听力理解带来更多负担；答题过程虽然可以促进听力理解元认知策略，但其中涉及的一些问题解决过程可能使考生运用听力理解以外的能力完成作答。

与非测试组人物观点理解过程相比，听力多项匹配题的作答过程中不但包含了非测试环境下所有的认知过程和元认知策略，而且还受到阅读理解过程和答题过程共同的影响。两种条件下的思维过程既存在共同之处，也有差异，这能够反映听力多项匹配题认知效度的特色和局限性。有关这些共同点和差异与该任务类型认知效度的联系将在本节中进一步详细探讨。

5.2.2 信息加工的相似性

信息加工的相似性指考生在听力测试作答过程中运用的信息加工过程与测试

任务对应的语境下所运用的信息加工过程的一致程度（Field 2013）。对信息加工相似性的分析和评价，主要在于探寻作答过程中由任务特征引起的与任务构念无关的能力运用，即 Messick（1989）提出的"构念不相关"因素。本小节首先描述测试环境与非测试环境信息加工的相似之处，再指出差异之处，并讨论这些特点与听力多项匹配题认知效度的联系。

（1）信息加工过程的共同点

信息加工过程的相似性体现在测试组和非测试组所运用的认知过程和元认知策略的种类和运用方式上。研究发现，测试组运用了与非测试组同样的5个层次的认知过程，涵盖了全部26种策略运用，具体信息加工的方式也无差异。元认知策略的相似程度很高，在测试组运用的16种元认知策略中，有13种与非测试组相同，涵盖了非测试组全部4类元认知策略，仅有2种策略不存在于非测试组中，1种策略内容有一定差异。非测试组元认知策略的具体运用也可在测试组中找到相似的方式。这说明听力理解的认知机制是具有普遍性的，无论是在听力测试的环境还是任务所对应的语境中，听力理解的认知过程和元认知策略大体上是一致的。这一发现与一语听力和二语听力认知机制之间的比较结果有相似之处，即听力理解的信息加工过程并无本质不同，二语听力理解过程的差异仅体现在语言知识的局限上（Faerch and Kasper 1986；Dunkel 1991；Chiang and Dunkel 1992；Buck 2001）。与此相似的是，测试环境与非测试环境的差异仅在于测试环境中听力任务的设置，考生的听力理解以完成任务为目的，听力理解的过程并无本质差异。这一点在 Badger 和 Yan（2009）对听力测试中考生的策略运用的总结中能够体现出来，该研究对听力理解认知策略和元认知策略的分类，虽然较之 Goh（2002）的分类有一定变化，但总体上一致性较高。相关发现表明，对于听力多项匹配题，考生作答的信息加工过程相似性总体较高，这从其中一个方面反映了该任务类型具有良好的构念效度，这为 Elliott 和 Wilson（2013）、Field（2013）对听力多项匹配题效度的积极评价提供了佐证。

（2）信息加工过程的差异

匹配任务本身对考生人物观点理解过程的影响也同样值得关注。相关影响主要与三类思维过程有关：元认知策略、阅读理解过程和答题过程。下面分别介绍这三种过程在听力测试环境中的变化。

测试环境中的元认知策略与非测试环境中相应过程的差异主要体现在两个方面。其一是在测试组的作答过程中发现了非测试组中不存在的元认知策略（"将听到的内容与题干或选项的内容对应""承认未发现听到的内容与题干或选项的内容对应"），以及存在差异的策略（"总结影响理解的任务特征"，在非测试组中为"总结影响理解的语篇特征"）。其二是部分元认知策略与匹配题作答有直接关联，重点并不在听力理解上。这与 Cohen（1998，2006，2012）、Field（2012）中对语言测试中作答策略的作用和影响的评价不完全一致，因为这些文献只强调了相关策略为测试任务构念效度带来的不利影响,其关注的重点在于构念无关的"应试策略"(test-wise strategies)上,而未注意到任务的形式和内容对听力理解元认知策略的促进作用。值得关注的一点是,这些研究及综述未考虑过听力多项匹配题的特点。匹配的形式可促使考生格外关注听力语篇中有关人物和观点的信息,由于本研究设计的任务不存在干扰项,考生所阅读的题干和选项的内容在语篇中都可找到对应的信息,有助于促进考生对关键信息的准确把握。

作答过程中的阅读理解过程是非测试环境中不存在的过程,是一种构念不相关的因素。但阅读过程对于考生的人物观点理解也有两面性:既可以促进听力理解,也能为听力理解带来不利影响。有关阅读过程对听力理解的促进作用,Badger 和 Yan(2009)在考生的听力理解元认知策略中发现了与阅读题项有关的策略(体现在听前准备和选择性关注的策略中),这与本研究听力理解元认知策略中的发现一致。听力多项匹配题中题干或选项的阅读负担对其构念效度的影响是一个更为普遍关注的问题,相关研究或综述一致认为,对于测量高层次听力理解能力的匹配题,阅读负担是影响考生作答的重要因素之一(Boroughs 2003; Murray 2007; Geranpayeh 2007; Khalifa 2006; Hawkey 2009; Elliott and Wilson 2013; Field 2013),这与本研究的发现一致。总之,听力匹配任务中的书面信息对考生听力理解有两面性的影响,但从信息加工相似性的视角来看,都会改变考生的思维过程。这反映了语言测试中的"测试方法效应"(test method effect)(Cambell and Fiske 1958; Messick 1988; Dunkel et al. 1993; Wu 1998)。本研究选用的听力多项匹配题有两种不同的匹配方式和体裁,使任务设计形式存有差异。不同类型的听力匹配任务虽然不会改变考生阅读的信息量,但可能会影响他们的阅读方式和作答的心理状态。不同类型的匹配任务如何影响考生的阅读过程,是否为该任务类型带来不同的测试方法效应,也非常值得研究。

本研究从读题准备时段口述和访谈数据中发现,对于不同匹配方式的任务,考生倾向于将其与自己平时经常练习的多项选择题或其他与其类似的任务类型相比较,并以任务形式的相似性,对任务难度进行预测或评价。由于"观点-人物"匹配方式的任务(外观形式为表格)每题只选一个选项,与考生最常练习的"单选题"形式较为相近,而"人物-观点"匹配方式的任务(外观形式为选项在上、题干在下)每道题可以多选,与考生最熟悉的题型差异较大,考生倾向于认为前者难度较低,后者难度较高。这反映了考生在作答过程中倾向于使用"同化(assimilation)"的认知过程(陈琦、刘儒德 2005:34),运用自己对于任务类型已有的知识和图示理解新的任务类型的形式。从 2017 年高考《考试说明》中英语听力测试的结构和内容来看,依然只有一直延续的多项选择题的形式(教育部考试中心 2016)。任务类型过于单一不但可能引发测试方法效应,而且容易引发测试忽略对高层次认知能力的测量,这不利于测试的构念效度,也对考生语言思辨能力的培养起到阻碍作用(韩宝成、张允 2015)。因此对于高考英语听力测试，考生对不同匹配方式任务的评价恰好能反映听力多项匹配题设置的可行性，及其可能带来的积极影响。

不同体裁的匹配任务为考生阅读过程带来的影响主要体现为不同的匹配顺序。在匹配题的设计中，全球化语篇匹配任务中的人物无论设为题干还是选项，其排列顺序都应按照原文中相应信息的顺序出现；而医学讨论语篇无论如何设计题干和选项，只能使观点的顺序与原文中相应信息排列顺序保持一致。Field（2013）指出听力多项匹配题题项的顺序和听力原文中关键信息出现的顺序不必完全一致，但尚未评价该设置可能对作答过程和结果带来的影响。在其他技能或学科的匹配任务中，有关匹配题特性的介绍并未特别强调匹配顺序的问题（Ebel and Frisbie 1991；Haladyna and Rodriguez 2013），因为只有听力测试中的语音输入是按照线性顺序呈现的，题目中相应信息的呈现顺序可能对作答造成一定影响，这是听力匹配任务中的一种特殊情况。从质性数据中可发现，非测试组和测试组中多位考生认为，语篇中人物和观点呈现的顺序或是题目中的匹配顺序影响了他们的听力理解或作答，但该特征能否显著影响匹配任务的难度，有待进一步验证。

听力测试中的答题过程是测试环境中必不可少的思维过程，但其本身与阅读理解过程一样，为测试任务本身带来了与构念无关的影响。本研究发现，听力多项匹配题的答题过程对人物观点理解主要有两个方面的影响。一方面，答题过程可以促进听力理解元认知策略，引导考生对语篇中关键信息的注意力，并加强其对听力理解的监控。另一方面，答题过程可能促使考生运用一系列与听力理解无关的能力答对题目，如运用逻辑推理能力、猜测行为等。听力匹配任务的答题过程对听力理解的影响超出了本研究的预期，因为在 Field（2011，2012）、Wang（2017）等研究中并未发现答题过程和元认知策略之间的联系，仅重点关注了不利影响的因素，即"应试策略"对试题构念效度的危害。但是，本研究的发现揭示了听力多项匹配题的答题过程不一定对听力理解过程只有负面影响。虽然 Vandergrift 和 Goh（2012）指出，基于任务的听力理解可以强化学习者的元认知策略，有助于其英语学习，但还未有研究在听力测试中验证类似现象。本研究在对人物观点类听力多项匹配题的研究中发现，测试任务引发的答题过程确实可在某些方面促进考生的听力理解。

5.2.3 信息加工的全面性

信息加工的全面性与听力测试中信息加工的广度有关，指考生在测试环境中所运用的思维过程类别能够充分涵盖任务所对应语境中所运用过程的类别（Field 2013）。这与 Messick（1989）提出的"构念代表不充分"的概念类似。对于本研究选用的听力多项匹配题，既然相应语篇中人物观点理解属于"高层次"听力理解能力，考生在匹配题作答中所运用的思维过程能够充分反映 Field（2013）

模型中全部 5 个层次的认知过程，以及相应的元认知策略，是本研究重点讨论的问题。本小节从认知过程和元认知策略的角度，讨论听力多项匹配题信息加工全面性方面的优势和不足之处。

(1) 信息加工全面性的优势

通过比较测试组作答过程的质性数据与非测试组的听力理解过程，本研究发现听力多项匹配题考生作答信息加工过程的全面性良好，与其相对应语境中听力理解过程的种类和频率大体一致。这种一致性在测试组的认知过程和元认知策略中都有体现。研究发现，测试组 5 个层次认知过程的信息加工频率比例的分布与非测试组较为相似，尤其是高层次信息加工过程的比率相差无几，说明听力多项匹配题的作答确实促使考生运用了高层次的听力理解过程。另外，非测试组 4 个类别的全部元认知策略都可在测试组的作答过程中找到，尽管不同类别的元认知策略比率有所差异，但具体策略的运用可在两组考生中找到相同的方式。总之，在测试环境下，考生的过程虽然在一定程度上受到匹配任务的影响，但其所测量的信息加工全面性与非测试条件下重合度较高，测试组考生实际运用了非测试组全部类别的认知过程和元认知策略，且相关策略总体频率的比例大致相似。最重要的是该任务类型所测量的高层次信息加工过程与相应的非测试环境下相似程度最高，这从重要的角度为听力多项匹配题可较好地测量高层次听力理解过程的主张提供了积极的证据，与 Boroughs (2003)、Elliott 和 Wilson (2013) 以及 Field (2013) 对该任务类型测量目标范围的总结一致。

(2) 信息加工全面性的问题

听力多项匹配题作答过程信息加工的全面性在细节方面也存在一些问题。虽然信息加工全面性总体较好，但在认知过程和元认知策略具体的比率分布方面，仍能发现一些有关构念代表不充分的问题。此外，一些有关语篇内容的特征也可能影响信息加工的全面性。

首先，在测试组考生的低层次信息加工中，解析过程运用的比率相对较低，而词汇检索过程运用的比率相对较高。如此，理解整个句子的字面意义对考生可能就不像在非测试组中一样重要。在听力测试的研究中，这种信息加工低层次化的现象在 Wu (1998)（多项选择题）和 Field (2012)（笔记填空题和多项选择题）的研究中也有类似的发现。这可能反映了一个普遍性的问题：在听力理解的过程中，考生的注意力类似一种资源，只能有限度地使用（Kahneman 1973），由于考生已经在作答上分摊了一定注意力，在听力理解中会承受更多的认知负担，因此如果题项的内容可以为他们的作答带来提示，考生就会倾向于选择"省力"的策略。这反映了听力测试中"测试方法效应"其中一方面的影响，与 Wickens (1984) 提出的"多资源理论"（multiple resource theory）所描述的现象吻合。

对于元认知策略，本研究发现测试组中注意力的支配、对理解的监控和识别理解中的策略所占的比率有所增加，而对理解的评价的比率有所减少。虽然

Badger 和 Yan（2009）的研究确实发现了考生听力理解元认知策略中存在一些与作答有关联的过程，Vandergrift 和 Goh（2012）讨论了听力任务对元认知策略的影响，但尚未有研究从信息加工过程的全面性分析听力测试任务对听力理解元认知策略的影响。本研究发现，由于在听力测试环境下考生的一部分注意力转移至任务的作答，对听力理解本身关注程度更低，为听力任务带来了一定程度构念代表不充分的影响。

除了听力多项匹配题的任务形式之外，其语篇内容的一些特征也可能影响信息加工的全面性。本研究所选择的听力语篇的主要内容为人物观点，在其中发现了三种影响信息加工全面性的特征，包括观点区分性、词汇特征和音色辨认等因素。研究发现对于全球化语篇中的观点，考生更关注对语句中关键词或短语等细节性信息的加工，而对于医学讨论语篇中的观点，则倾向于从整体上把握说话者的态度。词汇特征是考生在理解语篇内容和作答过程中普遍关注的一个问题，由于两个语篇涉及不同话题及学科的词汇，考生词汇知识的局限性可能会影响其对语篇中关键信息的把握，从而使其对语篇的难度有不同评价。最后是三人对话中音色辨认的问题，有些考生反映两位女性说话者的音色难以分辨，影响了他们对人物与观点的匹配，这不但增加了理解的难度，而且为匹配任务带来了构念代表不充分的影响。在这三个方面的因素中，有关人物观点的区分性和词汇特征对信息加工全面性的影响是本研究独有的发现。有关音色辨认的问题，CPE 在对听力三项匹配题的开发过程中也尝试过使用三人对话，也同样发现了同一性别说话者音色难以辨认的问题（Boroughs 2003），但遗憾的是测试开发者并未全面地评估该任务类型的效度，或寻求问题的解决方案，而是不再继续使用这一体裁。总之，本研究发现听力语篇选材的特征与相应听力多项匹配题的认知效度有一定关联，因此在选材的过程中要特别注意其中匹配信息的表达方式、语篇词汇特征和听力录音的质量。

5.2.4 作答过程的区分性

作答过程的区分性指听力测试能否有效分辨不同水平考生的听力理解信息加工过程及相应的作答结果（Field 2013）。本研究中所设计的 A 卷和 B 卷由基于同样语篇的听力多项匹配题组成，实际比较的内容为高水平考生和低水平考生的作答过程以及结果之间的差异，重点比较不同语篇体裁和不同水平考生作答过程与结果对应关系之间的差异。根据数据分析中比较的结果，本小节首先总体评价听力多项匹配题信息加工的区分性，其后指出考生作答过程和结果的对应中出现的问题。

（1）信息加工过程区分性的总体评价

测试组 10 位考生听力多项匹配题作答的过程和结果可反映出听力测试第二版总体的信息加工过程区分性较好。相关证据来自不同水平考生总得分的差异和作答过程与作答结果的一致性两个方面。但是，在一定的情况下，考生也可能在部分理解人物观点的情况下作答，这可体现出听力多项匹配题信息加工过程区分性的局限性，说明任务设计尚有改进的余地。涉及听力多项匹配题区分性的文献不多，迄今只有 CPE 听力测试 2013 年以前使用的三项匹配题和 CAE 听力测试中 8 个选项的匹配题在项目分析方面显示了良好的区分度（Boroughs 2003；Hawkey 2009），但尚未有研究将考生的听力理解过程与作答结果对应起来。本研究使用这种思路，探究了人物观点类听力多项匹配题信息加工过程的区分性。相关发现显示，考生的作答总体上能够较好地反映其对人物观点的理解，这可为构念效度提供积极的证据；但从不同水平考生作答的情况来看，高水平考生的听力理解与作答结果对应情况的一致性比低水平考生更高，这意味着该任务类型可能针对高水平考生构念效度更佳。

（2）信息加工过程区分性的问题

在听力多项匹配题的作答中，信息加工过程区分性的问题主要是由两种现象导致的：考生在对人物观点部分理解的情况下作答，或人物观点理解和作答的结果不一致。在部分理解人物观点且正确作答的情况下，容易导致听力匹配任务构念代表不充分的现象，听力理解和作答的错误对应则是构念不相关因素的体现，两者都反映了为认知效度带来不利影响的因素。此外，在高水平和低水平考生中，这两种现象的比例有所差异，且不同水平考生对匹配题的形式对作答的影响也有不同的感受或评价。

质性数据分析发现，无论是高水平还是低水平考生，在部分理解人物观点的情况下，大多数情况都能够正确作答。对于部分理解人物观点的情况，考生可能仅理解了有关人物观点的某些关键词或短语，或理解的意义整体上有偏差，但通过题干或选项中关键信息留下的线索往往仍能够做出正确的选择。目前，有关听力多项匹配题的文献大都重点关注任务设计形式，仅有 Boroughs（2003）讨论过不同体裁的三项匹配题构念效度的问题，但也仅讨论了音色辨认和阅读负担的影响。该发现为听力匹配任务的选材带来了新的启示，即听力语篇中不同观点之间的区分性可能会影响考生作答中的信息加工，改变试题的难度，进而影响其构念效度。因此在任务设计中，对于听力语篇的内容，应慎重考虑匹配信息的区分性可能对考生作答的影响。另外，低水平的考生部分理解人物观点的情况比高水平考生更多。这可能说明该任务类型对高水平考生的测量具有更好的效度，这与 Wu（1998）针对听力多项选择题的研究发现相似。

在匹配题的作答中，考生猜测答案的现象虽然很少，但在两部分任务中都不能完全避免。考生一般不会完全随机猜测，而是在部分理解的情况下有根据地猜测。该发现与 Field（2013）、Elliott 和 Wilson（2013）中认为对多项匹配题可有效降低随机猜测概率的观点一致。Wu（1998）在对多项选择题作答过程的研究中发现考生猜测的行为较为普遍，这与本研究相关发现有差异，意味着匹配题中的猜测行为很可能比多项选择题更少。但 Green（2017）仍推荐在匹配题中设置少量干扰项，国际上一些标准化听力测试（如 CAE）中的匹配任务类型也设有干扰项（Hawkey 2009；Elliott and Wilson 2013）。匹配题中干扰项设置与考生猜测行为的关系还有待进一步探索。

考生在听力语篇播放过程中延迟作答的策略超出了研究者的预期，有时考生为了暂时回避匹配题题干或选项内容对听力理解额外的认知负担，可能会先忽略答题，专注地理解语篇内容，等录音播放完毕后再作答。虽然迄今尚未有研究发现同一现象，但在与听力多项匹配题相关的研究、报告或综述中，有关阅读负担对考生作答的负面影响很受关注（Boroughs 2003；Khalifa 2006；Murray 2007；Geranpayeh 2007；Hawkey 2009），但现有文献主要通过考生在考后汇报的感受评价阅读负担的影响，未从反映考生作答过程的数据中寻找相关证据。本研究运用有声思维法，从新的视角探索了此问题，发现阅读负担是考生在听力测试中无法回避的问题，为追求更好的最大效率，考生本来更宜采用边听边作答的方法，但由于考生工作记忆的容量有限（Baddeley 2000；Hunt and Ellis 2008），如此将增加考生理解人物观点的难度。因此，在匹配题的题项设计中，应该注意题干或选项的表述尽量清晰、简洁。

另外，还有少量听力理解与作答结果对应错误的情况是题项理解的问题造成的。本研究中可观察到两种现象：一种是考生在正确理解人物观点的情况下，由于误解了题项的内容，作答错误；另一种是考生在未准确理解人物观点的情况下，由于误解题项的内容，反而作答正确。该现象在 Wu（1998）对多项选择题的研究中也有类似的发现，说明考生阅读题项的问题可能在选择性作答方式的听力测试任务中普遍存在。相关的效度证据作为"先验证据"的一部分（Weir 2005；Taylor and Geranpayeh 2011；Geranpayeh and Taylor 2013），可为匹配题题项的设计优化提供参考，有利于改进该任务类型的认知效度。

访谈数据中也可以发现与作答过程区分性有关的问题。根据考生对作答的感受和评价，匹配任务的设计形式似乎对高水平考生的作答过程影响较小，对低水平考生的作答过程影响较大。涉及听力测试中不同水平考生作答过程的研究比较少见，只有 Wu（1998）在对多项选择题作答过程的研究中涉及了类似的问题，该研究也同样发现，在构念效度方面，试题对高水平考生的测量更为有利。这可能反映了语言测试中构念效度的普遍规律，即选择性作答方式的任务对于高水平考生的构念效度优于低水平考生。

5.3　听力多项匹配题认知效度的检验

本节针对 4.3 节的研究结果，分别讨论相关任务特征和考生特征对测试表现的影响，并将其与第二研究阶段中的发现对应。量化研究结果的讨论旨在从认知效度的角度考察听力多项匹配题的优势和局限性。基于此，本节进一步探讨其对听力多项匹配题的任务设计、相应的英语教学和备考的贡献。

5.3.1 不同匹配方式和体裁的影响

针对研究问题 3 的第 1 个分问题，本研究使用三因素组间方差分析的统计方法考察匹配方式、体裁和考生水平等变量及其之间的交互作用对匹配任务得分的影响。根据研究结果，本研究首先分别讨论匹配方式和体裁与听力多项匹配题认知效度的联系，其后讨论这两种任务特征如何与考生水平共同作用，为其带来影响。通过对结果的分析，讨论对于不同水平的考生，匹配方式和体裁的选择对匹配任务构念效度的影响，为该任务类型的设计提供建议。

听力测试第三版设有 A、B 两卷，对于每种体裁的任务都有两种形式相反的匹配方式，分别为"观点 – 人物"（表格形式）和"人物 – 观点"（选项在上、题干在下的形式）。三因素组间方差分析结果显示，匹配方式对任务得分的主效应显著，"观点 – 人物"的匹配方式任务的平均成绩显著高于"人物 – 观点"匹配方式任务的平均成绩。从单一任务特征对匹配任务平均成绩的影响来看，"人物 – 观点"的匹配方式无论对于不同体裁还是不同考生水平，对匹配任务成绩的影响相对来讲都比"观点 – 人物"的匹配方式更明显，其中最明显的是低水平组考生作答的对话体裁不同匹配方式任务成绩的差异。该研究结果与第二阶段研究质性数据中考生对不同匹配方式任务作答过程的感受和评价一致。考生各项目作答的关联性差异，可能是导致两种不同的匹配方式对不同体裁和考生水平的作答有不同影响的另一个原因，这与 Nitko 和 Brookhart（2011）以及 Elliott 和 Wilson（2013）对匹配题项目作答之间的关联性问题的论述一致。两种不同匹配方式的比较填补了有关听力多项匹配题的研究空缺：尽管 Ebel 和 Frisbie（1991）早已指出匹配题的题干和选项内容可互换，但目前尚未有研究真正涉及匹配方式的变换对任务难度以及试题构念效度的影响。正如 Elliott 和 Wilson（2013）指出匹配的形式在真实语境中的听力中并不常见，建议考生在参加设有多项匹配题的听力测试之前先进行适当练习，争取先熟悉匹配任务的形式。

听力测试中选用的两种不同体裁的匹配任务的平均成绩之间也有显著差异。三因素组间方差分析结果显示，体裁对任务得分的主效应显著，独白任务的平均成绩显著高于对话任务的平均成绩。从单一任务特征对匹配任务平均成绩的影响来看，无论是不同匹配方式还是不同水平考生参与的任务，对话和独白对匹配任务平均成绩的影响一致。该研究结果与第二阶段研究中不同体裁之间考生作答的差异一致。两种体裁难度差异的成因在于语篇中人物观点信息的内容和表达方式的不同，并非由体裁本身所引起。目前涉及听力多项匹配题选材的研究还很有限，仅有 CAE 对听力测试的短独白多项匹配题的开发和改编过程（Khalifa 2006；Geranpayeh 2007；Murray 2007；Hawkey 2009；Elliott and Wilson 2013），以及

CPE 听力测试中曾使用的双人对话三项匹配题（Boroughs 2003）。CPE 虽然试测过三人对话的体裁，但并未在正式测试中使用过该体裁（Boroughs 2003）。本研究发现，较长的独白和三人对话虽然同样适合听力匹配任务的设计，但在选材方面需要格外注意观点的区分性；对于对话的体裁，则需要尽量使同一性别的音色差异易于分辨，如该设置难以实现，可考虑加入视觉元素或安排说话者按照一定顺序发言。

此外，不同因素之间还具有交互作用，共同作用影响考生匹配任务的得分。三因素组间方差分析发现两种对任务平均分影响显著的交互作用，分别为英语水平与匹配方式之间的交互作用和匹配方式与体裁之间的交互作用。这反映了本研究的一个新发现，即匹配方式是匹配任务设计中的一项重要选择，它不但显著影响任务难度，还与考生水平、语篇体裁等因素有交互作用。在本研究的人物观点匹配题中，考生主要运用"同化"的过程（陈琦、刘儒德 2005），以自己多项选择题的作答经验完成匹配题，因此对于相对陌生的"人物－观点"的匹配方式，其对考生作答结果的影响更明显。有关听力多项匹配题任务设计，对于高考英语听力的难度而言，如果侧重考虑测试的分类或选拔功能，以及短期的效果，更宜采用"观点－人物"的匹配方式；但若考虑测试任务对考生英语水平提高的长期影响，则应变换使用更为丰富的任务类型，以减小测试方法效应对考生作答过程中听力理解的不利影响（Elliott and Wilson 2013），建议搭配使用两种不同的匹配方式。

5.3.2 任务熟悉程度与考生测试表现的联系

第二阶段研究中发现，考生普遍反映听力多项匹配题熟悉程度对作答有一定程度的影响，但高水平考生认为影响较小，低水平考生感到影响较大。任务熟悉程度反映了听力测试中构念不相关的因素，其对听力多项匹配题认知效度的影响可为相应教学和备考的方法和策略提供参考。为进一步验证该现象，本研究根据研究问题 3 第 2 个分问题的研究思路，设计了"听力多项匹配题熟悉程度调查问卷"，并根据题项的内容将其分为 7 个维度，以多元线性回归的方法检验它们对考生测试表现的解释和预测程度。为了检验任务熟悉程度与听力测试总体的关联程度，该因素及其各个维度对高水平和低水平考生测试表现的影响及其之间的差异，本研究分别以全体考生、高水平考生和低水平考生作为统计对象，完成了三组回归分析。本小节首先讨论任务熟悉程度对考生测试表现的总体解释和预测力对教学和备考的启示，其后详细探讨问卷各维度与这三组受试对象测试表现的关联。

总体上看，任务熟悉程度对听力测试总成绩的解释和预测作用虽然显著，但程度很小（7 个维度构成的组合能解释听力测试得分 10.1% 的变异），可作为听力多项匹配题具有良好构念效度的有利证据。然而，对于不同水平的考生，该解释和预测作用有所差异。高水平组任务熟悉程度对听力测试总成绩的解释和预测力未达到显著水平，且可解释和预测的程度比全体考生更小（7 个维度仅解释 8.9% 的变异），这说明高水平考生对匹配任务形式的认识几乎不影响测试表现。低水平组的任务熟悉程度则在更大程度上能够解释和预测其听力测试的成绩（7 个维度可解释 27.6% 的变异），且解释和预测作用显著。该结果说明低水平考生的得分比高水平考生在更大程度上受到匹配任务形式的影响，但总体来讲影响程度仅达到中等偏低程度，尚未对匹配任务的构念效度造成严重影响。这一研究结果与第二阶段研究中有关考生作答过程区分性的研究发现一致，即匹配任务的设计形式对高水平考生作答的影响比对低水平考生的影响更小。Wu（1998）在针对听力多项选择题的研究中也发现了类似的现象。尽管该研究未在质性研究的基础上，通过量化的方法验证该现象，但这可能反映了听力测试选择性作答方式任务的普遍规律，即测试任务对测量高水平考生构念效度更佳。

总之，多元线性回归的数据分析结果表明，考生对听力多项匹配题形式的作答经验和感受对测试成绩影响微弱，说明该任务类型具有良好的认知效度。但对于低水平考生的测量，任务设计方面还需特别关注匹配方式的选择。对于高考英语水平听力多项匹配题的选择，如果重点在标准化测试任务开发或短期备考的基础上，更宜选用类似"观点-人物"的匹配方式及其外观设计。此外，还可以帮助低水平考生在考前适当熟悉匹配任务的形式和要求。但如果主要目的为提高考生的英语水平或改善教学质量等长期目标，则更宜在平常的教学及测验中搭配使用不同形式的听力匹配任务，尽量减小题型过于单一对考生英语学习的负面作用。对于低水平考生，英语教师应注意引导考生尽量运用自己的听力理解能力作答，尽量使匹配题为教学带来正面的效果。这一研究启示与 5.3.1 节中有关匹配方式和其他因素交互作用所反映的问题一致。

任务熟悉程度的 7 个维度包括"来自学校的匹配题作答经验""来自社会英语考试的匹配题作答经验""对匹配题作答经验影响的评价""匹配题外观形式熟悉程度""匹配方式熟悉程度""题干和选项匹配顺序的熟悉程度""对试题设计熟悉程度的评价"，对于全体考生和不同水平的考生，它们对听力测试表现的解释和预测作用既有共同特点，也有差异之处。共同特征为三组多元线性回归结果都显示预测变量"题干和选项匹配顺序的熟悉程度"维度的得分对听力测试成绩的预测能力显著。差异体现在低水平组考生的预测变量中还有"对匹配题作答经验影响的评价"维度对听力测试得分有显著的预测作用，"匹配题外观形式熟悉程度"和"匹配方式熟悉程度"对听力测试得分的预测作用也接近显著水平。

多元线性回归结果反映出所有考生群体对匹配顺序的熟悉程度对听力测试的成绩有显著的预测作用。听力多项匹配题中匹配顺序的设置主要与听力语篇中匹配信息的出现顺序有关，也与匹配方式的设置有关。这意味着匹配顺序是一种特殊的任务特征，它既与语篇的结构和内容有关，也与任务设计中题干和选项内容与语篇中关键信息的对应顺序有关。考生对匹配顺序的熟悉程度既能反映对任务形式的感受，也能反映对语篇内容的体会，或是其语篇表征构建层次的信息加工过程的评价。本研究选用的语篇内容与人物观点关联密切，是与匹配题构念相关的因素，匹配顺序熟悉程度对测试成绩的显著预测作用，正好间接地反映了人物观点理解的测量涉及高层次信息加工过程，为信息加工的全面性提供了有利证据。此研究结果与第二阶段研究中体裁引起的作答过程差异的研究发现一致，因为大多数考生认为，语篇中人物和观点信息的出现顺序，或题干和选项的排列顺序是影响听力语篇或匹配任务难度的主要因素。Boroughs（2003）在对不同类型的听力三项匹配题的试测中，涉及不同匹配顺序的任务，但并未将匹配顺序归纳为一种独立的任务特征。Field（2013）虽然意识到匹配顺序是一种值得研究的任务特征，但并未深入讨论其与匹配题认知效度的关系。本研究发现，匹配顺序与听力匹配任务的认知效度关系较为复杂，该任务特征的设置既包含构念相关的因素，也包含构念不相关的因素，这反映了有关匹配特征的新认识。该研究结果对听力多项匹配题的选材有一定启示，即用于匹配题设计的语篇中不但需要包含两种同类且可匹配的信息（Brown 2005；Haladyna and Rodriguez 2013），相关信息的出现顺序和组织形式也会影响考生的听力理解，因此应谨慎考虑这些因素对听力理解的影响。

　　从影响低水平考生听力测试成绩的预测变量中，可推测考生对匹配题的作答经验和他们对任务形式的熟悉程度，都可能与测试表现有一定程度的关联。具体而言，除了匹配顺序的影响，考生越倾向于肯定作答经验的影响，对匹配方式越熟悉，其听力测试成绩越好。匹配题的外观形式对低水平考生可能是一种分散注意力的设置，因为考生对其越熟悉，测试成绩反而越低，但回归结果对此现象的把握程度仅接近显著水平，不及匹配顺序的预测作用的把握程度。这说明匹配任务的形式对低水平考生的作答存在一定程度的影响，与5.3.1节中的研究结果一致，与第二阶段研究中对不同水平考生的作答过程比较的发现也很相似，再次验证了听力多项匹配题测量高水平考生的认知效度相对更好的规律。这可能是因为低水平考生听力理解的能力比较欠缺，而为了正确作答，他们可能使用一些与构念无关的能力对听力理解的缺陷进行"弥补"。Field（2013）、Elliott 和 Wilson（2013）虽然总结了匹配题的形式可能对听力测试的作答构成的不利影响，但来自匹配题作答经验和匹配特征的影响还未得到验证。Field（2012）仅涉及了IELTS听力测试中有关讲座的多项选择题和笔记填空题的任务形式对作答的影响，但遗憾的是该研究并未涉及不同水平考生作答过程的比较。目前仅有Wu（1998）对听力多项选择题的发现与本研究有关低水平考生作答的研究结论相似。这一研究结果虽然意味着对于低水平考生，熟悉任务设计形式是短时提高测试成绩的有效方法，但这样做不利于考生英语水平的提高，对相应的高中英语教学有负面的反拨作用。亓鲁霞（2004）发现当时高三年级的英语教学形式单一，关注的重点只有语言知识和备考，唯一的目的就是提高考试成绩，忽略了学生语言运用的训练。如果单纯为了提高考试成绩，教师带领学生大量练习该任务类型，如此既不利于听力多项匹配题的认知效度，也会为学生英语水平的提高带来阻碍。所谓的"题海战术"，重点是帮助学生适应测试任务的形式，对高水平考生来讲是浪费时间，对低水平考生则阻碍他们英语水平的提高。另一方面，听力多项匹配题可能对高中英语教学带来的影响取决于很多因素，其过程复杂，具有动态系统的特征（王初明、亓鲁霞 2016）。该任务类型对教学产生什么样的反拨作用，还取决于教师设计匹配任务的环境和方式，以及如何利用该任务引导考生学习英语。对于考生，其学习动机、备考动机以及学习风格等因素也可能影响他们对听力匹配任务的作答过程或感受。听力匹配题作为一种特定的任务类型，在构念效度方面既有其优势，也有局限性，关键在于英语教师和考生应将其视为一种促进英语学习的手段，对其合理使用。

5.4 小　　结

第一阶段研究发现，听力语篇中人物观点理解信息加工过程是高层次和低层次的认知过程以及元认知策略共同作用的产物。这不但验证了听力语篇中的人物观点理解为"高层次"听力理解能力，而且发现考生实际运用的信息加工层次及其之间的关联比预想的更为复杂。

第二阶段研究发现，从信息加工的相似性、全面性和作答过程的区分性三个方面来看，听力多项匹配题总体上具有良好的构念效度，但该任务类型也存在一定局限性。

在信息加工的相似性方面，测试组和非测试组听力理解认知过程和元认知策略的种类和使用方式相似程度较高，但具体使用频率和使用方式略有差异，此外测试组还运用了阅读理解过程和答题过程。其成因在于考生在作答过程中，以匹配题作答为最终目的。此外，不同的匹配方式和体裁也会影响信息加工的相似性。

在信息加工的全面性方面，测试组与非测试组人物观点理解过程的种类和频率大体一致。但在测试组低层次信息加工过程运用的比率中，词汇检索相对更多，解析相对更少，这可能是因为考生出于作答的需要，特别关注语篇中的一些关键词和短语。另外，测试环境中考生虽然更多运用元认知策略，但其中有关作答的思维过程也有所增加，有关听力理解本身的元认知策略反而相对更少。

听力多项匹配题作答过程的区分性总体较好。但是在部分理解人物观点的情况下，大多数仍能正确作答，这反映了构念代表不充分的现象，主要集中于全球化语篇任务的作答中，因为该语篇人物观点的区分性较低。听力理解过程和作答结果对应错误的情况并不多见，可反映出考生很少随机猜测答案。另外，该任务类型对高水平考生的区分性相对较好，可能是因为低水平考生更倾向于通过匹配任务的形式辅助作答。

第三阶段研究考察与听力多项匹配题认知效度相关的因素与测试表现的联系。研究发现，该任务类型匹配方式和体裁的选择，是在任务设计与开发过程中应慎重考虑的问题。另外，对于不同水平的考生，熟悉听力多项匹配题任务形式对他们的备考和英语学习有不同的影响。

有关不同匹配方式，"人物－观点"的匹配方式对听力多项匹配题认知效度的影响比"观点－人物"的匹配方式更大，与第二阶段相应研究发现一致。如果测试设计者追求短期测试效果，更宜采用类似"观点－人物"匹配方式的任务；但如果目的为提高教学质量或促进英语学习，建议搭配使用这两种不同形式的匹配任务。

有关不同体裁，不同体裁的选择对试题的认知效度的影响可忽略。这说明独白和对话等体裁同样适合听力多项匹配题的设计，但在选材的过程中应格外关注匹配信息的区分性。对于对话体裁，还要格外关注说话者音色的差异、发言顺序和是否设置视觉输入等问题。

任务熟悉程度对听力测试总成绩的解释和预测作用显著，但程度很小，说明听力多项匹配题总体具有良好的构念效度。高水平组任务熟悉程度对听力测试总成绩的解释和预测力程度微弱，低水平组的任务熟悉程度则在中等程度上显著解释和预测其听力测试的成绩。

对于全部组别考生，匹配顺序熟悉程度对听力测试的成绩都有显著的预测作用。但匹配顺序与任务设计形式和语篇内容都有联系，能够在一定程度上反映考生高层次的听力理解。对于低水平考生，还有更多预测变量对测试成绩也有较为显著的预测作用。虽然对于低水平考生，加强对该任务类型的训练量可能会有限度地提高其测试成绩，但此策略会对高中英语教学带来负面影响。

6 结 论

第 6 章为研究结论。这一章首先针对三个研究问题，总结本研究的主要发现（6.1 节），其后从 4 个方面概括本研究的贡献（6.2 节）。最后指出研究的局限性，并针对相关问题，对未来的研究方向提供了建议（6.3 节）。

6.1 研究发现

6.1.1 听力语篇中人物观点理解信息加工过程

通过对非测试组考生人物观点理解过程的分析和讨论，本研究归纳了该过程所涉及的信息加工过程及其之间的联系。相关研究发现揭示了听力语篇中人物观点理解的本质，从而以心理语言学的视角界定了观点类听力多项匹配题的构念。在此方面本研究主要有三个方面的发现。

第一，听力语篇中的人物观点理解同时涉及低层次（输入解码、词汇检索和解析）和高层次（意义表征构建和语篇表征构建）认知过程和元认知策略的共同作用。考生不但需要运用 Field（2013）听力理解模型中全部 5 个层次的认知过程，还需运用听力理解元认知策略，对听力理解进行注意力的引导、监控、评价和反思，该过程是独立于 5 个层次的听力理解认知过程的思维过程。

第二，本研究证实了听力语篇中的人物观点理解属于高层次听力理解能力的运用。全部三个低层次信息加工过程满足直接表述的人物观点理解的最低条件，但考生在理解一个完整的听力语篇中的人物观点时，必然会运用高层次听力理解的信息加工。高层次信息加工过程主要有两种功能：其一是在理解字面意义的基础上构建新的意义，其二是促使听者利用个人的知识和图示对低层次的信息加工不足进行补偿。

第三，不同层次或类别的认知过程和元认知策略在听力理解的过程中可同时运用，它们之间存在较为复杂的联系。高层次和低层次信息加工之间的联系，除了较低级别可作为其临近较高级别信息加工的基础外，还发现了解析可直接作为语篇表征构建的基础，意义表征构建可用于补偿输入解码、词汇检索和解析的不足之处。对于元认知策略，注意力支配和对理解的监控主要影响低层次信息加工过程，对理解的评价主要影响高层次信息加工过程，识别理解中的问题对高层次和低层次信息加工过程都有影响。

6.1.2 听力多项匹配题认知效度评价

在第二阶段的研究中，研究者考察了考生在测试环境中听力多项匹配题的作答过程。通过数据分析和讨论，本研究归纳了听力多项匹配题的作答过程，并将测试环境中考生的作答过程与非测试环境中人物观点理解的过程进行比较，评价听力多项匹配题的认知效度。根据 Field（2013）听力测试认知效度的分析框架，本研究从信息加工的相似性、信息加工的全面性和作答过程的区分性等三个方面，对听力多项匹配题的认知效度进行了评价。相关研究发现主要有三个方面。

首先，听力多项匹配题的作答过程比非测试环境下人物观点理解的过程更为复杂。在听力测试环境中，考生以匹配题任务的作答为目的，除了听力理解认知过程和听力理解元认知策略外，还有阅读理解过程和答题过程的参与，同时涉及阅读理解能力和问题解决能力的运用。阅读理解过程和答题过程在一定程度上影响并改变了考生理解人物观点的听力理解认知过程和元认知策略，其中阅读理解过程主要影响听力理解认知过程，答题过程主要影响听力理解元认知策略。相关影响既可促进考生的听力理解，也对其有阻碍作用。

其次，从听力多项匹配题作答过程中信息加工的相似性、全面性和作答过程的区分性的情况中可获悉，该任务类型在这三个方面的认知效度总体良好，但也存在少量问题，反映了听力匹配任务认知效度的局限性和任务设计有待改进之处（详见 5.4 节）。

再次，从认知效度的角度来看，听力多项匹配题既有优势，也存在局限性。该任务类型的优势主要集中于 4 个方面。第一，听力多项匹配题能够有效地测量不同层次的听力理解信息加工能力，包括对高层次听力理解能力的测量。第二，听力多项匹配题作答过程中运用的阅读过程和答题过程对听力语篇中关键信息的理解有所助益。第三，听力多项匹配题的作答中随机猜测的情况较为少见。第四，该任务类型有助于丰富考生在听力测试中接触的任务类型，减轻测试方法效应对试题构念效度的影响。此外该任务类型也有 3 个方面的局限性。首先是在题干过选项的内容较长，语言较复杂的情况下，匹配任务可能为考生的听力理解带来额外的认知负担。其次，匹配题题项的内容可能会引导考生格外关注听力语篇中一些关键词或短语，使得词汇检索的信息加工过程增加，可能会导致考生只需部分理解人物观点就可正确作答的情况。最后，对于高水平考生的作答，听力多项匹配题的构念效度更佳，而低水平考生在作答过程中更容易受到匹配题任务形式的影响。然而，上述问题可通过改进任务设计的质量和对考生备考的正确引导得以改善。

6.1.3 听力多项匹配题的测试表现影响因素

在第三阶段的研究中，本研究考察了与听力多项匹配题认知效度有关的任务特征和考生特征对不同水平考生测试表现的影响，目的在于在第二阶段研究中对该任务认知效度的评价进行检验。具体发现可分为4个方面。

第一，"人物-观点"的匹配方式对听力多项匹配题认知效度的影响比"观点-人物"的匹配方式更大，这与第二阶段有关信息加工的全面性研究发现一致。该差异不但体现在匹配方式对听力测试成绩的主效应上，还体现在英语水平与匹配方式以及匹配方式和体裁之间交互作用上。

第二，对于不同体裁的匹配任务，独白平均成绩显著高于对话的平均成绩。此外，无论是对不同匹配方式还是不同水平考生参与的任务，对话和独白对任务平均成绩的影响无显著差异。相关结果与第二研究阶段有关作答过程区分性的研究发现一致。这说明独白和对话两种体裁同样适用于听力多项匹配题的选材。

第三，针对全体考生的统计结果显示，考生对听力多项匹配题试题设计形式的熟悉程度对听力测试总成绩的预测作用显著，但程度很小，说明该任务类型总体上具有良好的构念效度。然而该任务类型的构念效度对于高水平考生比低水平考生更有优势。高水平考生对任务形式的认识几乎不影响测试表现，而低水平组的任务熟悉程度可在中等偏低程度上解释和预测其听力测试的成绩，这与第二阶段研究中有关作答过程区分性的发现一致。

第四，对于全体考生，匹配顺序的熟悉程度对听力测试的成绩都有显著的预测作用，可能因为该任务特征与试题设计形式和听力语篇的内容都有关系，且与考生高层次信息加工过程的运用有一定关联。这与第二阶段研究中信息加工相似性的相关研究发现相似，即多数考生反映不同体裁对听力理解或作答过程的影响主要取决于语篇中匹配信息的呈现方式或匹配顺序。

6.2 研究贡献

本研究的成果对听力测试的理论和实践都有贡献，具体从4个方面体现：理论方面，本研究考察了听力语篇中人物观点理解的信息加工过程，从心理语言学的视角界定了听力多项匹配题的构念，研究方法上，本研究通过对听力多项匹配题认知效度的研究，为SCF中听力测试认知效度框架的改进和完善提供参考；从测试任务设计方面，本研究通过对听力多项匹配题的研究，为该任务类型设计和开发的改进提供了建议；教学实践方面，本研究的结果可为高中英语听力教学的改善带来有益的参考。

6.2.1 听力语篇中人物观点理解信息加工过程

本研究发现，从心理语言学的视角来看，人物观点类听力多项匹配题的构念主要由听力理解认知过程和听力理解元认知策略构成，其中不同的信息加工过程之间存在复杂的关联。本研究借鉴 Field（2013）的听力理解模型，在对听力语篇中人物观点理解信息加工过程的分析中，发现了语音解码、词汇检索、解析、意义表征构建和语篇表征构建等全部 5 个层次的思维过程。然而，这 5 种信息加工过程还不足以解释考生全部的听力理解过程，因为元认知策略也发挥了重要作用，对人物观点的理解起到了注意力引导、监控、评价与反思等作用，其性质独立于 Field（2013）的 5 个层次，是另一个独立的维度。另外，不同信息加工过程之间的联系较为复杂，这不仅包括不同层次认知过程的联系，还有不同类别的元认知策略与认知过程的联系（图 5.2）。

6.2.2 认知效度框架的改进和完善

本研究在思路上遵从 Weir（2005）提出的认知效度的研究模式，主要借鉴的听力理解模型和分析框架都来自 Field（2013）对 MSE 听力测试认知效度的考察。通过对听力多项匹配题认知效度的研究，本研究也为效度验证的思路和框架的改进和完善提供了建议。首先，有关认知效度研究模式，Field（2012）、Wang（2017）等研究主要通过有声思维、访谈、调查问卷等方法，对相应听力测试任务类型进行了先验的效度证据收集，比较了测试环境和非测试环境中考生运用的信息加工过程的差异，但从未真正尝试 Weir（2005）所提出的"第二步"，即以量化研究的方式，考察研究与认知效度密切相关的变量与测试表现的关联，对质性数据中观察到的现象进行三角验证，并为相关任务类型认知效度的改善提供建议。本研究以先定性后定量的研究思路，在前两个研究阶段中考察了考生在非测试环境和测试环境中的思维过程，并在此基础上研究重要任务特征和考生特征对测试表现的影响，完整地验证了 Weir（2005）认知效度研究模式的可行性，可为未来的认知效度研究提供参考。另外，对于非测试和测试环境下的信息加工过程，本研究比较了听力理解元认知策略的差异，在 Field（2013）的 5 个层次听力理解模型的基础上又增加了一个层次，有助于进一步完善听力测试认知效度的框架。最后，Field（2013）中所涉及的 MSE 为针对 5 个不同英语等级的 5 套试题，而本研究所使用的两套测试仅任务形式有差异，内容不涉及难度的差异，但参加考试的学生可以分为不同水平，因此在作答过程的区分性方面，本研究根据实际情况调整了数据分析和比较的方式，其思路可供未来的认知效度研究参考。

6.2.3 对听力多项匹配题任务设计的建议

本研究对听力多项匹配题的任务设计有 4 个方面的建议。第一，听力多项匹配题可有效测量高层次听力理解过程，如对人物观点的理解。第二，在选材方面，独白、对话等体裁都适合听力多项匹配题的设计，但语篇内容必须包含两种不同类别且可匹配的信息，如人物和观点、时间和地点等，能组成一个共同的主题。语篇中有待匹配的信息应表意清晰，易于区分，其性质前后一致，并按一定逻辑顺序呈现。如果选用对话体裁，还要注意不同说话者之间的音色应易于分辨。第三，在试题设计方面，一般来讲每个语篇都可以设置两种不同形式匹配方式的任务。原则上，不同匹配方式的听力多项匹配题都具有应用价值，但在正式使用之前，应调查考生对不同形式的匹配任务的感受，并结合任务设计的目的，再选择最合适的任务类型。如果听力测试的使用目的基于诸如选拔或安置等短期或一次性的目标，更宜采用类似"观点－人物"匹配方式的任务；但如果目的为提高教学质量或促进英语学习等长期目标，则建议搭配使用这两种不同形式的任务。第四，对于测量高层次听力理解过程的匹配任务，其题干或选项所表达的内容可能较复杂，容易为考生的作答增加认知负担。因此在题项编写中，语言要清晰、简洁、明确，尽量不使用过于复杂的词汇或冗长的句式。

6.2.4 对高中英语听力教学的益处

本研究反映了当今高中英语听力教学中的一个问题，即学生平常练习的任务类型过于单一。长远地看，多项选择题的测试方法效应会影响该任务类型的效度（Wu 1998；Elliott and Wilson 2013），并可能引发构念代表不充分的问题，对学生的英语学习和思辨能力培养带来不利影响。听力多项匹配题作为可搭配使用的选择之一，具有三个方面的优势。第一，该任务类型可用于测量高层次听力理解能力，补充多项选择题和填空题设计中容易被忽略的测量目标，促进高中英语听力教学中对学生思维能力的培养。第二，匹配题的设置可引导考生特别关注语篇中的一些关键信息，对考生听力策略的培养和英语水平的提高有所助益。第三，多项匹配题所有的题干共用一组选项，选项的信息大都直接对应语篇中的信息，不像多项选择题中每题都有与正确输入无关的干扰项，有助于减轻阅读过程对作答的不利影响，并减少随机猜测答案的情况。

对于学生英语水平的提高，听力匹配任务对学生在听力理解中的认知过程和元认知策略的运用都有所助益。从认知过程的角度来看，对于测量高层次信息加工过程的匹配任务来说，其有助于引导学生关注听力语篇中高层次的意义理解，从而对其思辨能力进行训练，如分析、综合、判断、推理等思维能力。此外，学生通过关注语篇中与匹配任务相关的同类信息，可对语篇中关键信息的结构有较好的把握。从元认知策略的角度来看，多项匹配题有助于引导学生对语篇中关键信息的注意力，促进其对听力理解的监控和反思。学生可通过任务的作答，发现自己在听力理解过程中的问题，并在英语学习中不断完善自己语言知识和运用的不足之处。基于此，对于高水平学生，教师应始终将教学重点放在提高其英语水平上，通过听力匹配任务的训练提高其英语水平。对于低水平学生，教师引导其重点关注听力语篇内容的同时，也需要帮助他们适当地熟悉匹配任务的形式。

6.3 研究局限及未来研究方向

本研究虽然全面地考察了听力测试多项匹配题的认知效度，但由于任务类型、研究对象和研究方法等方面的限制，难免存在局限性，为此期待未来针对该任务类型进行更为广泛深入的研究。第一，本研究针对表达人物观点的讲座和学术讨论等语篇为题材，设计了两种不同的匹配方式，但未设置干扰项的听力多项匹配题，并考察了其认知效度，期待未来针对更多形式的匹配题以及其他听力任务类型开展认知效度的研究。第二，本研究通过质性数据发现了一系列听力多项匹配题认知效度影响因素，但由于实验条件和研究方法的限制，所发现的因素种类较为局限，期待未来针对更多可能影响听力测试认知效度的因素（如听力测试焦虑）开展更广泛的研究。第三，本研究考察了以传统的纸笔考试为载体的听力多项匹配题的认知效度，期待未来对加入了视频或图片，以及计算机或网络听力测试中的匹配任务的认知效度开展研究。第四，本研究选择了一定数量的北京高中二年级的学生作为研究对象，期待后续研究在更广阔的范围内，选择更多层次的学习者，研究听力多项匹配题在标准化英语测试中的可行性。最后，本研究运用了有声思维法和访谈法考察考生听力理解和作答的思维过程。在无法直接解析语言理解思维过程的情况下，它们是迄今最合理的方法（刘润清 2015）。这两种方法虽然具有互补的作用，但仍然不一定完全客观地反映考生的思维过程（Green 1998；郭纯洁 2008；Bowles 2010）。但除此之外，未来听力测试的研究在必要的情况下（如针对含有图片或视频的听力材料）还可采用眼动法收集有关听力任务作答过程的效度证据（Duchowski 2007；Winke and Lim 2014）。

参 考 文 献

Aitken, K. G. (1978). Measuring Listening Comprehension in English as a Second Language. TEAL Occasional Papers, Vol. 2. Vancouver: British Colombia Association of Teachers of English as an Additional Language.

Alderson, J. C. et al. (1995). Language Test Construction and Evaluation. Cambridge: Cambridge University Press.

Alderson, J. C. (2000). Assessing Reading. Cambridge: Cambridge University Press.

American Psychological Association, American Educational Research Association, and National Council on Measurement in Education. (1999). Standards for Educational and Psychological Testing. Washington, D. C.: American Psychological Association.

American Psychological Association. (2015). APA Dictionary of Psychology (2nd ed.). Washington, D. C.: American Psychological Association.

Anderson, J. R. (1995). Cognitive Psychology and Its Implications (4th ed.). New York: Freeman.

Anderson, J. R. (2000). Cognitive Psychology and Its Implications (5th ed.). New York: Worth Publishers.

Anderson, J. R. (2015). Cognitive Psychology and Its Implications (8th ed.). New York: Worth Publishers.

Bachman, L. F. (1990). Fundamental Considerations in Language Testing. Oxford: Oxford University Press.

Bachman, L. F. (1991). What Does Language Testing Have to Offer? TESOL Quarterly 25 (4): 671 - 704.

Bachman, L. F.; Palmer, A. S. (1996). Language Testing in Practice: Designing and Developing Useful Language Tests. Oxford: Oxford University Press.

Bachman, L. F. (2002). Some Reflections on Task - based Language Performance Assessment. Language Testing 19 (4): 453 - 476.

Bachman, L. F. (2005). Building and Supporting a Case for Test Use. Language Assessment Quarterly 2 (1): 1 - 34.

Bachman, L. F.; Palmer, A. S. (2010). Language Assessment in Practice: Developing Language Assessments and Justifying their Use in the Real World. Oxford: Oxford University Press.

Baddeley, A. (2000). The Episodic Buffer: a New Component of Working Memory? Trends in Cognitive Sciences 4 (11): 417 – 423.

Badger, R.; Yan, X. (2009). The Use of Tactics and Strategies by Chinese Students in the Listening Component of IELTS. IELTS Research Reports Volume 9: 67 – 96.

Baxter, G. P.; Glaser, R. (1998). Investigating the Cognitive Complexity of Science Assessments. Educational Measurement Issues & Practice 17 (3): 37 – 45.

Boroughs, R. (2003). The Change Process at the Paper Level. Paper 4, Listening. In Weir, C. J., & Milanovic, M. (Eds.). Continuity and Innovation: Revising the Cambridge Proficiency in English Examination 1913 – 2002. Cambridge: Cambridge University Press, 315 – 353.

Bowles, M. A. (2010). The Think – Aloud Controversy in Second Language Research. New York: Routledge.

Brindley, G. (1998). Assessing Listening Abilities. Annual Review of Applied Linguistics 18: 171 – 191.

Brownell, J. (1986). Building Active Listening Skills. Englewood Cliffs: Prentice – Hall.

Brown, G. (1995). Speakers, Listeners and Communicattion. Cambridge: Cambridge University Press.

Brown, J. D.; Hudson, T. (1998). The Alternatives in Language Assessment. TESOL Quarterly 32 (4): 653 – 675.

Brown, J. D. (2005). Testing in Language Programs: a Comprehensive Guide to English Language Assessment (international edition). New York: McGraw – Hill.

Buck, G. (1990). The Testing of Second Language Listening Comprehension. PhD Dissertation. Lancaster: University of Lancaster.

Buck, G. (1991). The Testing of Listening Comprehension: an Introspective Study. Language Testing 8 (1): 67 – 91.

Buck, G. (1992). Listening Comprehension: Construct Validity and Trait Characteristics. Language Learning 42 (3): 313 – 357.

Buck, G. (1997). The Testing of Listening in a Second Language. In Clapham C. M. & Corson D. (eds.). Encyclopedia of Language and Education. Dordrecht: Kluwer.

Buck, G.; Tatsuoka, K. (1998). Application of the Rule – space Procedure to Language Testing: Examining Attributes of a Free Response Listening Test. Language Testing 15 (2): 119 – 157.

Buck, G. (2001). Assessing Listening. Cambridge: Cambridge University Press.

Cai, H. (2013). Partial Dictation as a Measure of EFL Listening Proficiency: Evidence from Confirmatory Factor Analysis. Language Testing 30 (2): 177 – 199.

Cambell, D. T.; Fiske, D. W. (1958). Convergent and Discriminant Validation by the Multitrait – multimethod Matrix. Psychological Bulletin 56 (2): 81 – 105.

Cambridge English Language Assessment (1996). Cambridge English IELTS 1 with Answers: Authentic Examination Papers from Cambridge English Language Assessment. Cambridge: Cambridge University Press.

Cambridge English Language Assessment (2000). Cambridge English IELTS 2 with Answers: Authentic Examination Papers from Cambridge English Language Assessment. Cambridge: Cambridge University Press.

Cambridge English Language Assessment (2002). Cambridge English IELTS 3 with Answers: Authentic Examination Papers from Cambridge English Language Assessment. Cambridge: Cambridge University Press.

Cambridge English Language Assessment (2005). Cambridge English IELTS 4 with Answers: Authentic Examination Papers from Cambridge English Language Assessment. Cambridge: Cambridge University Press.

Cambridge English Language Assessment (2006). Cambridge English IELTS 5 with Answers: Authentic Examination Papers from Cambridge English Language Assessment. Cambridge: Cambridge University Press.

Cambridge English Language Assessment (2007). Cambridge English IELTS 6 with Answers: Authentic Examination Papers from Cambridge English Language Assessment. Cambridge: Cambridge University Press.

Cambridge English Language Assessment (2009). Cambridge English IELTS 7 with Answers: Authentic Examination Papers from Cambridge English Language Assessment. Cambridge: Cambridge University Press.

Cambridge English Language Assessment (2011). Cambridge English IELTS 8 with Answers: Authentic Examination Papers from Cambridge English Language Assessment. Cambridge: Cambridge University Press.

Cambridge English Language Assessment (2013). Cambridge English IELTS 9 with Answers: Authentic Examination Papers from Cambridge English Language Assessment. Cambridge: Cambridge University Press.

Cambridge English Language Assessment (2015). Cambridge English IELTS 10 with Answers: Authentic Examination Papers from Cambridge English Language Assessment. Cambridge: Cambridge University Press.

Cambridge English Language Assessment (2016). Cambridge English IELTS 11 Academic with Answers: Authentic Examination Papers. Cambridge: Cambridge University Press.

Chapelle, C.; Enright, M.; Jamieson, J. (2008). Building a Validity Argument for the Test of English as a Foreign Language. New York: Routledge.

Chapelle, C. A. (2013). Construct Definition and Validity Inquiry in SLA Research. In Bachman L. F. & Cohen A. D. (eds.). Interfaces between Second Language Acquisition and Language Testing Research. Cambridge: Cambridge University Press, 32 – 70.

Charge, N.; Taylor, L. B. (1997). Recent Developments in IELTS. ELT Journal 51 (4): 374 – 380.

Chi, Y. (2014). Validation of an Academic Listening Test – Effects of Breakdown Tests and Test Takers' Cognitive Awareness of Listening Processes. Ph. D Dissertation. Urbana: Illinois University.

Chiang, C. S.; Dunkel, P. (1992). The Effect of Speech Modification, Prior Knowledge, and Listening Proficiency on EFL Lecture Learning. TESOL Quarterly 26 (2): 345 – 374.

Cohen, A. D. (1998). Strategies and Processes in Test Taking and SLA. In Bachman L. F. & Cohen, A. D. (eds.), Interfaces between Second Language Acquisition and Language Testing Research. Cambridge: Cambridge University Press, 90 – 111.

Cohen, A. D. (2006). The Coming of Age of Research on Test – taking Strategies. Language Assessment Quarterly 3 (4): 307 – 331.

Cohen, A. D. (2012). Test – taking Strategies and Task Design. In Fulcher G. & Davidson F. (eds.). The Routledge Handbook of Language Testing. New York: Routledge, 262 – 277.

Corbin, J.; Strauss, A. (2008). Basics of Qualitative Research (3rd ed.). London: Sage Publications.

Cubilo, J.; Winke, P. (2013). Redefining the L2 Listening Construct within an Integrated Writing Task: Considering the Impacts of Visual – cue Interpretation and Note – taking. Language Assessment Quarterly 10 (4): 371 – 397.

Cutler, A.; Clifton C. (1999). Comprehending Spoken Language: a Blue Print of the Listener. In Brown, C. M. and Hagoort, P. (ed.). The Neurocognition of Language, Oxford: Oxford University Press, 123 – 166.

Davies, A. (2008). Assessing Academic English: Testing English Proficiency 1950 –

1989 – the IELTS Solution. Cambridge: Cambridge University Press.

Dörnyei, Z. (2009). Questionnaires in Second Language Research: Construction, Administration, and Processing (2nd ed.). New York: Routledge.

Duchowski, A. (2007). Eye Tracking Methodology: Theory and Practice. London: Springer.

Dunkel, P. (1991). Listening in the Native and Second/Foreign Language: Toward an Integration of Research and Practice. TESOL Quarterly 25: 431 – 457.

Dunkel, P.; Henning, G.; Chaudron, C. (1993). The Assessment of an L2 Listening Comprehension Construct: a Tentative Model for Test Specification and Development. Modern Language Journal 77 (2): 180 – 191.

Ebel, L. E.; Frisbie, D. A. (1991). Essentials of Educational Measurement (5th ed.). Englewood Cliffs: Prentice Hall.

Elliot, M. (2013). Test Taker Characteristics. In Geranpayeh A. & Taylor L. (eds.). Examining Listening: Research and Practice in Assessing Second Language Listening. Cambridge: Cambridge University Press, 36 – 76.

Elliot, M.; Wilson, J. (2013). Context Validity. In Geranpayeh A. & Taylor L. (eds.). Examining Listening: Research and Practice in Assessing Second Language Listening. Cambridge: Cambridge University Press, 152 – 241.

Eom, M. (2008). Underlying Factors of MELAB Listening Construct. Spaan Fellow Working Papers in Second or Foreign Language Assessment (6): 77 – 94.

ETS. (2012). The Official Guide to the TOEFL Test (4th ed.). New York: The McGraw – Hill Companies.

Faerch, C.; Kasper, G. (1986). The Role of Comprehension in Second Language Learning. Applied Linguistics 7 (3): 257 – 274.

Field, J. (2008). Listening in the Language Classroom. Cambridge: Cambridge University Press.

Field, J. (2011). Into the Mind of the Academic Listener. Journal of English for Academic Purposes 10 (2): 102 – 112.

Field, J. (2012). The Cognitive Validity of the Lecture – based Question in the IELTS Listening Paper. In Taylor, L., & Weir, C. J. (ed.). IELTS Collected Papers 2: Research in Reading and Listening Assessment. Cambridge: Cambridge University Press, 391 – 442.

Field, J. (2013). Cognitive Validity. In Geranpayeh A. & Taylor L. (eds.). Examining Listening: Research and Practice in Assessing Second Language Listening. Cambridge: Cambridge University Press, 77 – 151.

Flowerdew, J.; Miller, L. (2005). Second Language Listening: Theory and

Practice. Oxford: Oxford University Press.

Freedle, R.; Kostin, I. (1999). Does the Text Matter in a Multiple-choice Test of Comprehension? The Case for the Construct Validity of TOEFL's Mini-talks. Language Testing 16 (1): 2-32.

Frost, K., Elder, C.; Wigglesworth, G. (2012). Investigating the Validity of an Integrated Listening-speaking Task: A Discourse-based Analysis of Test Takers' Oral Performances. Language Testing 29 (3): 345-369.

Fulcher, G. (2015). Re-examining Language Testing: a Philosophical and Social Inquiry. New York: Routledge.

Geranpayeh, A. (2007). Using Structural Equation Modelling to Facilitate the Revision of High Stakes Testing: the Case of CAE, Research Notes 30: 8-12.

Geranpayeh, A.; Taylor, L. (eds.) (2013). Examining Listening: Research and Practice in Assessing Second Language Listening. Cambridge: Cambridge University Press.

Glaser, R. (1991). Expertise and Assessment. In Wittrock M. C. & Baker L. E. (eds.). Testing and Cognition. Englewood Cliffs: Prentice Hall, 17-30.

Goh, C. (1997). Metacognitive Awareness and Second Language Listeners. ELT Journal 51 (4): 361-369.

Goh, C. (1998). How ESL Learners with Different Listening Abilities Use Comprehension Strategies and Tactics. Language Teaching Research 2 (2): 124-147.

Goh, C. (2002). Exploring Listening Comprehension Tactics and their Interaction Patterns. System 30 (2): 185-206.

Goh, C.; Aryadoust, V. (2010). Investigating the Construct Validity of MELAB Listening Test through the Rasch Analysis and Correlated Uniqueness Modelling. Spaan Fellow Working Papers in Second or Foreign Language Assessment (8): 31-68.

Green, A. (1998). Verbal Protocol Analysis in Language Testing Research. Cambridge: Cambridge University Press.

Green, R. (2017). Designing Listening Tests: a Practical Approach. London: Palgrave Macmillan.

Grice, H. P. (1975). Logic and Conversation. In Cole, P. & Morgan, J. L. (eds.). Syntax and Semantics 3: Speech Acts. New York: Academic Press, 41-58.

Guan, X.; Jin, Y. (2010). Interactive listening: Construct Definition and Operationalization in Tests of English as a Foreign Language. Chinese Journal of Applied Linguistics 33 (6): 16-39.

Haladyna, T. M.; Rodriguez, M. C. (2013). Developing and Validating Test Items.

New York: Routledge.

Hawkey, R. (2009). Examining FCE and CAE: Key Issues and Recurring Themes in Developing the First Certificate in English and Certificate in Advanced English Exams. Cambridge: Cambridge University Press.

Hunt, R. R.; Ellis, H. C. (2008). Fundamentals of Cognitive Psychology (7th ed.). Beijing: Posts & Telecom Press.

Jones, G. (2013). Research summary: Once or Twice? A Critical Review of Current Literature on the Question How Many Times the Audio Recording Should Be Played in Listening Comprehension Testing Items. http://pearsonpte.com/wp-content/uploads/2014/07/ListenOnceOrTwice.pdf (downloaded 19/06/2016)

Kahneman, D. (1973). Attention and Effort. Englewood Cliffs, NJ: Prentice Hall.

Kane, M. (2006). Validation. In R. Brennan (ed.). Educational Measurement (4th ed.). Westport, CT: Greenwood Publishing, 17–64.

Khalifa, H. (2006). CAE Paper 4 Part 4 Modifications. Cambridge ESOL Internal Research and Validation Report.

Khalifa, H.; Weir, C. J. (eds.) (2009). Examining Reading: Research and Practice in Assessing Second Language Reading. Cambridge: Cambridge University Press.

Li, Z. (2013). The Issues of Construct Definition and Assessment Authenticity in Video-based Listening Comprehension Tests: Using an Argument-based Validation Approach. International Journal of Language Studies 7 (2): 61–82.

Liao, Y. F. (2007). Investigating the Construct Validity of the Grammar and Vocabulary Section and the Listening Section of the ECCE: Lexico-grammatical Ability as a Predictor of L2 Listening Ability. Spaan Fellow Working Papers in Second or Foreign Language Assessment (5): 37–78.

Liao, Y. F. (2009). A Construct Validation Study of the GEPT Reading and Listening Sections: Reexamining the Models of L2 Reading and Listening Abilities and Their Relations to Lexico-grammatical Knowledge. Ph. D Dissertation. Columbia: Columbia University.

Linn, R. L.; Baker, E. L.; Dunbar, S. B. (1991). Complex, Performance-based Assessment: Expectations and Validation Criteria. Educational Researcher 20 (8): 15–21.

Linn, R. L.; Gronlund, N. E. (1995). Measurement and Assessment in Teaching (7th ed.). Upper Saddle River: Prentice Hall, Inc.

Matsumoto, D. (ed.). (2009). The Cambridge Dictionary of Psychology. Cambridge: Cambridge University Press.

McClelland, J. L.; Rumelhart, D. E. (1981). An Interactive Activation Model of

Context Effects in Letter Perception: Part I. An Account of Basic Findings. Psychological Review 88 (5): 375.

Messick, S. (1989). Validity. In R. L. Linn (ed.), Educational Measurement (3rd ed.). New York: American Council on Education and Macmillan, 13 – 103.

Murray, S. (2007). Reviewing the CAE Listening Test. Cambridge ESOL Research Reports 30: 1 – 28.

Nation, I. S. P. (1983). Testing and Teaching Vocabulary. Guidelines 5 (1): 12 – 25.

Nation, I. S. P. (1990). Teaching and Learning Vocabulary. London: Thomson Learning.

Nitko, A. J.; Brookhart, S. M. (2011). Educational Assessment of Students (6th ed.). Boston: Pearson Education, Inc.

Ockey, G. J. (2007). Construct Implications of Including Still Image or Video in Computer – based Listening Tests. Language Testing 24 (4): 517 – 537.

O'Sullivan, B. (2000). Towards a Model of Performance in Oral Language Testing. Ph. D Dissertation. Reading: University of Reading.

Pardo – Ballester, C. (2010). The Validity Argument of a Web – based Spanish Listening Exam: Test Usefulness Evaluation. Language Assessment Quarterly 7 (2): 137 – 159.

Poelmans, P. (2003). Developing Second Language Listening Comprehension: Effects of Training Lower – order Skills versus Higher – order Strategy. Ph. D Dissertation. Amsterdam: University of Amsterdam.

Powers, D. E. (1986). Academic Demands Related to Listening Skills. Language Testing 3 (1): 1 – 38.

Richards, J. C. (1983). Listening Comprehension: Approach, Design, and Procedure. TESOL Quarterly 17 (2): 219 – 240.

Rost, M. (2002). Teaching and Researching Listening (1st ed.). Edinburgh: Pearson Education Limited.

Rost, M. (2011). Teaching and Researching Listening (2nd ed.). Edinburgh: Pearson Education Limited.

Ruiz – Primo, M. A.; et al. (2001). On the Validity of Cognitive Interpretations of Scores from Alternative Concept – mapping Techniques. Educational Assessment 7 (2): 99 – 141.

Rumelhart, D. E. (1975). Notes on a Schema for Stories. In Bobrow, D. G., & Collins, A. (ed.). Representation and Understanding: Studies in Cognitive Science. New York: Academic Press.

Schneider, W.; Shiffrin, R. M. (1977). Controlled and Automatic Human Information Processing: I. Detection, Search, and Attention. Psychological Review 84 (2), 1-55.

Scott, M. L.; et al. (1996). Examining Validity in a Performance Test: the Listening Summary Translation Exam (LSTE) - Spanish Version. Language Testing, 13 (1): 83-109.

Shannon, C. E.; Weaver, W. (1949). The Mathematical Theory of Communication. Urbana, IL: University of Illinois Press.

Shaw, S. D.; Weir, C. J. (eds.) (2007). Examining Writing: Research and Practice in Assessing Second Language Writing. Cambridge: Cambridge University Press.

Shin, S. (2007). Examining the Construct Validity of a Web-based Academic Listening Test: an Investigation of the Effects of the Response Formats in a Web-based Listening Test. Ph. D Dissertation. Los Angeles: University of California.

Shin, S. (2008). Examining the Construct Validity of a Web-based Academic Listening Test: an Investigation of the Effects of Response Formats. Spaan Fellow Working Papers in Second or Foreign Language Assessment (6): 59-129.

Shohamy, E. (1997). Testing Methods, Testing Consequences: Are They Ethical? Are They Fair? Language Testing 14 (3): 340-349.

Shohamy, E.; Inbar, O. (1988). Construct Validation of Listening Comprehension Ttests: the Effect of Text and Question Type. Language Testing 8 (1): 23-40.

Shiffrin, R. M.; Schneider, W. (1977). Controlled and Automatic Information Processing: II. Perceptual Learning, Automatic Attending, and a General Theory. Psychological Review 84: 127-190.

Sternberg, R. J. (2003). Cognitive Psychology (3rd ed.). Belmont, CA: Thompson Wadsworth.

Tafaghodtari, M. H.; Vandergrift, L. (2008). Second and Foreign Language Listening: Unraveling the Construct. Perceptual and Motor Skills 107 (1): 99-113.

Taylor, L.; Geranpayeh, A. (2011). Assessing Listening for Academic Purposes: Defining and Operationalising the Test Construct. Journal of English for Academic Purposes 10 (2): 89-101.

Taylor, L. (2013). Introduction. In Geranpayeh A. & Taylor L. (eds.). Examining Listening: Research and Practice in Assessing Second Language Listening. Cambridge: Cambridge University Press, 1-35.

Thelk, A. D.; Hoole, E. R. (2006). What Are You Thinking? Postsecondary Student Think-alouds of Scientific and Quantitative Reasoning Items. Journal of General Education 55 (1): 17-39.

Vandergrift, L. (1997). The Comprehension Strategies of Second Language (French) Listeners: A Descriptive Study. Foreign Language Annals 30 (3): 387 – 409.

Vandergrift, L. (2011). Second Language Listening: Presage, Process, Product, and Pedagogy. In Hinkel E. (ed.). Handbook of Research in Second Language Teaching and Learning (Volume II). Abingdon – on – Thames: Routledge, 474 – 490.

Vandergrift, L.; Goh, C. M. (2012). Teaching and Learning Second Language Listening: Metacognition in Action. New York: Routledge.

Wagner, E. (2004). A Construct Validation Study of the Extended Listening Sections of the ECPE and MELAB. Spaan Fellow Working Papers in Second or Foreign Language Assessment (2): 1 – 25.

Wagner, E. (2008). Video Listening Tests: What Are They Measuring? Language Assessment Quarterly 5 (3): 218 – 243.

Wagner, E. (2014). Assessing Listening. In Kunnan J. A. (ed.). The Companion to Language Assessment. Hoboken: John Wiley & Sons, 49 – 65.

Warren, R. M., & Warren, R. P. (1970). Auditory Illusions and Confusions. Scientific American 223 (6): 30 – 36.

Wang, H. (2017). Testing Lecture Comprehension Through Listening – to – summarize Cloze Tasks: The Trio of Task Demands, Cognitive Processes and Language Competence. Singapore: Springer.

Weir, C. J. (1988). Construct Validity. In Hughes, A., Porter, D. and Weir, C. (eds.), ELT Validation Project: Proceeding of a Conference Held to Consider the ELTS Validation Project Report. Cambridge: The British Council and the University of Cambridge Local Examination Syndicate.

Weir, C. J. (1993). Understanding and Developing Language Tests. New York: Prentice Hall.

Weir, C. J. (2005). Language Testing and Validation: An Evidence – based Approach. New York: Palgrave Macmillan.

Weir, C. J.; Vidakovic, I.; Galaczi, E. D. (eds.) (2013). Measured Constructs: a History of Cambridge English Language Examinations 1913 – 2012. Cambridge: Cambridge University Press.

Wickens, C. D. (1984). Processing Resources in Attention. In Parasuraman, R. & Davis, D. R. (ed.). Varieties of Attention. New York: Academic Press, 63 – 101.

Wilson, J. (2009). Multiple Matching and Matching Listening Tasks in CAE, BEC Higher, BULATS and IELTS. Cambridge ESOL Internal Report.

Winke, P.; Lim, H. (2014). Effects of Testwiseness and Test–taking Anxiety on L2 Listening Test Performance: A Visual (Eye–tracking) and Attentional Investigation. IELTS Research Reports Online Series 30.

Wu, Y. (1998). What Do Tests of Listening Comprehension Test? A Retrospection Study of EFL Test–takers Performing a Multiple–choice Task. Language testing 15 (1): 21–44.

Xi, X. (2003). Investigating Language Performance on the Graph Description Task in a Semi–direct Oral Test. Ph. D Dissertation. Los Angeles: University of Carlifornia.

Xi, X. (2005). Do Visual Chunks and Planning Impact Performance on the Graph Description Task in the SPEAK Exam? Language Testing 22 (4): 463–508.

Xi, X. (2010). Aspects of Performance on Line Graph Description Tasks: Influenced by Graph Familiarity and Different Task Features. Language Testing 27 (1): 73–100.

Young, M. (1997). A Serial Ordering of Listening Comprehension Strategies used by Advanced ESL Learners in Hong Kong. Asian Journal of English Language Teaching 7: 35–53.

Zhu, X.; et al. (2016). Exploring the Relationships between Independent Listening and Listening–reading–writing Tasks in Chinese Language Testing: Toward a Better Understanding of the Construct Underlying Integrated Writing Tasks. Language Assessment Quarterly 13 (3): 167–185.

"北京市156所主力中学生源质量2016版最新总排名"（2016-9-7），http://bj.zhongkao.com/e/20160907/57cfd562b06bd.shtml（2017-12-15下载）.

陈琦，刘儒德. 教育心理学［M］. 北京：高等教育出版社，2005.

陈向明. 质的研究方法与社会科学研究［M］. 北京：教育科学出版社，2000.

郭纯洁. 有声思维法［M］. 北京：外语教学与研究出版社，2008.

韩宝成. 重构大学英语教学目标，完善大学英语课程体系［J］. 东北师范大学学报（哲学社会科学版）2012，(1)：89-91.

韩宝成，张允. 高考英语测试目标和内容设置框架探讨［J］. 外语教学与研究，2015，47 (3)：426-436.

教育部考试中心. 普通高等学校招生全国统一考试大纲的说明（文科）［M］. 北京：高等教育出版社，2016.

刘润清. 外语教学中的科研方法［M］. 北京：外语教学与研究出版社，2015.

柳明明. 高考英语听后口头复述任务效度论证研究［D］. 北京：北京外国语大学，2013.

柳明明. 英语听后口头复述任务构念研究［J］. 外语测试与教学，2016 (2)：

17-23.

卢晓仙. 高考英语听力测试构念效度研究——以湖北省高考英语听力试题为例 [J]. 中国考试, 2013 (4): 27-31.

吕生禄. 中国高考英语测试四十年: 发展特征与优化思路 [J]. 双语教育研究, 2017, 4 (4): 25-33。

彭康洲. 基于测试使用论证的听力理解任务效度研究 [D]. 上海: 上海外国语大学, 2010.

亓鲁霞. NMET 的反拨作用 [J]. 外语教学与研究, 2004, 36 (5): 357-364.

孙有中. 突出思辨能力培养, 将英语专业教学改革引向深入 [J]. 中国外语, 2011 (3): 49-58.

王初明, 亓鲁霞. 从动态系统理论视角看语言测试的反拨效应 [J]. 山东外语教学, 2016, 37 (4): 35-42.

沈蕾. 大学英语考试复合式听写的效度研究 [M]. 南京: 南京大学出版社, 2013.

文秋芳, 等. 应用语言学研究方法与论文写作 [M]. 北京: 外语教学与研究出版社, 2004.

许宏晨. 第二语言研究中的统计案例分析 [M]. 北京: 外语教学与研究出版社, 2013.

邹申. 语言测试 [M]. 2版. 上海: 上海外语教育出版社, 2012.

附录 听力测试（最终优化版）

听力测试（A 卷）

第 1 部分

听下面一段独白，回答 1~5 题。

你将听到一段有关全球化的讲座。请根据讲座内容将下列表格中的观点和专家姓名匹配，并在相应的方框中划"√"。（注：每个观点仅对应一个人物。）

Opinions on Globalization	Grant	Bill	James
1. It is good for trade and travelling.			
2. It helps to create something new.			
3. It encourages the use of the same language.			
4. It expands different exchanges between countries.			
5. It promotes understanding between different cultures.			

第 2 部分

听下面一段对话，回答 6~8 题。

你将听到一段有关医学的三人讨论。请根据对话内容判断三位发言人各自的观点，从以下五个选项中选择正确的选项填写在人名后的横线上。（注：有的人名仅对应一个观点，有的对应多个观点，但每个选项只能选一次。）

Comments on Alternative Medicine

A. It shouldn't be considered as medicine.
B. It works well on some people.
C. Personal stories can't prove its effects.
D. It can be better than conventional medicine.
E. We are not sure whether it works.

People

6. Susan _____

7. Mike _____

8. Lucy _____

参考答案：

1. James   2. Bill   3. James   4. Grant   5. Bill   6. E   7. AC   8. BD

听力测试（B 卷）

第 1 部分

听下面一段独白，回答 1~3 题。

你将听到一段有关全球化的讲座。请根据讲座内容判断下列三道题目中的三位专家各自持有的观点，从以下五个选项中选择正确的选项填写在人名后的横线上。（注：有的人名仅对应一个观点，有的对应多个观点，但每个选项只能选一次。）

Opinions on Globalization

A. It is good for trade and travelling.

B. It helps to create something new.

C. It encourages the use of the same language.

D. It expands different exchanges between countries.

E. It promotes understanding between different cultures.

People

1. Grant _____

2. Bill _____

3. James _____

第 2 部分

听下面一段对话，回答 4~8 题。

你将听到一段有关医学的三人讨论。请根据对话内容将下列表格中的观点和人名匹配，并在相应的方框中划"√"。（注：每个观点仅对应一个人物。）

Comments on Alternative Medicine	Susan	Mike	Lucy
4. It shouldn't be considered as medicine.			
5. It works well on some people.			
6. Personal stories can't prove its effects.			
7. It can be better than conventional medicine.			
8. We are not sure whether it works.			

参考答案：

1. D　2. EB　3. CA　4. Mike　5. Lucy　6. Mike　7. Lucy　8. Susan